【福建省普通高校专升本考试辅导教材】

思想政治理论
复习全书

聚创教育　主编

厦门大学出版社　国家一级出版社
XIAMEN UNIVERSITY PRESS　全国百佳图书出版单位

图书在版编目（CIP）数据

思想政治理论复习全书 / 聚创教育主编. -- 厦门：厦门大学出版社，2025.4. --（福建省普通高校专升本考试辅导教材）. -- ISBN 978-7-5615-9578-7

Ⅰ．D0

中国国家版本馆 CIP 数据核字第 2025JJ1854 号

策划编辑	姚五民
责任编辑	姚五民
美术编辑	蒋卓群
技术编辑	许克华

出版发行　**厦门大学出版社**

社　　址　厦门市软件园二期望海路 39 号

邮政编码　361008

总　　机　0592-2181111　0592-2181406（传真）

营销中心　0592-2184458　0592-2181365

网　　址　http://www.xmupress.com

邮　　箱　xmup@xmupress.com

印　　刷　厦门市明亮彩印有限公司

开本　889 mm×1 194 mm　1/16

印张　13

字数　412 千字

版次　2025 年 4 月第 1 版

印次　2025 年 4 月第 1 次印刷

定价　48.00 元

本书如有印装质量问题请直接寄承印厂调换

厦门大学出版社
微信二维码

厦门大学出版社
微博二维码

总　　序

　　福建省普通高校专升本考试是福建省普通高校全日制高职应届毕业生升入普通高校全日制本科的选拔性考试，其目的是科学、公平、有效地测试考生在高职阶段相关专业知识、基本理论与方法的掌握水平和分析问题、解决问题的能力，以利于各普通本科院校择优选拔，确保招生质量。专升本考试贯彻党的教育方针，落实立德树人根本任务，促进高素质技术技能人才成长，培养德智体美劳全面发展的社会主义建设者和接班人。作为福建省全日制高职应届毕业生继续学历深造，获取全日制本科文凭的一次选拔性考试，经过多年的推行，在开发人力资源、培养高素质技术技能人才、促进社会经济发展等方面发挥了重要作用。

　　2022年，为了更好地适应当前经济社会发展对人才培养的需要，提高人才选拔质量，福建省教育厅出台了全新的《福建省普通高校专升本招考类别和考试说明》，从报考类别、考试科目、考试内容等方面进行了调整优化。

　　聚创教育集团创立于2004年，是一家集教育培训、教育产品研发、图书出版发行、服务咨询于一体的综合性教育服务集团机构。集团专升本教研中心凭借多年来在众多本科院校长期积累的优势教育资源与辅导经验，第一时间组织实力师资，学习研究全新的专升本考试说明，结合教学实践，研发出适用于新考试说明的"福建省普通高校专升本考试辅导教材"。

　　本系列辅导教材切合最新的考试要求，精准剖析考纲考点，真实反映考试难度，能够帮助广大考生把握备考方向，明确考试内容，提高应试能力。

　　由于作者水平有限，书中难免存在不足之处，恳请广大读者批评指正，以使本书日臻完善。

编者
2025 年 4 月

前　言

福建省普通高校专升本考试是福建省普通高校全日制高职应届毕业生升入普通高校全日制本科的选拔性考试。聚创教育集团根据福建省普通高校专升本考试思想政治理论科目考试大纲，结合往年考试真题，编写了本书。本书适合作为福建省考生全面复习备考思想政治理论科目的综合教材。

本书内容包括思想道德与法治、毛泽东思想和中国特色社会主义理论体系概论、习近平新时代中国特色社会主义思想概论三部分（注意：考纲要求的"形势与政策"部分内容因实时性较强，本书暂不包括本部分内容）。在结构安排上，每部分内容设置若干章节，每章设置思维导图、核心考点和巩固练习三个模块。

1. 思维导图

方便考生对本章内容有个初步认识。考生学完本章知识后，也可根据思维导图对知识点进行梳理和巩固。

2. 核心考点

严格依据考纲要求，总结往年命题规律，罗列每章核心考点。在考点的后面标注星级和易出题型，让考生分清知识点的重难点。星级越多表示越重要。在易出题型中，只要有标注易出简答题、材料分析题、论述题等任何一个或多个题型，表示该知识点需要重点记忆。

3. 巩固练习

在每章后面设置若干习题，让考生将理论知识实践化，在多练的同时强化记忆，方便考生巩固本章知识。

碍于本书篇幅有限，为给广大考生提供更多的备考资料和更好的服务，广大考生可以关注"聚创专升本"微信公众号。

虽然本书经过多次教研，但难免会有疏漏或不足，敬请大家批评指正。

编者：高信

2025 年 4 月

目 录

第一部分　思想道德与法治 ······ 1

- 绪论　担当复兴大任　成就时代新人 ······ 2
- 第一章　领悟人生真谛　把握人生方向 ······ 5
- 第二章　追求远大理想　坚定崇高信念 ······ 13
- 第三章　继承优良传统　弘扬中国精神 ······ 20
- 第四章　明确价值要求　践行价值准则 ······ 28
- 第五章　遵守道德规范　锤炼道德品格 ······ 34
- 第六章　学习法治思想　提升法治素养 ······ 45

第二部分　毛泽东思想和中国特色社会主义理论体系概论 ······ 58

- 导论　马克思主义中国化时代化的历史进程和理论成果 ······ 59
- 第一章　毛泽东思想及其历史地位 ······ 62
- 第二章　新民主主义革命理论 ······ 68
- 第三章　社会主义改造理论 ······ 76
- 第四章　社会主义建设道路初步探索的理论成果 ······ 82
- 第五章　中国特色社会主义理论体系的形成发展 ······ 88
- 第六章　邓小平理论 ······ 95
- 第七章　"三个代表"重要思想 ······ 102
- 第八章　科学发展观 ······ 106

第三部分　习近平新时代中国特色社会主义思想概论 ······ 110

- 导论 ······ 111
- 第一章　新时代坚持和发展中国特色社会主义 ······ 115
- 第二章　以中国式现代化全面推进中华民族伟大复兴 ······ 120
- 第三章　坚持党的全面领导 ······ 126
- 第四章　坚持以人民为中心 ······ 130
- 第五章　全面深化改革开放 ······ 133
- 第六章　推动高质量发展 ······ 137
- 第七章　社会主义现代化建设的教育、科技、人才战略 ······ 142

第八章	发展全过程人民民主	146
第九章	全面依法治国	151
第十章	建设社会主义文化强国	154
第十一章	以保障和改善民生为重点加强社会建设	158
第十二章	建设社会主义生态文明	161
第十三章	维护和塑造国家安全	165
第十四章	建设巩固国防和强大人民军队	168
第十五章	坚持"一国两制"和推进祖国完全统一	171
第十六章	中国特色大国外交和推动构建人类命运共同体	175
第十七章	全面从严治党	180

附录一　福建省普通高校专升本考试"思想政治理论"考试说明 …… 185

附录二　参考答案 …… 197

第一部分

思想道德与法治

绪论　担当复兴大任　成就时代新人

担当复兴大任　成就时代新人 ─┬─ 我们处在中国特色社会主义新时代 ─┬─ 中国特色社会主义新时代的基本内涵
　　　　　　　　　　　　　　　│　　　　　　　　　　　　　　　　　└─ 中国特色社会主义进入新时代的历史意义
　　　　　　　　　　　　　　　├─ 新时代呼唤担当民族复兴大任的时代新人
　　　　　　　　　　　　　　　└─ 提升新时代大学生的思想道德素质与法治素养

一、我们处在中国特色社会主义新时代

大学阶段,是人生发展的重要时期,是世界观、人生观、价值观形成的关键时期。大学生需要对我们所处的新时代有深入了解和真切感悟。**新时代**是我们理解当前所处**历史方位**的关键词。

(一) 中国特色社会主义新时代的基本内涵★★(识记:易出单选题、多选题)

(1) 新时代是承前启后、继往开来,在新的历史条件下继续夺取中国特色社会主义伟大胜利的时代。

(2) 新时代是决胜全面建成小康社会,进而全面建设社会主义现代化强国的时代。

(3) 新时代是全国各族人民团结奋斗、不断创造美好生活、逐步实现全体人民共同富裕的时代。

(4) 新时代是全体中华儿女勠力同心、奋力实现中华民族伟大复兴中国梦的时代。

(5) 新时代是我国不断为人类作出更大贡献的时代。

(二) 中国特色社会主义进入新时代的历史意义★★(理解:易出单选题、多选题)

(1) 意味着近代以来久经磨难的中华民族迎来了从站起来、富起来到强起来的伟大飞跃,迎来了实现中华民族伟大复兴的光明前景。

(2) 意味着科学社会主义在21世纪的中国焕发出强大生机活力,在世界上高高举起了中国特色社会主义伟大旗帜。

(3) 意味着中国特色社会主义道路、理论、制度、文化不断发展,拓展了发展中国家走向现代化的途径,给世界上那些既希望加快发展又希望保持自身独立性的国家和民族提供了全新选择,为解决人类问题贡献了中国智慧和中国方案。

二、新时代呼唤担当民族复兴大任的时代新人★★(应用:易出单选题、多选题)

大学生是国家宝贵的人才资源,肩负着人民的重托、历史的重任。我们要肩负历史使命,坚定前进信心,立大志、明大德、成大才、担大任,努力成为堪当民族复兴重任的时代新人。

(1) **立大志**,就是要有崇高的理想信念,牢记使命,自信自励。
(2) **明大德**,就是要锤炼高尚品格,崇德修身,启润青春。
(3) **成大才**,就是要有高强的本领才干,勤奋学习,全面发展。
(4) **担大任**,就是要有天下兴亡、匹夫有责的担当精神,讲求奉献,实干进取。

当代大学生要坚定不移听党话、跟党走,怀抱梦想又脚踏实地,敢想敢为又善作善成,立志做有理想、敢担当、能吃苦、肯奋斗的新时代好青年,让青春在全面建设社会主义现代化国家的火热实践中绽放绚丽之花。

三、提升新时代大学生的思想道德素质与法治素养★★(应用:易出单选题、多选题)

要成为担当民族复兴大任的时代新人,大学生应通过思想道德素质和法治素养的不断提升,切实提高思想觉悟、道德水准和文明素养,夯实全面发展的基础,展现新时代奋进者、开拓者、奉献者的新风貌和新姿态。

思想道德和法律都是调节人们思想行为、协调人际关系、维护社会秩序的重要手段。思想道德和法律虽然在调节领域、调节方式、调节目标等方面存在很大不同,但是二者都是上层建筑的重要组成部分,共同服务于一定的经济基础。一方面,思想道德建设为法治建设提供思想指引和价值基础。思想道德为法律的制定、发展和完善提供价值准则,是社会主义法律正当性和合理性的重要基础;思想道德能够促进人们自觉尊法学法守法用法,维护法律权威;思想道德调整社会关系的范围和方式更加广泛灵活,与法治建设共同促进良好社会秩序的形成。**另一方面,法治建设为思想道德建设提供制度支撑和法律保障,通过对思想道德的基本原则予以确认,为思想道德建设提供国家强制力保障。**

是否具备良好的思想道德素质和法治素养,是一个人能否被社会接纳并更好实现自身价值和社会价值的关键。思想道德素质是人们的思想观念、政治立场、价值取向、道德情操和行为习惯等方面品质和能力的综合体现,反映着一个人的思想境界和道德风貌,是促进个体健康成长、社会发展进步的重要保障。法治素养是指人们通过学习法律知识、理解法律本质、运用法治思维、依法维护权利与依法履行义务的品质和能力,对于保证人们尊崇法治、遵守法律具有重要的意义。法律必须转化为人们内心自觉,才能真正为人们所遵行。

巩固练习

一、单项选择题

1.( )是我们理解当前所处历史方位的关键词。
A. 新思想　　　　　　　　　　　B. 新举措
C. 新格局　　　　　　　　　　　D. 新时代

2.( )和法治素养,是新时代大学生必须具备的基本素质。
A. 思想政治素质　　　　　　　　B. 思想道德素质
C. 道德素质　　　　　　　　　　D. 个人修养

3.法律和道德是维护社会秩序的两种基本手段,下列关于二者关系的说法中,正确的是( )。
A. 法律是道德形成的基础,能够为道德规范的制定提供依据
B. 凡是道德所反对和谴责的行为,必定是法律所制裁的行为
C. 法律的调节更具有广泛性,能够渗透到道德不能调节的领域
D. 凡是法律所禁止和制裁的行为,通常也是道德所反对和谴责的行为

4.“学如弓弩,才如箭镞,识以领之,方能中鹄。”这句话告诉我们要( )。
A. 有本领　　　B. 有担当　　　C. 有责任　　　D. 有理想

二、多项选择题

1. 中国特色社会主义进入新时代,意味着( )。
A. 近代以来久经磨难的中华民族迎来了从站起来、富起来到强起来的伟大飞跃,迎来了实现中华民族伟大复兴的光明前景
B. 科学社会主义在21世纪的中国焕发出强大生机活力,在世界上高高举起了中国特色社会主义伟大旗帜
C. 中国特色社会主义道路、理论、制度、文化不断发展,拓展了发展中国家走向现代化的途径
D. 给世界上那些既希望加快发展又希望保持自身独立性的国家和民族提供了全新选择,为解决人类问题贡献了中国智慧和中国方案

2. 思想道德与法律的相同作用主要体现在( )。
A. 调节人们的思想行为
B. 协调人际关系
C. 都具有强制性
D. 维护社会秩序

第一章　领悟人生真谛　把握人生方向

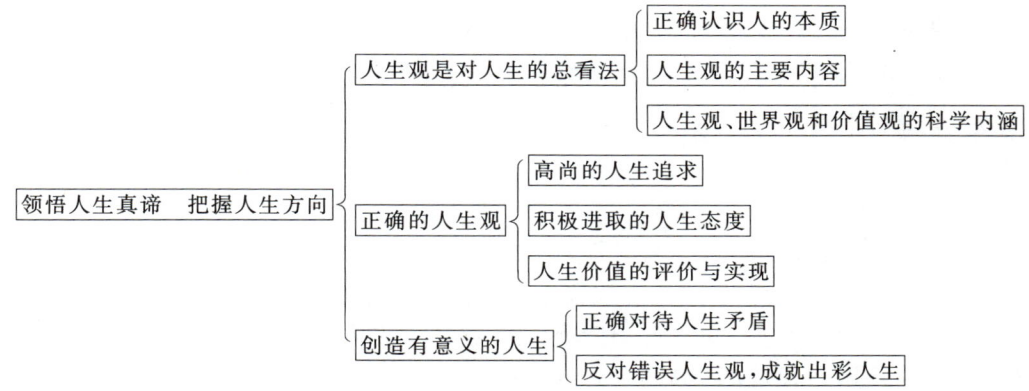

第一节　人生观是对人生的总看法

一、正确认识人的本质

思考人生，树立正确的人生观，首先需要对人和人的本质有科学的认识。

(一)马克思主义关于人的本质的认识★（理解：易出单选题）

马克思指出："人的本质不是单个人所固有的抽象物，在其现实性上，它是一切社会关系的总和。"这一论断关注的是现实的、具体的人，强调从社会关系出发去把握变化着的人的本质。任何人都是处在一定社会关系中从事社会实践活动的人。**社会属性是人的本质属性**。每一个人都从属于一定的社会群体，都同周围的人发生各种各样的社会关系。人的社会关系的总和决定了人的本质。

(二)个人与社会的辩证关系★★★（理解：易出单选题、多选题、简答题）

个人与社会的关系问题是认识和处理人生问题的重要着眼点和出发点。

（1）个人与社会是对立统一的关系，两者相互依存、相互制约、相互促进。社会是由一个个具体的人组成的，离开了人就没有社会。同时，人是社会的人，离开了社会，人也无法生存，社会是人的存在形式。**社会成员素质的不断提高是社会发展的重要基础，推动和实现人的全面发展是社会发展的根本目标。**

（2）个人与社会的关系，最根本的是个人利益与社会利益的关系。社会需要是个人需要的集中体现，是社会全体成员带有根本性、全局性、长远性需要的反映。个人利益的满足只能是在一定社会条件下、通过一定的社会方式来实现。在社会主义社会中,个人利益与社会利益在根本上是一致的。社会利益离不开个人利益,个人利益也离不开社会利益。社会利益不是个人利益的简单相加,而是所有人利益的有机统一。**社会利益体现了作为社会成员的个人的根本利益和长远利益,是个人利益得以实现的前提和基础**,同时它也保障个人利益的实现。

(3) 人的社会性决定了人只有在推动社会进步的过程中,才能实现自我的发展。大学生思考人生问题,应该正确认识和处理人与社会的关系,把自己的人生追求同社会的发展进步紧密结合起来,在为社会作贡献的过程中成长进步,实现自己的人生价值。

二、人生观的主要内容★★(识记:易出单选题、多选题)

人生观的主要内容包括对人生目的、人生态度和人生价值等问题的根本看法。人生目的回答人为什么活着,人生态度回答人应当如何活着,人生价值回答什么样的人生才有价值。

(一) 人生目的、人生态度和人生价值的内涵及相互关系★★(识记:易出单选题、多选题)

1. 人生目的

人生目的是人们在社会实践中关于自身行为的根本指向和人生追求。人生目的是对人为什么活着这一人生根本问题的认识和回答,**是人生观的核心**,在人生实践中具有重要的作用。**首先,人生目的决定人生道路**。人生目的规定了人生的方向,对人们所从事的具体活动起着定向的作用。**其次,人生目的决定人生态度**。人生道路上有时会一帆风顺,有时会崎岖不平,面对各种各样的矛盾和斗争,不同的人生目的会使人持有不同的人生态度。**最后,人生目的决定人生价值选择**。正确的人生目的会使人懂得人生的价值首先在于奉献,从而在工作中尽心、尽力、尽责;错误的人生目的则会使人把人生价值理解为向社会或他人进行索取,只把个人私利视为人生的价值追求,而漠视对国家、社会、集体和他人的义务与责任。

2. 人生态度

人生态度是指人们通过生活实践形成的对人生问题的一种相对稳定的心理倾向和精神状态。一个人有什么样的人生观就会有什么样的人生态度。一个人如果确立了高尚的人生观,往往会满怀希望和激情,热爱生活,珍视生命,勇敢坚强地战胜困难并不断开拓人生新境界。

3. 人生价值

人生价值是指人的生命及其实践活动对于社会和个人所具有的作用和意义。**人生价值内在地包含了人生的自我价值和社会价值两个方面**。人生的自我价值,是个体的人生活动对自己的生存和发展所具有的价值,主要表现为对自身物质和精神需要的满足程度。人生的社会价值,是个体的实践活动对社会、他人所具有的价值。人生的自我价值和社会价值,既相互区别,又密切联系、相互依存。一方面,人生的自我价值是个体生存和发展的必要条件,人生的自我价值的实现是个体为社会创造更大价值的前提。个体通过努力提高自我价值的过程,也是其创造社会价值的过程。另一方面,人生的社会价值是社会存在和发展的重要条件,人生社会价值的实现是个体自我完善、全面发展的保障。没有社会价值,人生的自我价值就无法存在。

4. 人生目的、人生态度和人生价值的相互关系

人生目的、人生态度、人生价值三者相互影响、紧密关联。其中,人生目的决定着人们对待实际生活的态度和对人生价值的评判,人生态度影响着人们对人生目的的持守和人生价值的实现,人生价值制约着人生目的和人生态度的选择。大学生只有深刻认识人生目的、人生态度、人生价值的内涵与意义,科学理解三者的辩证统一关系,才能准确把握人生方向,树立正确的人生观。

三、人生观、世界观和价值观的科学内涵★(识记:易出单选题)

(1) 人生观是人们关于人生目的、人生态度、人生价值等问题的总观点和总看法。

(2) 世界观是人们对生活在其中的世界以及人与世界的关系的总体看法和根本观点。**世界观决定人生观**,有什么样的世界观,就会有什么样的人生观。同时,人生观又对世界观的巩固、发展和变化起着重要作用。

(3) 价值观是人们关于价值的根本观点,对于人生观的形成和发展有重要的引导作用。价值观为人们在社会生活中判断善恶、美丑、福祸、荣辱、利害提供基本准则,人们对于人生诸多问题的认识和思考,都包含着价值判断,离不开对价值问题的探索。马克思主义站在人民的立场探求人类自由解放的道路,坚持一切以人民为中心的价值追求,以实现最广大人民群众的根本利益为价值导向。

第二节　正确的人生观

一、高尚的人生追求★★★(理解:易出单选题、多选题、材料分析题)

大学生只有把自己的人生目的与国家前途、民族命运、人民幸福联系在一起,才能自觉自愿地把自己的一生奉献于利国利民的事业。**服务人民、奉献社会的思想以其科学而高尚的品质,代表了人类社会迄今最先进的人生追求。**一个人确立了服务人民、奉献社会的人生追求,才能清楚地把握人生的奋斗目标,深刻理解人为了什么而活、应走什么样的人生之路等道理。一个人确立了服务人民、奉献社会的人生追求,才能以正确的人生态度对待人生、解决实际生活中的各种问题,以人民利益为重,始终对祖国和人民怀有高度的责任感,在服务人民、奉献社会中实现自己的人生价值。一个人只有确立了服务人民、奉献社会的人生追求,才能掌握正确的人生价值标准,才能懂得人生的价值首先在于奉献,自觉用真善美来塑造自己,不断培养高洁的操行和纯朴的情感,努力使自己成为一个高尚的人。

二、积极进取的人生态度★★★(理解:易出单选题、多选题、材料分析题)

走好人生之路,需要大学生正确认识、处理生活中各种各样的困难和问题,保持认真务实、乐观向上、积极进取的人生态度。

1. 人生须认真

以认真的态度对待人生,就是要严肃思考人的生命应有的意义,明确生活目标和肩负的责任,既要清醒地看待生活,又要积极认真地面对生活。

2. 人生当务实

务实,就是要遵循客观规律,一切从实际出发,不图虚名,不务虚功,以科学的态度看待人生,以务实的精神创造人生。

3. 人生应乐观

乐观豁达、热爱生活、对人生充满自信,体现了对自己、对生活、对社会的积极态度,这种态度是人们承受困难和挫折的心理基础。要相信生活是美好的,前途是光明的,遇事要想得开,做人要心胸豁达,在生活实践中不断调整心态,磨炼意志,形成乐观向上的人生态度。

4. 人生要进取

人生实践是一个创造的过程。适应历史发展的趋势,以开拓进取的态度迎接人生的各种挑战,才能不断领悟美好人生的真谛,体验生活的快乐和幸福。

三、人生价值的评价与实现★★★★（理解：易出单选题、多选题、简答题、材料分析题、论述题）

对人生价值及其相关问题的正确认识，是人们自觉朝着选定的目标努力前行，创造有价值的人生的重要前提。

（一）正确评价人生价值

1. 评价人生价值的根本尺度

评价人生价值的根本尺度，是看一个人的实践活动是否符合社会发展的客观规律，是否促进了历史的进步。在今天，衡量人生价值的标准，最重要的就是看一个人是否用自己的劳动和聪明才智为国家和社会真诚奉献，为人民群众尽心尽力服务。

2. 人生价值的评价方法

客观、公正、准确地评价社会成员人生价值的大小，除了要掌握科学的标准外，还需要掌握恰当的评价方法。

(1) 既要看贡献的大小，也要看尽力的程度。 评价一个人的人生有无价值或价值大小，最根本的是看他对社会是否作出贡献及贡献大小。每个人所处的环境各不相同，个体的生理状况、先天禀赋、努力程度各有差异，现实生活中从事职业不同、能力大小不同，对社会贡献的绝对量自然也不同。但是，不能简单地认为能力大的人人生价值就大，能力小的人人生价值就小。考察一个人的人生价值，既要看他对社会贡献的大小，也要看他所对应的职责及尽力的程度。任何人不论从事何种劳动，只要在自己的岗位上尽职尽责、兢兢业业，积极为社会进步作贡献，就应该对他的人生价值给予积极肯定的评价。

(2) 既要尊重物质贡献，也要尊重精神贡献。 人的生产劳动是物质生产劳动和精神生产劳动的统一，在一定条件下，两种生产劳动成果还可以相互转化。社会的发展与进步是物质文明和精神文明的共同发展与进步。在我们社会主义国家，一切劳动，无论是体力劳动还是脑力劳动，都值得尊重和鼓励。评价人生价值，既要看一个人对社会作出的物质贡献，也要看他对社会作出的精神贡献。

(3) 既要注重社会贡献，也要注重自身完善。 人生的社会价值是实现人生自我价值的基础，评价人生价值的大小应主要看一个人对社会所作的贡献，但这并不意味着要否认人生的自我价值。推动和实现人的全面发展是社会发展的根本目标，人的全面发展和素质提升离不开人的自我完善。人生自我完善的过程，既是人生自我价值实现的过程，也是为社会创造价值的过程。

（二）人生价值的实现条件

人们在实践中努力实现自己的人生价值。但是，人们的实践活动从来都不是随心所欲的，任何人都只能在一定的主客观条件下去实现自己的人生价值。

1. 实现人生价值要从社会客观条件出发

人生价值是在社会实践中实现的，人的创造力的形成、发展和发挥都要依赖于一定的社会客观条件。大学生要珍惜难得的历史机遇，把自己的人生追求及人生价值的实现建立在正确把握当今中国社会发展实际的基础上。

2. 实现人生价值要从个体自身条件出发

人的自身条件会有一定的差异，某一个具体的价值目标，对这个人来说是恰当的、比较容易实现的，而对另一个人来说却未必如此。大学生要客观认识自己，准确把握影响人生价值实现的自身条件。

3. 不断增强实现人生价值的能力和本领

实现人生价值，需要人们充分发挥主观能动性。个人的主观努力，在相当大的程度上决定着人生价值实现的程度。大学生要通过各种方式和途径,增长才干、增强本领,提高自身各方面的能力,为实现人生价值做好充分准备,奠定扎实的基础。

第三节 创造有意义的人生

美好的人生目标要靠社会实践才能转化为现实。大学生要在科学高尚的人生观指引下,正确对待人生矛盾,自觉抵制错误观念,努力提升人生境界,成就出彩人生。

一、正确对待人生矛盾★★★(理解:易出单选题、多选题、材料分析题)

1. 正确看待得与失

大学生要以积极进取的态度去面对生活中的成败得失,使一时的挫折或失败成为人生的财富而不是人生的包袱。首先,不要过于看重一时的"得";其次,不要惧怕或斤斤计较一时的"失";最后,要跳出对个人得失的计较。

2. 正确看待苦与乐

苦与乐既对立又统一,在一定条件下还可以相互转化。奋斗是艰辛的,艰难困苦,玉汝于成。真正的快乐往往由奋斗的艰苦转化而来。

3. 正确看待顺与逆

无论是顺境还是逆境,对人生的作用都可能是双面的,关键是怎样去认识和对待它们。只有善于利用顺境,勇于正视逆境、战胜逆境,人生价值才能够实现。

4. 正确看待生与死

大学生要牢固树立生命可贵、敬畏生命的意识,倍加爱护自己和他人的生命,理性面对生老病死等自然现象,努力使自己的生命绽放出人生的光彩。同时,新时代的大学生也要有为了崇高目的而勇于奉献、敢于牺牲的精神。个体生命的时间长度总是有限的,但为人民服务、为人类进步事业贡献力量是无限的。大学生应珍爱生命、珍惜韶华,在服务人民、投身民族复兴伟大事业中发掘出生命所蕴藏的巨大潜能,努力给有限的个体生命赋予更大的意义。

5. 正确看待荣与辱

荣辱观是人们对荣辱问题的根本看法和态度,是一定社会思想道德原则和规范的体现和表达。荣辱观对个人的思想行为具有鲜明的动力、导向和调节作用。大学生只有具备正确的荣辱观,明确是非、对错、善恶、美丑的界限,才会在纷繁复杂的社会生活中明确应当坚持和提倡什么,应当反对和抵制什么,从容走好人生之路。

二、反对错误人生观,成就出彩人生★★★★(应用:易出单选题、多选题、简答题、材料分析题、论述题)

(一)反对错误人生观

在我们国家,尽管社会主流价值观念积极健康,但现实中还存在拜金主义、享乐主义和极端个人主义等种种错误观念和看法。

1. 反对拜金主义

金钱作为一种财富形式,为人所创造并为人服务。人应当是金钱的主人,而不是金钱的奴隶;应当依靠自己的劳动创造财富,合理合法获取金钱。同时,金钱不是万能的,生活中还有许多远比金钱更有意义的东西值得我们去追寻。**拜金主义是一种认为金钱可以主宰一切,把追求金钱作为人生至高目的的思想观念。**拜金主义将金钱神秘化、神圣化,视金钱为圣物,把追逐和获取金钱作为人生的唯一目的和生活的全部意义,金钱成为衡量人生价值的唯一标准。**拜金主义是引发权钱交易、行贿受贿、贪赃枉法等丑恶现象的重要思想根源。**

2. 反对享乐主义

健康有益的、适度的物质生活和文化生活,是人的正当需要,也有利于促进经济社会的发展。**享乐主义是一种把享乐作为人生目的,主张人生就在于满足感官的需求与快乐的思想观念。**

3. 反对极端个人主义

个人主义是以个人利益为出发点和归宿的一种思想体系和道德原则,它主张个人需求就是目的,具有最高价值,社会和他人只是达到个人目的的手段。**个人主义是生产资料私有制的产物,是资产阶级人生观的核心。**极端个人主义是个人主义的一种表现形式,它突出强调以个人为中心,在个人与他人、个人与社会的关系上表现为极端利己主义和狭隘功利主义。

拜金主义、享乐主义、极端个人主义等错误的人生观,**没有正确把握个人与社会的辩证关系,忽视或否认社会性是人的存在和活动的本质属性**,对人的需要的理解极端、狭隘和片面,其出发点和落脚点都是一己之私利。大学生应当顺应时代潮流,在科学理论的指导下,认清拜金主义、享乐主义、极端个人主义等错误思想和腐朽观念的实质,选择并追求高尚的人生目的,在服务人民、奉献社会的人生实践中完善自我、创造人生的美好价值。

(二)成就出彩人生

青年的人生目标会有不同,职业选择也有差异,但只有把自己的小我融入祖国的大我、人民的大我之中,与历史同向、与祖国同行、与人民同在,才能更好地实现人生价值、升华人生境界。

1. 与历史同向

当代大学生要正确认识世界和中国发展大势,尊重并顺应历史的选择和人民的选择,增强历史自觉,坚定历史自信,与历史同步伐,与时代共命运。

2. 与祖国同行

青年只有自觉将人生目标同国家和民族的前途命运紧紧联系在一起,才能最大限度地实现人生价值。当代大学生要正确认识国家和民族赋予的历史使命和时代责任,坚定信心、锐意进取,奋进新征程,建功新时代。

3. 与人民同在

人民群众是历史的创造者,是国家的主人。大学生要在为人民群众服务、实现人民群众利益的过程中实现人生价值。

在实践中创造有价值的人生。社会实践是实现人生价值的必由之路。崇高的人生价值目标要靠社会实践才能转化为现实,辉煌的人生价值只有在创造性的社会实践中才能实现。一代人有一代人的责任和担当,青春的底色永远离不开"奋斗"两字。新时代的大学生应当砥砺奋斗、锤炼品格,释放火热青春的奋斗激情,彰显有志青年的人生价值。

巩固练习

一、单项选择题

1. 人生价值评价的根本尺度,是看一个人的人生活动(　　),是否促进了历史的进步。
   A. 是否促进个人的发展　　　　　　　　　　B. 是否符合社会发展的客观规律
   C. 是否促进生产力的发展　　　　　　　　　D. 是否促进生产关系的改善

2. 在现实生活中,由于人们的立场和观点不同,对人活着的意义理解也不同,存在着各种不同的人生观。人生观是( )。
　A. 人们对美好未来的向往和追求
　B. 人类社会中人们之间的相互需要关系
　C. 人们对整个世界最根本的看法和观点的总和
　D. 人们对人生目的和人生意义的根本看法和态度

3. "人的本质不是单个人所固有的抽象物,在其现实性上,它是一切社会关系的总和。"这句话说明( )。
　A. 自然属性是人的本质属性
　B. 社会属性是人的本质属性
　C. 自然属性和社会属性都是人的本质属性
　D. 自然属性和社会属性都不是人的本质属性

4. 人生观的作用主要通过人生目的、人生态度、人生价值三个方面体现出来。人生目的回答人为什么活着,人生态度表明人应当怎样对待生活,人生价值判断什么样的人生才有意义。这三个方面互相联系、互相制约,其中居于核心地位的是( )。
　A. 人生目的　　　　　　　　　　　　B. 人生态度
　C. 人生价值　　　　　　　　　　　　D. 人生价值观

5. 下列有关人生价值评价的说法中,正确的是( )。
　A. 个人的能力越强,其人生价值也就越大
　B. 个人的行为动机越高尚,其人生价值也就越大
　C. 个人对社会的贡献越多,其人生价值也就越大
　D. 个人从社会中得到的满足越多,其人生价值也就越大

6. 在社会主义初级阶段,我们所提倡的高尚的人生目的是( )。
　A. "一切向钱看"的人生目的
　B. 为个人求权力、求享乐的人生目的
　C. "平生无大志,但求足温饱"的人生目的
　D. 以天下为己任、服务人民、奉献社会的人生目的

7. ( )是生产资料私有制的产物,是资产阶级人生观的核心。
　A. 实用主义　　　B. 功利主义　　　C. 拜金主义　　　D. 个人主义

8. ( )是引发自私自利、权钱交易、行贿受贿、贪赃枉法等丑恶现象的重要思想根源。
　A. 实用主义　　　B. 享乐主义　　　C. 个人主义　　　D. 拜金主义

9. 认识和处理人生问题的重要着眼点和出发点是( )。
　A. 个人与群众的关系问题　　　　　　B. 个人与社会的关系问题
　C. 个人与国家的关系问题　　　　　　D. 个人与集体的关系问题

10. ( )的思想以其科学而高尚的品质,代表了人类社会迄今为止最先进的人生追求。
　A. "人生在世、吃喝玩乐"　　　　　　B. "生当作人杰,死亦为鬼雄"
　C. "服务人民、奉献社会"　　　　　　D. 追逐名利的人生观

二、多项选择题

1. 人生观主要包括( )。
　A. 人生价值　　　B. 人生的生活水平　　　C. 人生态度　　　D. 人生目的

2. 客观、公正地评价社会成员人生价值的大小,需要掌握恰当的评价方法,做到(   )。
A. 既要看贡献的大小,也要看尽力的程度
B. 既要尊重物质贡献,也要尊重精神贡献
C. 既要注重社会贡献,也要注重自身完善
D. 既看个人拥有财富,也看个人社会地位
3. 端正的人生态度应该(   )。
A. 认真务实   B. 享受人生   C. 乐观进取   D. 怀疑批判
4. 当代大学生承担新时代赋予的历史责任,应当(   )。
A. 与历史同向   B. 与祖国同行   C. 与人民同在   D. 与金钱为伴
5. 下列哪些选项内容代表了拜金主义的人生观?(   )
A. 人为财死,鸟为食亡   B. 金钱是万能的
C. 今朝有酒今朝醉   D. 人人为我,我为人人

第二章　追求远大理想　坚定崇高信念

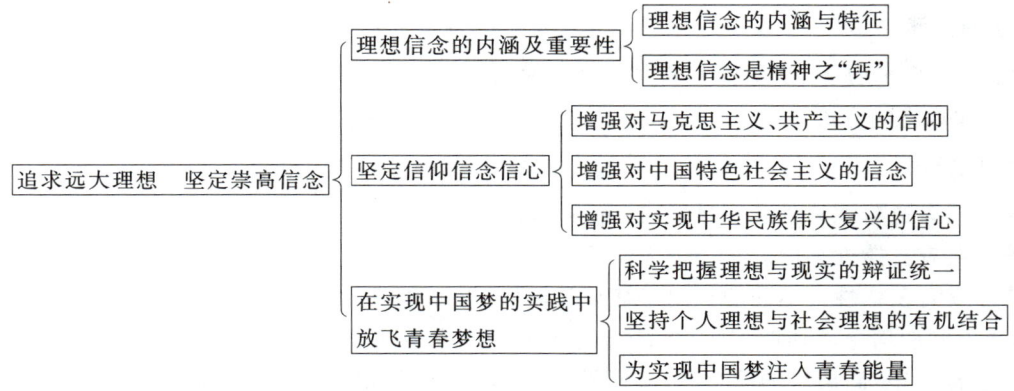

第一节　理想信念的内涵及重要性

理想信念是人的精神世界的核心,是人精神上的"钙"。没有理想信念,理想信念不坚定,精神上就会"缺钙",就会得"软骨病"。

一、理想信念的内涵与特征★★(识记:易出单选题、多选题)

理想信念是人类特有的精神现象。

(一)理想的内涵与特征

1. 理想的内涵

理想是人们在实践中形成的、有实现可能性的、对未来社会和自身发展目标的向往与追求,是人们的世界观、人生观和价值观在奋斗目标上的集中体现。

2. 理想的分类

理想是多方面和多类型的,根据不同的标准,可分为个人理想和社会理想,近期理想和远期理想,生活理想、职业理想、道德理想和政治理想等。

3. 理想的特征

(1)理想具有超越性。理想之所以能够成为一种推动人们创造美好生活的巨大力量,就在于它不仅源于现实,而且超越现实。离开理想的指引,人们会失去前进的方向;离开现实的努力,理想同样不能实现。科学的理想是人的主观能动性与社会发展客观趋势的一致性的反映,是在正确把握社会历史发展客观规律的基础上形成的合乎社会发展要求、合乎人民利益的价值追求。

(2)理想具有实践性。作为一定的社会实践的产物,理想是处在特定历史条件下的人们对社会实践活动理性认识的结晶。人们只有在改造客观世界和主观世界的实践过程中才能化理想为现实。理想在实践中产生,在实践中发展,而且也只有在实践中才能得以实现。

(3)理想具有时代性。理想同任何一种社会意识形式一样,都是一定时代的产物,都带有特定历史时代的烙印。理想的时代性,不仅体现为它受时代条件的制约,而且体现为它随着时代的发展而发展。

(二)信念的内涵与特征

1. 信念的内涵

信念是人们在一定的认识基础上确立的对某种思想或事物坚信不疑并身体力行的精神状态。信念是认知、情感和意志的有机统一体,为人们矢志不渝、百折不挠地追求理想目标提供了强大的精神动力。

2. 信念的特征

(1)信念具有执着性。信念一旦形成,就不会轻易改变。

(2)信念具有支撑性。信念是一个人经受实践考验而始终坚守理想的精神力量。

(3)信念具有多样性。不同的人由于社会环境、思想观念、利益需要、人生经历和性格特征等方面的差异,会形成不同的信念,同时一个人在社会实践中会形成不同类型和层次的信念,并由此构成其信念体系。在信念体系中,高层次的信念决定着低层次的信念,低层次的信念服从高层次的信念。信仰是最高层次的信念,具有最大的统摄力。

(三)理想和信念的关系

理想和信念总是相互依存。理想是信念所指的对象,信念则是理想实现的保障。离开理想这个人们确信和追求的目标,信念无从产生;离开信念这种对奋斗目标的执着向往和追求,理想寸步难行。

二、理想信念是精神之"钙"★★★(理解:易出单选题、多选题、简答题)

理想指引方向,信念决定成败。理想信念是人生发展的内在动力。在大学期间,大学生不仅要提高知识水平,增强实践才干,更要树立崇高的理想信念。

1. 理想信念昭示奋斗目标

理想信念是人的思想和行为的定向器,一旦确立就可以使人方向明确、精神振奋,即使前进的道路曲折、人生的境遇复杂,也能使人看到未来的希望和曙光,永不迷失前进的方向。

2. 理想信念催生前进动力

一个人有了崇高坚定的理想信念,才会以惊人的毅力和不懈的努力成就事业。

3. 理想信念提供精神支柱

理想信念能够在人们遭遇挫折、经受考验的时候,提供一种强大的精神力量,使人不为困难所压倒,顽强奋斗直至战胜艰难险阻。

4. 理想信念提高精神境界

理想信念是衡量一个人精神境界高下的重要标尺。

大学生只有树立崇高的理想信念,才能激发起为民族复兴和人民幸福而发愤学习的强烈责任感和使命感,掌握建设祖国、服务人民的本领。

第二节　坚定信仰信念信心

实现中华民族伟大复兴的中国梦需要一代又一代青年矢志奋斗。同学们生逢其时、肩负重任，应当志存高远、脚踏实地，切实增强对马克思主义、共产主义的信仰，增强对中国特色社会主义的信念，增强对实现中华民族伟大复兴的信心，把个人理想追求融入党和国家的事业之中。

一、增强对马克思主义、共产主义的信仰★★（理解：易出单选题、多选题）

马克思主义作为我们立党立国的根本指导思想，是近代以来中国历史发展的必然结果，是中国人民长期探索的历史选择。大学生要树立崇高的理想信念，增强对马克思主义、共产主义的信仰，在错综复杂的社会现象中看清本质、明确方向，为服务人民、奉献社会作出更大的贡献。

（一）马克思主义的科学性、人民性、实践性和开放性（为什么要信仰马克思主义）★★
　　　（理解：易出单选题、多选题）

马克思主义是我们认识世界、改造世界的强大思想武器。

(1) 马克思主义是科学的理论，创造性地揭示了人类社会发展规律。 马克思主义深刻揭示了自然界、人类社会、人类思维发展的普遍规律，为人类社会发展进步指明了方向。

(2) 马克思主义是人民的理论，第一次创立了人民实现自身解放的思想体系。 人民性是马克思主义的本质属性。马克思主义博大精深，归根到底就是一句话，为人类求解放。马克思主义第一次站在人民的立场探求人类自由解放的道路，以科学的理论为最终建立一个没有压迫、没有剥削、人人平等、人人自由的理想社会指明了方向。

(3) 马克思主义是实践的理论，指引着人民改造世界的行动。 正是在马克思主义的指导下，社会主义由空想变成科学，由科学理论转变为社会实践。

(4) 马克思主义是不断发展的开放的理论，始终站在时代前沿。 马克思一再告诫人们，马克思主义理论不是教条，而是行动指南，必须随着实践的变化而发展。马克思主义进入中国，既引发了中华文明的深刻变革，也走过了一个逐步中国化的过程。马克思主义只要同中国具体实际相结合、同中华优秀文化相结合，就能焕发出强大的生命力、创造力和感召力。

马克思主义是党和人民事业不断发展的参天大树之根本，是党和人民不断奋进的万里长河之源泉。大学生坚定马克思主义信仰，最重要的是学习和掌握马克思主义的立场、观点、方法，准确把握时代发展潮流，以科学的理想信念指引人生前进的道路和方向。

（二）胸怀共产主义远大理想

马克思主义科学预测了未来社会的理想状态，指明了人类社会的发展方向。**共产主义社会是物质财富极大丰富、实现按需分配、人的精神境界极大提高、每个人自由而全面发展的社会。** 共产主义只有在社会主义社会充分发展和高度发达的基础上才能实现。中国共产党从成立之日起，就确立了共产主义的远大理想，始终团结带领中国人民朝着这个伟大理想前行。

实现共产主义是现实运动和长远目标相统一的过程。共产主义是崇高的社会理想，是关于无产阶级解放的学说，同时也是一种现实运动。

共产主义远大理想实现的路途是艰难曲折的，需要一代又一代人的不懈奋斗和接续努力。必须认识到，我们现在的努力以及将来多少代人的持续努力，都是朝着最终实现共产主义这个伟大目标前进的。同时，也必须认识到，实现共产主义是一个非常漫长的历史过程，我们必须立足党在现阶段的奋斗目标，脚踏实地推进我们的事业。

二、增强对中国特色社会主义的信念

中国特色社会主义,承载着几代中国共产党人的理想和探索,寄托着无数仁人志士的夙愿和期盼,凝聚着亿万人民的奋斗和牺牲,是近代以来中国社会发展的必然选择。在中国共产党的领导下,坚持和发展中国特色社会主义,实现中华民族的伟大复兴,要求我们必须增强对中国特色社会主义的坚定信念。

(1)中国特色社会主义是科学社会主义,而不是其他什么主义。历史和现实都告诉我们,只有社会主义才能救中国,只有中国特色社会主义才能发展中国。中国特色社会主义是改革开放以来党的全部理论和实践的主题,是党和人民历尽千辛万苦、付出巨大代价才取得的根本成就。在当代中国,坚持中国特色社会主义,就是坚持科学社会主义。

(2)中国特色社会主义不是从天上掉下来的,而是中国共产党带领中国人民历经千辛万苦找到的实现中国梦的正确道路。改革开放以来我们取得一切成绩和进步的根本原因,归结起来就是:开辟了中国特色社会主义道路,形成了中国特色社会主义理论体系,确立了中国特色社会主义制度,发展了中国特色社会主义文化。中国特色社会主义道路是实现社会主义现代化、指引中国人民创造自己美好生活的必由之路。中国特色社会主义理论体系是指导党和人民沿着中国特色社会主义道路实现中华民族伟大复兴的正确理论,是立于时代前沿、与时俱进的科学理论。中国特色社会主义制度是当代中国发展进步的根本制度保障,是具有鲜明中国特色、明显制度优势、强大自我完善能力的先进制度。中国特色社会主义文化源自中华民族5000多年文明历史所孕育的中华优秀传统文化,熔铸于党领导人民在革命、建设、改革中创造的革命文化和社会主义先进文化,植根于中国特色社会主义伟大实践,是中国人民胜利前行的强大精神力量。

(3)中国共产党的领导是中国特色社会主义最本质的特征,是中国特色社会主义制度的最大优势,是党和国家的根本所在、命脉所在,是全国各族人民的利益所系、命运所系。中国共产党是中国工人阶级的先锋队,同时是中国人民和中华民族的先锋队,是中国特色社会主义事业的领导核心。中国共产党自诞生之日起,就把为中国人民谋幸福、为中华民族谋复兴作为自己的初心和使命,并团结带领全国各族人民不懈奋斗,战胜各种艰难险阻,不断取得革命、建设、改革的伟大胜利。

三、增强对实现中华民族伟大复兴的信心

实现中华民族伟大复兴,是中华民族近代以来最伟大的梦想。这个梦想,就是要实现国家富强、民族振兴、人民幸福,它凝聚了几代中国人的夙愿,体现了中华民族和中国人民的整体利益,是每一个中华儿女的共同期盼。经过长期艰苦的努力,中华民族迎来了从站起来、富起来到强起来的伟大飞跃,中国特色社会主义迎来了从创立、发展到完善的伟大飞跃,中国人民迎来了从温饱不足到小康富裕的伟大飞跃。

实现中华民族伟大复兴的中国梦是一项光荣而艰巨的事业。中华民族伟大复兴,绝不是轻轻松松、敲锣打鼓就能实现的,必须付出艰苦的努力。中国共产党一经成立,就义无反顾肩负起实现中华民族伟大复兴的历史使命。

无论过去、现在还是将来,对马克思主义、共产主义的信仰,对中国特色社会主义的信念,对实现中华民族伟大复兴的信心,都是指引和支撑中国人民站起来、富起来、强起来的强大精神力量。心中有信仰,脚下有力量。走好新时代的长征路,大学生要不断增强中国特色社会主义道路自信、理论自信、制度自信、文化自信,自觉做共产主义远大理想和中国特色社会主义共同理想的坚定信仰者、忠实实践者,为崇高理想信念而矢志奋斗。

第三节　在实现中国梦的实践中放飞青春梦想

理想不等于现实,理想的实现往往要通过一条不平坦的曲折之路,有赖于脚踏实地、持之以恒的奋斗。只有实践,才是通往理想彼岸的桥梁。

一、科学把握理想与现实的辩证统一★★(理解:易出单选题、多选题)

1. 辩证看待理想与现实的矛盾

理想与现实是对立统一的。理想和现实存在着对立的一面,二者的矛盾与冲突,属于"应然"和"实然"的矛盾。理想与现实又是统一的。理想受现实的规定和制约,是在对现实认识的基础上发展起来的。一方面,现实中包含着理想的因素,孕育着理想的发展;另一方面,理想中也包含着现实,既包含着现实中必然发展的因素,又包含着由理想转化为现实的条件,在一定的条件下,理想就可以转化为未来的现实。

2. 实现理想的长期性、艰巨性和曲折性

理想的实现是一个过程。一般来说,理想越是远大,它的实现过程就越复杂,需要的时间也就越漫长。

3. 艰苦奋斗是实现理想的重要条件

我们的国家,我们的民族,从积贫积弱一步一步走到今天的发展繁荣,靠的就是一代又一代人的顽强拼搏,靠的就是中华民族自强不息的奋斗精神。在实现中华民族伟大复兴的新征程上,必然会有艰巨繁重的任务,特别需要我们发扬艰苦奋斗精神。对于当代青年来说,理想的实现必须通过实践才能转变为现实。

理想信念不是拿来说、拿来唱的,更不是用来装点门面的,只有见诸行动才有说服力。大学生要把敢于吃苦、勇于奋斗的精神落实到日常的学习、生活和工作中。

二、坚持个人理想与社会理想的有机结合★★★(理解:易出单选题、多选题、简答题)

个人理想是指处于一定历史条件和社会关系中的个体对于自己未来的物质生活、精神生活所产生的种种向往和追求。社会理想是指社会集体乃至社会全体成员的共同理想,即在全社会占主导地位的共同奋斗目标。个人理想与社会理想的关系实质上是个人与社会的关系在理想层面的反映。

1. 个人理想以社会理想为指引

追求个人理想的实践活动都是在社会中进行的,个人理想的确立不能只凭个人主观愿望,而要顺应社会发展的客观规律和趋势要求;个人理想的实现不仅仅是个人奋斗的事情,而是要担当时代赋予的社会责任和历史使命。从根本上说,个人理想是由社会理想规定的。**在整个社会体系中,社会理想是最根本、最重要的,个人理想从属于社会理想。**

2. 社会理想是对个人理想的凝练和升华

社会是个人的联合体,社会理想与个人理想密不可分。社会理想不是凭空产生的,也不是由外在力量强加的,而是建立在广大社会成员的个人理想基础之上的。强调个人理想要符合社会理想,并不是要排斥和抹杀个人理想,而是要摆正个人理想同社会理想的关系。社会理想的实现归根到底要靠社会成员的共同努力,并具体体现在每个社会成员为实现个人理想而进行的活生生的实践中。**当社会理想同个人理想有矛盾冲突的时候,有志气、有抱负的人可以作出最大的自我牺牲,使个人的理想服从于全社会的共同理想。**

个人只有把人生理想融入国家和民族的事业中,才能最终成就一番事业。

三、为实现中国梦注入青春能量★★★★（应用：易出单选题、多选题、简答题、材料分析题）

大学生肩负实现中华民族伟大复兴的中国梦的历史重任，只有把实现理想的道路建立在脚踏实地的奋斗上，才能放飞青春梦想，实现人生理想。

1. 立鸿鹄志，做奋斗者

这里的"志"具有双重含义：一是对未来目标的向往，二是实现奋斗目标的顽强意志。志向，就是理想信念；立志，就是确立理想信念。志向高远，就是要打开眼界，不满足于现状，也不屈服于一时一地的困难与挫折，更不要斤斤计较个人私利的多少与得失。

2. 心怀"国之大者"，敢于担当

在今天，做大事就是投身于新时代中国特色社会主义伟大事业。新时代的大学生应该肩负历史使命，把个人的命运与国家和人民的命运联系在一起，立为国奉献之志，立为民服务之志，让青春在为祖国和人民利益的不懈奋斗中绽放绚丽之花。

3. 自觉躬身实践，知行合一

漫长征途需要一步一步地走，崇高理想的实现需要一点一滴地奋斗。大学生要牢记"空谈误国、实干兴邦"，志存高远、脚踏实地、埋头苦干，充分展现自己的抱负和激情，在"真刀真枪"的实干中成就一番事业。

祖国的富强、民族的繁荣、人民的幸福，需要每一个社会成员尽其才、奋其志。中国梦是中华民族的振兴之梦，也是每一个大学生的成才之梦。青春只有在为祖国和人民的真诚奉献中才能更加绚丽多彩，人生只有融入国家和民族的伟大事业才能闪闪发光。

 巩固练习

一、单项选择题

1. （　　）是人们在实践中形成的、有实现可能性的、对未来社会和自身发展目标的向往与追求，是人们的世界观、人生观和价值观在奋斗目标上的集中体现。
   A. 理想　　　　　B. 志向　　　　　C. 信念　　　　　D. 信仰

2. 理想的（　　），不仅体现为它受时代条件的制约，而且体现为它随着时代的发展而发展。
   A. 超越性　　　　B. 实践性　　　　C. 时代性　　　　D. 多样性

3. 个人理想与社会理想的关系实质上是（　　）关系在理想层面的反映。
   A. 公民与国家　　B. 公民与社会　　C. 个人与社会　　D. 个人与集体

4. （　　）是人们在一定的认识基础上确立的对某种思想或事物坚信不疑并身体力行的精神状态。
   A. 信仰　　　　　B. 意志　　　　　C. 信念　　　　　D. 理想

5. （　　）是最高层次的信念，具有最大的统摄力。
   A. 志向　　　　　B. 信仰　　　　　C. 理想　　　　　D. 意志

6. 坚定的信念使得人们具有强大的精神定力，不为利益所动、不为诱惑所扰、不为困难所惧，这体现了信念的（　　）。
   A. 多样性　　　　B. 执着性　　　　C. 超越性　　　　D. 时代性

二、多项选择题

1. 理想具有（　　）。
   A. 超越性　　　　B. 实践性　　　　C. 可能性　　　　D. 时代性

2. 信念具有（　　）。
   A. 多样性　　　　　　B. 超越性　　　　　　C. 执着性　　　　　　D. 实践性
3. 个人理想与社会理想的关系是（　　）。
   A. 社会理想指引着个人理想
   B. 个人理想从属于社会理想
   C. 社会理想是个人理想的汇聚和升华
   D. 社会理想的实现以个人理想的实现为前提和基础
4. 理想信念的重要意义主要包括（　　）。
   A. 昭示奋斗目标　　　B. 催生前进动力　　　C. 增加知识储备　　　D. 提高精神境界
5. 大学生肩负实现中华民族伟大复兴中国梦的历史重任，要想放飞青春梦想，为实现中国梦注入青春能量，就要做到（　　）。
   A. 立鸿鹄志，做奋斗者
   B. 心怀"国之大者"，敢于担当
   C. 以自我为中心，立志做大官
   D. 自觉躬身实践，知行合一

第三章 继承优良传统 弘扬中国精神

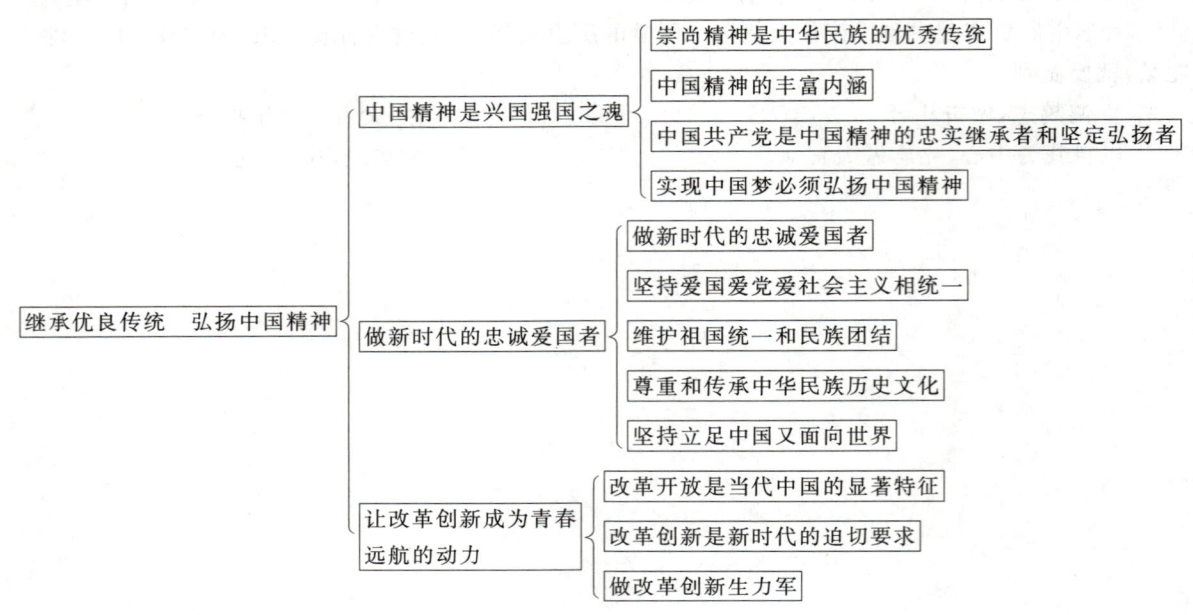

第一节 中国精神是兴国强国之魂

中国精神作为兴国强国之魂,是实现中华民族伟大复兴不可或缺的精神支撑。

一、崇尚精神是中华民族的优秀传统★★(理解:易出单选题、多选题)

中华民族崇尚精神的优秀传统的表现为:

1. 对物质生活与精神生活相互关系的独到理解

中华文明历来把人的精神纳入人生和社会理想之中。古圣先贤认为,人之所以异于禽兽,在于人有道德,有精神追求。物质生活固然为人所必需,但如果沉溺于物欲而不能自拔,则无异于禽兽。古人认为"不义而富且贵,于我如浮云",强调"道德当身,故不以物惑",崇尚"一箪食,一瓢饮,在陋巷,人不堪其忧,回也不改其乐"的精神追求。

2. 对理想的不懈追求

理想是激励个体的精神内驱力,是凝聚社会整体的精神力量。矢志不渝地追求和坚守理想,是中国古人崇尚精神的典型体现。如儒家把仁爱和谐视为最高理想,为实现"仁"的理想即使献出生命也在所不惜,即"志士仁人,无求生以害仁,有杀身以成仁";墨家把"兼相爱,交相利"作为理想,提倡为兴天下之利、除天下之害而摩顶放踵。正是因为有了这种理想主义情怀,无数志士仁人秉持"为天地立心,为生民立命,为往圣继绝学,为万世开太平"的理想追求,心怀天下,利济苍生,为追求道义、实现理想而上下求索。

3. 对品格养成的重视

儒家把"君子""圣人"作为自己的理想人格,道家推崇逍遥于天地之间的"真人""至人",近代启蒙思想家梁启超呼吁"新民"的理想人格。这些理想人格虽时代不同、类型有别,但其共同点是关注人的精神品格。中国传统文化十分强调道德修养和道德教化,将"立德"置于"三不朽"(立德、立功、立言)之首。中国古人认为"自天子以至于庶人,壹是皆以修身为本",教化的目的是"明人伦",是培养有道德的人。

二、中国精神的丰富内涵★★(识记:易出单选题、多选题)

伟大创造精神、伟大奋斗精神、伟大团结精神、伟大梦想精神,传承中华民族的宝贵精神基因,汲取时代的丰厚精神滋养,是中国精神内涵的生动展现。

1. 伟大创造精神

在几千年历史长河中,中国人民始终辛勤劳作,发明创造。我国产生了老子、孔子、庄子、孟子、墨子、孙子、韩非子等闻名于世的伟大思想巨匠,发明了造纸术、火药、印刷术、指南针等深刻影响人类文明进程的伟大科技成果,创作了《诗经》、楚辞、汉赋、唐诗、宋词、元曲、明清小说等伟大文艺作品,传承了《格萨尔王》《玛纳斯》《江格尔》等震撼人心的伟大史诗,建设了万里长城、都江堰、大运河、故宫、布达拉宫等气势恢宏的伟大工程。

2. 伟大奋斗精神

在几千年历史长河中,中国人民始终革故鼎新、自强不息,开发和建设了祖国辽阔秀丽的大好河山,开拓了波涛万顷的辽阔海疆,开垦了物产丰富的广袤粮田,治理了桀骜不驯的千百条大江大河,战胜了数不清的自然灾害,建设了星罗棋布的城镇乡村,发展了门类齐全的产业,形成了多姿多彩的生活。中国人民自古就明白,世界上没有坐享其成的好事,要幸福就要奋斗。

3. 伟大团结精神

在几千年的历史长河中,中国人民始终团结一心、同舟共济,建立了统一的多民族国家,发展了56个民族多元一体、交织交融的融洽民族关系,形成了守望相助的中华民族大家庭。

4. 伟大梦想精神

在几千年的历史长河中,中国人民始终心怀梦想、不懈追求,不仅形成了小康生活的理念,而且秉持天下为公的情怀,盘古开天、女娲补天、伏羲画卦、神农尝草、夸父追日、精卫填海、愚公移山等我国古代神话深刻反映了中国人民勇于追求和实现梦想的执着精神。

三、中国共产党是中国精神的忠实继承者和坚定弘扬者★★(理解:易出单选题、多选题)

1. 伟大建党精神是中国共产党的精神之源

在庆祝中国共产党成立100周年大会上,习近平精辟概括伟大建党精神的深刻内涵,指出:"一百年前,中国共产党的先驱们创建了中国共产党,**形成了坚持真理、坚守理想,践行初心、担当使命,不怕牺牲、英勇斗争,对党忠诚、不负人民的伟大建党精神,这是中国共产党的精神之源。**"

坚持真理、坚守理想。中国共产党一经成立,就把马克思主义写在自己的旗帜上。马克思主义深刻揭示了自然界、人类社会、人类思维发展的普遍规律,是指引人类探索历史规律和寻求自身解放道路的科学真理。

践行初心、担当使命。中国共产党摆脱了以往一切政治力量追求自身特殊利益的局限，一经诞生就把为中国人民谋幸福、为中华民族谋复兴确立为自己的初心和使命。

不怕牺牲、英勇斗争。中国共产党在内忧外患中诞生、在历经磨难中成长、在攻坚克难中壮大，为了人民、国家、民族，为了理想信念，无论敌人如何强大、道路如何艰险、挑战如何严峻，中国共产党总是绝不畏惧、绝不退缩，不怕牺牲、百折不挠。百余年来，在应对各种困难挑战中，中国共产党锤炼了不畏强敌、不惧风险、敢于斗争、勇于胜利的风骨和品质。这是中国共产党最鲜明的特质和特点。

对党忠诚、不负人民。全心全意为人民服务，这是中国共产党的根本宗旨。对党忠诚、永不叛党，这是党章对党员的基本要求。来自人民、依靠人民、为了人民，是百余年来中国共产党的发展逻辑和胜利密码。

2. 中国共产党人的精神谱系

在百余年的非凡奋斗历程中，一代又一代中国共产党人顽强拼搏、不懈奋斗，涌现了一大批视死如归的革命烈士、一大批顽强奋斗的英雄人物、一大批忘我奉献的先进模范，形成了井冈山精神、长征精神、遵义会议精神、延安精神、西柏坡精神、红岩精神、抗美援朝精神、"两弹一星"精神、特区精神、抗洪精神、抗震救灾精神、抗疫精神、脱贫攻坚精神等伟大精神，构筑起了中国共产党人的精神谱系。

四、实现中国梦必须弘扬中国精神★★★（理解：易出单选题、多选题、简答题）

全面建设社会主义现代化国家、全面推进中华民族伟大复兴，必须大力弘扬中国精神，弘扬以爱国主义为核心的民族精神和以改革创新为核心的时代精神，振奋起全民族的"精气神"。

（一）凝聚兴国强国的磅礴伟力

1. 凝聚中国力量的精神纽带

坚持和发展中国特色社会主义、实现中华民族的伟大复兴，最根本的力量在人民，最强大的力量在团结凝聚起来的人民。弘扬中国精神，对于维系中华民族的生存与发展、维护国家统一和民族团结发挥着重要的凝聚作用。

2. 激发创新创造的精神动力

推进新时代的伟大事业，必须有创新创造、向上向前的强大精神奋发力，勇于变革、勇于创新，永不僵化、永不停滞，使全体人民始终保持昂扬向上的精神状态。

3. 推进复兴伟业的精神支柱

实现中华民族伟大复兴的中国梦，需要我们正确认识当代世界和中国发展大势，正确认识中国特色和国际比较，增强民族自尊心和自信心，坚定不移走自己的路，使全体人民拥有坚如磐石的精神和信仰力量，坚定不移把中国特色社会主义事业不断推向前进。

（二）弘扬以爱国主义为核心的民族精神★★（识记：易出单选题、多选题）

民族精神是一个民族在长期共同生活和社会实践中形成的，为本民族大多数成员所认同的价值取向、思维方式、道德规范、精神气质的总和，是一个民族赖以生存和发展的精神支柱。

爱国主义的基本内涵★★（识记：易出单选题、多选题）

爱国主义的基本内涵包括：**(1) 爱祖国的大好河山。**祖国的大好河山，不只是自然风光，还是主权、财富、民族发展和进步的基本载体。维护祖国领土的完整和统一，是每个人的神圣使命和义不容辞的责任。**(2) 爱自己的骨肉同胞。**骨肉同胞之爱反映了对民族利益共同体的自觉认同，是检验一个人对祖国忠诚程度的试金石。**(3) 爱祖国的灿烂文化。**文化是一个国家、一个民族的灵魂，是一个国家民族得以延续的精神基因，是涵养民族心理、民族个性、民族精神的摇篮，是民族凝聚力的重要基础。爱祖国的灿烂文化，体现为对祖国优秀历史文化传统的认同和尊重、传承和发扬。**(4) 爱自己的国家。**国家是个体成长发展的基本屏障和坚实依托,个体与国家之间相互依存、密不可分,这也是最深刻的爱国理由。

(三)弘扬以改革创新为核心的时代精神★★(识记:易出单选题、多选题)

时代精神是一个国家和民族在新的历史条件下形成和发展的,是体现民族特质并顺应时代潮流的思想观念、价值取向、精神风貌和社会风尚的总和。

弘扬以改革创新为核心的时代精神,就是要树立突破陈规、大胆探索、敢于创造的思想观念,从不合实际、不合规律的观念和体制的束缚中解放出来,从错误和教条式的思想观念中解放出来。弘扬以改革创新为核心的时代精神,就是要培养不甘落后、奋勇争先、追求进步的责任感和使命感,以"落后就会挨打"的危机感和忧患意识自我警醒,以只争朝夕的奋发精神和竞争意识自我激励。弘扬以改革创新为核心的时代精神,就是要保持坚忍不拔、自强不息、锐意进取的精神状态,有"敢啃硬骨头""敢涉险滩"的闯劲,有"咬定青山不放松"的韧劲,有"生命不息,奋斗不止"的拼劲。

第二节 做新时代的忠诚爱国者

一、做新时代的忠诚爱国者★★★(应用:易出多选题、简答题、材料分析题)

中国特色社会主义进入新时代,实现中华民族伟大复兴的中国梦是新时代爱国主义的鲜明主题。大力弘扬新时代爱国主义,**必须坚持爱国爱党爱社会主义相统一、维护祖国统一和民族团结、尊重和传承中华民族历史文化、坚持立足中国又面向世界。**

二、坚持爱国爱党爱社会主义相统一★★★(理解:易出单选题、多选题、简答题)

当代中国,爱国主义的本质就是坚持爱国和爱党、爱社会主义高度统一。

我们爱的"国"是中国共产党领导的社会主义国家。拥护国家的基本制度,遵守国家的宪法法律维护国家安全和统一,捍卫国家的利益,为国家繁荣发展贡献自己的力量,是爱国主义的基本要求。社会主义制度的建立,为中国的繁荣发展提供了可靠的保障。社会主义在中国不是一句空洞的口号,而是集中代表着、体现着、实现着国家、民族和人民的根本利益。爱国主义与爱社会主义的统一是中国历史发展的必然结果。中国共产党是中国工人阶级的先锋队,是中国人民和中华民族的先锋队,是中国特色社会主义事业的领导核心。在现阶段,爱国主义主要表现为在中国共产党领导下,献身于建设新时代中国特色社会主义伟大事业,献身于实现中华民族伟大复兴的中国梦的实践,献身于促进祖国统一大业。

爱国爱党爱社会主义统一于实现中华民族伟大复兴的历史进程。在新民主主义革命时期,在社会主义革命、建设、改革年代,在中国特色社会主义新时代,爱国主义虽然内涵和表现方式有所不同,但本质上是爱国爱党爱社会主义的高度统一,都统一于实现中华民族伟大复兴的中国梦的鲜活实践之中。

爱国,不能停留在口号上,而是要把自己的理想同祖国的前途、民族的命运紧密联系在一起。新时代大学生不仅要在认识上深刻理解爱国爱党爱社会主义的高度统一,更要以实际行动体现对祖国的热爱、对党的热爱、对社会主义的热爱。

三、维护祖国统一和民族团结★★(理解:易出单选题、多选题)

国家统一和民族团结是中华民族根本利益所在。弘扬新时代爱国主义,要坚持以维护祖国统一和民族团结为着力点。

(一)维护和推进祖国统一

保持香港、澳门长期繁荣稳定,解决台湾问题、实现祖国完全统一,是实现中华民族伟大复兴的必然要求,是不可阻挡的历史进程,也是全体中华儿女的共同心愿。

(1)推进祖国统一,必须保持香港、澳门长期繁荣稳定。

(2)解决台湾问题、实现祖国完全统一,是党矢志不渝的历史任务,是全体中华儿女的共同愿望,是实现中华民族伟大复兴的必然要求。① 坚持一个中国原则和"九二共识",这是两岸关系的政治基础;② 推进两岸交流合作;③ 促进两岸同胞团结奋斗。

(3)"统则强、分必乱。""台独"分裂势力及其分裂活动是对台海和平的现实威胁,必须反对和遏制任何形式的"台独"分裂主张和活动,不能有任何妥协。

(二)促进民族团结

处理好民族问题、促进民族团结,是关系祖国统一和边疆巩固的大事,是关系民族团结和社会稳定的大事,是关系国家长治久安和中华民族繁荣昌盛的大事。

四、尊重和传承中华民族历史文化★★★(应用:易出单选题、多选题、材料分析题)

对祖国悠久历史、深厚文化的理解和接受,是培育和发展爱国主义情感的重要条件。

(一)历史文化是民族生生不息的丰厚滋养

在世界文明中,中华文明源远流长、从未中断,至今仍然充满蓬勃的生机和旺盛的生命力。中华优秀传统文化是中华民族的精神命脉,其中蕴含着中华民族世世代代形成和积累的思想营养和实践智慧,是中华民族得以延续的文化基因,也是我们在世界文化激荡中站稳脚跟的根基。**我们必须尊重和传承中华民族历史和文化,以时代精神激活中华优秀传统文化的生命力,延续文化基因,萃取思想精华,推进中华优秀传统文化创造性转化和创新性发展。**

历史总是向前发展的,我们总结和吸取历史教训,目的是以史为鉴,更好地前进。

(二)旗帜鲜明反对历史虚无主义★★(理解:易出单选题、多选题)

抛弃传统、丢掉根本,就等于割断了自己的精神命脉。历史和现实都表明,一个抛弃了或者背叛了自己历史文化的民族,不仅不可能发展起来,而且很可能上演一场历史悲剧。一些人打着所谓"重评历史"的幌子,否定近现代中国革命历史、中国共产党历史和中华人民共和国历史,抹黑英雄,诋毁革命领袖,企图混淆视听、扰乱人心,从根本上否定马克思主义的指导地位和中国走向社会主义的历史必然性,否定中国共产党的领导。我们不是历史虚无主义者,也不是文化虚无主义者,不能数典忘祖、妄自菲薄。祖国是人民最坚实的依靠,英雄是民族最闪亮的坐标。我们要对中华民族的英雄心怀崇敬,自觉传承中华民族辉煌灿烂的历史文化。

新时代大学生要树立大历史观和正确党史观,准确把握党的历史发展的主题、主流本质,深刻领悟中国共产党为什么能、马克思主义为什么行、中国特色社会主义为什么好的历史逻辑、理论逻辑、实践逻辑,真正理解历史、把握历史,增强历史自觉和历史自信。

五、坚持立足中国又面向世界

(一)经济全球化背景下需要弘扬爱国主义(维护国家发展主体性)★★★(理解:易出单选题、多选题、简答题)

当今世界,国家仍然是民族存在的最高组织形式,是国际社会活动中的独立主体。世界是丰富多彩的,不能以一个或几个国家的政治制度、价值观念和意识形态来衡量多样性的世界。用一种政治制度、价值观念和意识形态去统一世界,不仅是对别国的侵害,而且也是根本行不通的,只会危害世界的和平与发展。在新形势下,我们一定要保持清醒的认识,坚持独立自主、自力更生,既虚心学习借鉴国外的有益经验,又坚定民族自尊心和自信心,不信邪、不怕压,坚决维护国家的主权和尊严,按照本国国情坚持、发展自己的政治制度和民族文化,把中国发展进步的命运牢牢掌握在自己手中。

(二)自觉维护国家安全

国家安全是民族复兴的根基,社会稳定是国家强盛的前提。

确立总体国家安全观。国家安全是指一个国家不受内部和外部的威胁、破坏而保持稳定有序的状态。坚持总体国家安全观,坚持国家利益至上,**以人民安全为宗旨,以政治安全为根本,以经济安全为基础,以军事科技文化社会安全为保障,以促进国际安全为依托**,走出一条中国特色国家安全道路。

增强国防意识,履行维护国家安全的义务。强大的国防是国家生存与发展的安全保障。我国的国防是全民的国防。

(三)推动构建人类命运共同体

共同建设一个持久和平、普遍安全、共同繁荣、开放包容、清洁美丽的世界,是全人类的共同利益和共同价值追求。构建人类命运共同体是世界各国人民前途所在。中国人民的梦想同各国人民的梦想息息相通,实现中国梦离不开和平的国际环境和稳定的国际秩序。

第三节　让改革创新成为青春远航的动力

改革创新是当代中国最突出、最鲜明的特点。

一、改革开放是当代中国的显著特征

1. 改革开放是当代中国最鲜明的特色

改革开放是党在新的历史条件下领导人民进行的新的伟大革命,是决定当代中国命运的关键抉择。

2. 创新是改革开放的生命

改革开放创造的奇迹不是天上掉下来的,而是来自中国共产党和中国人民的理论创新、实践创新、制度创新、文化创新以及各方面创新。

二、改革创新是新时代的迫切要求★★★(理解:易出单选题、多选题、简答题)

创新决胜未来,改革关乎国运。在当代中国,经济社会发展离不开改革创新。

1. 创新是推动人类社会发展的重要力量

每一次科技和产业革命都深刻改变了世界发展面貌和力量格局。从某种意义上说,创新决定着世界政治经济力量对比的变化,也决定着各国各民族的前途命运。

2. 创新能力是当今国际竞争新优势的集中体现

今天,国际竞争的新优势越来越集中体现在创新能力上,创新战略竞争在综合国力竞争中的地位日益重要。

3. 改革创新是我国赢得未来的必然要求

要坚持科技是第一生产力、人才是第一资源、创新是第一动力,深入实施科教兴国战略、人才强国战略、创新驱动发展战略,开辟发展新领域新赛道,不断塑造发展新动能新优势。实施创新驱动发展战略,必须把创新摆在国家发展全局的核心位置,最根本的是要增强自主创新能力。

三、做改革创新生力军★★★★（应用：易出单选题、多选题、简答题、材料分析题、论述题）

青年时期是创新创造的宝贵时期。

1. 树立改革创新的自觉意识

(1) 增强改革创新的责任感。 改革创新表现为一种不甘落后、奋勇争先、追求进步的责任感。**(2) 树立敢于突破陈规的意识。** 敢于大胆突破陈规甚至常规，敢于大胆探索尝试，善于观察发现，思考批判，不唯书、不唯上、只唯实，这是大学生在学习与实践中创新创造的重要前提。**(3) 树立大胆探索未知领域的信心。** 创新就是要走前人没有走过的路。要创新，就要有强烈的创新自信。

2. 增强改革创新的能力本领

(1) 夯实创新基础。 改革创新之所以能够推陈出新，提出前人不曾提出的新思想，推出令世人敬仰叹服的新创造，一个重要的原因就在于改革创新者具有扎实的专业知识基础。**(2) 培养创新思维。** **(3) 投身改革创新实践。** 实践出真知，实践长才干。

大学生应当珍惜人生中最具创新创造活力的宝贵时期，有敢为人先、开拓进取的锐气，有逢山开路、遇河架桥的意志，在创新创造中不断积累经验、取得成果、演绎精彩。

巩固练习

一、单项选择题

1. 中华民族精神的核心是（　　）。
   A. 勤劳勇敢　　　　　B. 自强不息　　　　　C. 改革创新　　　　　D. 爱国主义

2. 都江堰设计巧妙，成效卓著，是闻名世界的水利工程，在 2000 多年中持续使用，体现的中国精神内涵是（　　）。
   A. 伟大创造精神　　　　　　　　　　　B. 伟大奋斗精神
   C. 伟大团结精神　　　　　　　　　　　D. 伟大梦想精神

3. 时代精神是在新的历史条件下形成和发展的，是体现民族特质、顺应时代潮流的思想观念、行为方式、价值取向、精神风貌和社会风尚的总和。时代精神的核心在于（　　）。
   A. 实事求是　　　　　　　　　　　　　B. 与时俱进
   C. 改革创新　　　　　　　　　　　　　D. 艰苦奋斗

4. 无数志士仁人"为天地立心，为生民立命，为往圣继绝学，为万世开太平"，他们心怀天下，利济苍生，这体现了（　　）。
   A. 对物质生活与精神生活相互关系的独到理解　　B. 对理想的不懈追求
   C. 对道德修养和道德教化的重视　　　　　　　　D. 对品格养成的重视

5. "灭人之国，必先去其史。"历史和现实都表明，一个抛弃了或背叛了自己历史文化的民族，不仅不可能发展起来，而且很可能上演一场历史悲剧。这告诉我们，要旗帜鲜明反对（　　）。
   A. 历史虚无主义　　　　　　　　　　　B. 个人英雄主义
   C. 民族虚无主义　　　　　　　　　　　D. 资本主义

二、多项选择题

1. 爱国主义的基本内涵表现在（　　）。
   A. 爱祖国的大好河山　　　　　　　　　B. 爱自己的骨肉同胞
   C. 爱祖国的灿烂文化　　　　　　　　　D. 爱自己的国家

2. 中国人民在长期奋斗中,培育、继承、发展起来的伟大中国精神,包括(　　)。
　A. 伟大创造精神　　　　　　　　　　B. 伟大奋斗精神
　C. 伟大团结精神　　　　　　　　　　D. 伟大梦想精神
3. 鲁迅曾说:"唯有民魂是值得宝贵的,唯有他发扬起来,中国才有真进步。"实现中国梦必须弘扬中国精神,中国精神是兴国强国之魂,是(　　)。
　A. 激发创新创造的精神动力　　　　　B. 凝聚中国力量的精神纽带
　C. 推进复兴伟业的精神支柱　　　　　D. 政治文明建设的重要内容
4. 中华民族崇尚精神的优秀传统表现在(　　)。
　A. 对物质生活与精神生活相互关系的独到理解　B. 对理想的不懈追求
　C. 对品格养成的重视　　　　　　　　D. 对利益追求的执着
5. 新时代的爱国主义基本要求包括(　　)。
　A. 坚持爱国爱党爱社会主义相统一　　B. 维护祖国统一和民族团结
　C. 尊重和传承中华民族历史文化　　　D. 坚持立足中国又面向世界
6. 伟大建党精神是(　　)。
　A. 坚持真理、坚守理想　　　　　　　B. 践行初心、担当使命
　C. 不怕牺牲、英勇斗争　　　　　　　D. 对党忠诚、不负人民

第四章 明确价值要求 践行价值准则

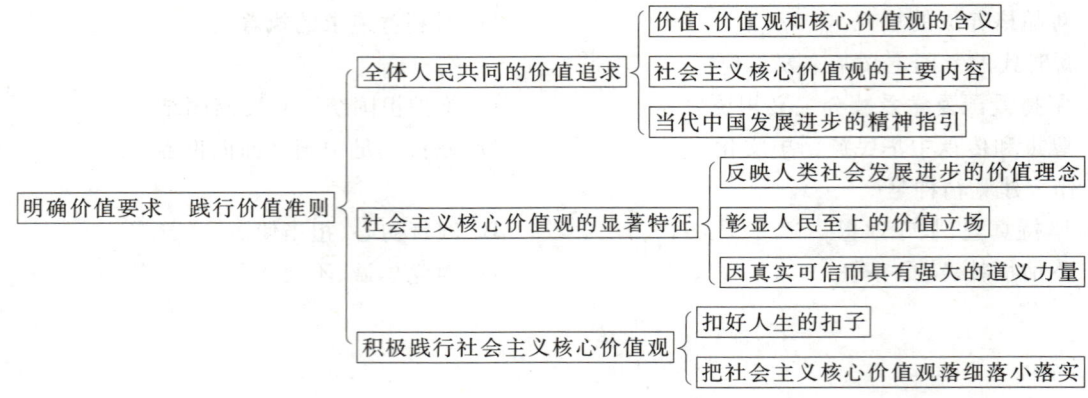

第一节 全体人民共同的价值追求

核心价值观,承载着一个民族、一个国家的精神追求,体现着一个社会评判是非曲直的价值标准。社会主义核心价值观集中体现社会主义的本质属性,代表全体人民共同的追求。

一、价值、价值观和核心价值观的含义★(识记:易出单选题)

1. 价值的含义

价值是指在实践基础上形成的主体和客体之间的意义关系,主要反映的是现实的人的需要与事物属性之间的关系。

2. 价值观的含义

价值观就是主体对客体有无价值、价值大小的立场和态度,是对价值及其相关内容的基本观点和看法。通俗地说,价值观是人们对事物的意义和价值的反映与判断,是人们关于应该做什么和不应该做什么的基本观点,是区分好与坏、对与错、善与恶、美与丑等现象的总观念。**价值观对人的具体行为起着规范和导向作用**,价值观不同的人,行为取向也会不同,甚至可能截然相反。

价值观的特点:(1)价值观反映着特定的时代精神。有什么性质的社会存在,就会有什么性质和内容的价值观。抽象的、超历史的、一成不变的价值观是不存在的。(2)价值观体现着鲜明的民族特色。价值观的民族性体现着一个民族区别于其他民族的精神气质。(3)价值观蕴含着特定的阶级立场。不同阶级由于其阶级地位和经济利益不同有着不同的价值观。

3. 核心价值观的含义

核心价值观是一定社会形态、社会性质的集中体现,在一个社会的思想观念体系中处于主导地位,体现着社会制度的阶级属性、社会运行的基本原则和社会发展的基本方向。历史和现实都表明,核心价值观是一个国家的重要稳定器,能否构建具有强大感召力的核心价值观,关系社会和谐稳定,关系国家长治久安。世界上各种文化之争,本质上是价值观念之争,也是人心之争、意识形态之争。

4. 社会主义核心价值观与社会主义核心价值体系的关系

社会主义核心价值体系主要包括马克思主义指导思想、中国特色社会主义共同理想、以爱国主义为核心的民族精神和以改革创新为核心的时代精神、社会主义荣辱观。**社会主义核心价值观**是社会主义核心价值体系的精神内核,它体现了社会主义核心价值体系的根本性质和基本特征,反映了社会主义核心价值体系的丰富内涵和实践要求,**是社会主义核心价值体系的高度凝练和集中表达。**

二、社会主义核心价值观的主要内容★★(识记:易出单选题、多选题)

社会主义核心价值观的基本内容(主要内容)是:**富强、民主、文明、和谐,自由、平等、公正、法治,爱国、敬业、诚信、友善**。它把涉及国家、社会、公民的价值要求融为一体,体现了社会主义本质要求,继承了中华优秀传统文化,吸收了世界文明有益成果,体现了时代精神,是对我们要建设什么样的国家、建设什么样的社会、培育什么样的公民等重大问题的深刻解答。

1. 富强、民主、文明、和谐

这一价值追求**回答了我们要建设什么样的国家的重大问题**,揭示了当代中国经济社会发展的价值目标,从**国家层面**标注了社会主义核心价值观的时代刻度。

富强是促进社会进步、人的自由全面发展的物质基础,体现了马克思主义唯物史观生产力标准的根本要求。民主指的是社会主义民主,是人民当家作主,不是由别人作主,也不是由少数人作主。人民民主是社会主义的生命,没有民主就没有社会主义,就没有社会主义现代化。人民民主反映了人民群众的历史主体地位,是人民群众创造历史的集中体现。中国共产党领导人民实行的民主是全过程人民民主。文明是社会进步的重要标志,也是社会主义现代化国家的重要特征。和谐是中华文明的核心价值理念。

2. 自由、平等、公正、法治

自由、平等、公正、法治,反映了人们对美好社会的期望和憧憬,是衡量现代社会是否高度发展、充满活力又和谐有序的重要标志。这一价值追求**回答了我们要建设什么样的社会的重大问题**,与实现国家治理体系和治理能力现代化的要求相契合,揭示了社会主义社会发展的价值取向。

自由是社会活力之源,是社会主义的价值理想。平等是人类追求的美好状态。公正是人类社会进步的标尺,是社会主义制度的本质要求。法治是人类政治文明的重要成果,是现代社会的主要特征。

3. 爱国、敬业、诚信、友善

爱国、敬业、诚信、友善这一价值追求**回答了我们要培育什么样的公民的重大问题**,是每一个公民都应当遵守的道德规范。

爱国是最深沉、最持久的情感,是每个公民应当遵循的最基本的价值准则,也是中华民族的优良传统。敬业是对待生产劳动和人类生存的一种根本价值尺度。诚信是个人立身处世的基本价值规范,是社会存续发展的重要价值基石。友善是维系良好人际关系和社会关系的基本价值准则。友善是公民优秀的个人品质,是构建和谐人际关系和社会关系的道德纽带,更是维护健康良好社会秩序的伦理基础。

三、当代中国发展进步的精神指引★★★(理解:易出单选题、多选题、简答题)

培育和践行社会主义核心价值观,是有效整合我国社会意识、凝聚社会价值共识、防范和化解社会矛盾、聚合磅礴之力的重大举措,是保证我国经济社会沿着正确方向发展、实现中华民族伟大复兴的价值支撑,意义重大而深远。

培育和践行社会主义核心价值观的意义:

1. 坚持和发展中国特色社会主义的价值遵循

马克思主义提出在生产力高度发展和生产资料公有制的基础上,建立真正实现人人平等的公平正义的社会,是迄今为止人类最先进、最广泛的价值追求。这也正是社会主义核心价值观先进性、感召力之所在。社会主义核心价值观,集中体现了马克思主义所倡导的价值理念,是中国特色社会主义的根本价值导向。

2. 提高国家文化软实力的迫切要求

一个国家的文化软实力,从根本上说,取决于其核心价值观的生命力、凝聚力、感召力。文化软实力的竞争,本质上是不同文化所代表的核心价值观的竞争。

3. 推进社会团结奋进的最大公约数

社会主义核心价值观就是当今中华民族、全体中华儿女心往一处想、劲往一处使的"号子",是凝聚人心、汇聚民力的强大力量。历史和现实一再表明,只有建立共同的价值目标,一个国家和民族才会有赖以维系的精神纽带,才会有统一的意志和行动,才会有强大的凝聚力、向心力。

第二节 社会主义核心价值观的显著特征

社会主义核心价值观体现了社会主义意识形态的本质要求,体现了社会主义制度在思想精神层面的质的规定性,以其先进性、人民性、真实性站在人类道义制高点上,彰显出独特而强大的价值观优势。**社会主义核心价值观反映人类社会发展进步的价值理念,彰显人民至上的价值立场,因真实可信而具有强大的道义力量。**[社会主义核心价值观的显著特征★★★(理解:易出单选题、多选题、简答题)]

一、反映人类社会发展进步的价值理念

社会主义核心价值观具有超越以往一切社会核心价值观的先进性,它集中体现了社会主义的本质属性,扎根于中华优秀传统文化的土壤,吸收借鉴了一切人类优秀文化的先进价值,是反映人类社会发展进步的价值理念。

1. 体现社会主义的本质属性

"社会主义"是社会主义核心价值观的"底色"。社会主义核心价值观的先进性,集中体现在它是社会主义所坚持和追求的价值理念。

社会主义核心价值观遵循着人类历史发展的轨迹。在阶级社会中,核心价值观体现的是这个社会占统治地位阶级的根本利益。社会主义作为人类社会迄今为止最先进的社会制度,其价值观同社会主义经济基础和上层建筑相适应,充分彰显了社会主义社会的本质要求。

中国走上社会主义道路,是近代以来中国社会发展的历史必然,是历史的选择、人民的选择,凝聚着中国共产党带领全国各族人民持续奋斗的实践经验。社会主义核心价值观生成于中国特色社会主义建设实践,同当今中国最鲜明的时代主题相适应,是中国特色社会主义本质规定的价值表达。

2. 扎根中华优秀传统文化土壤

源远流长的中华优秀传统文化,是中华民族发展壮大的独特优势,也是社会主义核心价值观历史底蕴的集中体现。

(1)**中华优秀传统文化是涵养社会主义核心价值观的重要源泉。**在世界几大古代文明中,中华文明之所以能够没有中断并延续发展至今,一个重要原因就是中华民族有一脉相承的精神追求、精神特质、

精神脉络。

（2）培育和弘扬社会主义核心价值观，必须从中华优秀传统文化中汲取丰富营养，深入中华民族历久弥新的精神世界，把长期以来我们民族形成的积极向上向善的思想文化充分继承和弘扬起来，推动中华优秀传统文化创造性转化和创新性发展。

3. 吸纳世界文明有益成果

社会主义核心价值观吸纳了世界文明的有益成果。博采众长、兼容并蓄是中华文明的气质。

二、彰显人民至上的价值立场

社会主义核心价值观坚持人民历史主体地位，代表最广大人民的根本利益，反映最广大人民的价值诉求，引导最广大人民为实现美好社会理想而奋斗。**人民性是社会主义核心价值观的根本特性。**

1. 尊重人民群众历史主体地位

相信群众，从群众中来、到群众中去，站在广大劳动人民的立场上，以广大劳动人民的解放为宗旨，竭尽全力为人民求福利、谋利益，是马克思主义最根本的政治立场。人民是中国共产党执政的最深厚基础和最大底气，人民至上是社会主义核心价值观鲜明的价值立场。

2. 体现以人民为中心的价值导向

为中国人民谋幸福、为中华民族谋复兴，是中国共产党人的初心和使命，也是我们党领导现代化建设的出发点和落脚点。鲜明的人民性，使得社会主义核心价值观具有强大的感召力。

三、因真实可信而具有强大的道义力量

社会主义核心价值观不仅真正地与社会主义制度相契合，与保障人民的根本利益相一致，而且因其真实可信而具有强大的道义力量。

1. 社会主义核心价值观是真实可信的

社会主义核心价值观与以往价值观的一个重要区别在于其真实性。中国特色社会主义的成功也验证了社会主义核心价值观的正确性、可信性，使得社会主义核心价值观可以而且能够成为真切、具体、广泛的现实。

2. 认清西方"普世价值"的实质★★（理解：易出单选题、多选题）

"普世价值"是一种极具迷惑性、欺骗性并且带有鲜明政治倾向的价值观。我们需要对此廓清思想迷雾，认清其实质和危害。

（1）"普世价值"在理论上的虚伪性。西方国家所谓的"普世价值"并非指人类道德评价、审美评价的普遍性或共性，而是特指资本主义的价值观；推行的并不是人类共同的价值观，而是特定的价值观及其背后的经济政治文化制度。资本主义价值观是在资本主义生产方式基础上形成的，从根本上说，是为资产阶级利益服务的。

（2）"普世价值"在实践上的虚伪性。西方所谓的"普世价值"在他们自己的世界里都未能真正"普适"。种族歧视、劳资对立、金钱政治、贫富分化、社会撕裂、人权无保障等问题，在一些西方国家长期存在且愈演愈烈，与他们所标榜的"普世价值"形成鲜明对照。中国真诚呼吁世界各国弘扬和平、发展、公平、正义、民主、自由的全人类共同价值，促进各国人民相知相亲，共同开创人类更加美好的未来。

第三节　积极践行社会主义核心价值观

在全社会培育和弘扬社会主义核心价值观，需要大学生始终走在时代前列，成为培育和践行社会主

义核心价值观最积极、最活跃的青年先进代表。**培育和践行社会主义核心价值观**，需要扣好人生的扣子，把社会主义核心价值观落细、落小、落实。[培育和践行社会主义核心价值观★★★（应用：易出材料分析题、论述题）]

一、扣好人生的扣子

1. 大学时期是价值观养成的关键阶段

当代大学生要意识到自身肩负的历史使命，自觉加强价值观养成，树立正确的价值取向。

2. 大学生成长成才和全面发展，离不开正确价值观的引领

正确的价值观能够引导大学生把人生价值追求融入国家和民族事业，始终站在人民大众立场，同人民一道拼搏、同祖国一道前进，服务人民、奉献社会，努力成为中国特色社会主义事业的合格建设者和可靠接班人。

3. 核心价值观的养成绝非一日之功

大学生要坚持由易到难、由近及远，从现在做起，从自己做起，努力把核心价值观的要求变成日常的行为准则，形成自觉奉行的信念理念，并身体力行大力将其推广到全社会去，为实现国家富强、民族振兴、人民幸福的中国梦凝聚强大的青春能量。

二、把社会主义核心价值观落细落小落实

一种价值观要真正发挥作用，必须融入社会生活，让人们在实践中感知它、领悟它。对于大学生而言，就是要切实做到勤学、修德、明辨、笃实，使社会主义核心价值观成为一言一行的基本遵循。

1. 勤学

下得苦功夫，求得真学问。知识是树立社会主义核心价值观的重要基础。

2. 修德

加强道德修养，注重道德实践。德是首要，是方向，一个人只有明大德、守公德、严私德，其才方能用得其所。

3. 明辨

善于明辨是非，善于决断选择。大学生要善于明辨是非，善于判断选择，旗帜鲜明地弘扬真善美、贬斥假恶丑、澄清模糊认识、匡正失范行为，自觉做良好道德风尚的建设者、社会文明进步的推动者。

4. 笃实

扎扎实实干事，踏踏实实做人。道不可坐论，德不能空谈。于实处用力，做到知行合一，核心价值观才能内化为人们的精神追求，外化为人们的自觉行动。

新时代大学生要将社会主义核心价值观转化为人生的价值准则，勤学以增智、修德以立身、明辨以正心、笃实以为功，在激扬青春、开拓人生、奉献社会的进程中书写无愧于时代的壮丽篇章。

巩固练习

一、单项选择题

1. （　　）反映了人们对美好社会的期望和憧憬，是衡量现代社会是否高度发展、充满活力、和谐有序的重要标志。

A. 富强、民主、文明、和谐
B. 爱国、敬业、诚信、友善
C. 爱岗、敬业、公平、正义
D. 自由、平等、公正、法治

2. 社会主义核心价值观具有超越以往一切社会核心价值观的先进性,(   )是社会主义核心价值观的"底色"。
   A. 人民性　　　　　B. 普适性　　　　　C. 资本主义　　　　　D. 社会主义

3. "富强、民主、文明、和谐",这一价值追求回答了我们(   )。
   A. 要建设什么样的国家的重大问题　　　　B. 要建设什么样的社会的重大问题
   C. 要建设什么样的政府的重大问题　　　　D. 要培育什么样的公民的重大问题

4. "普世价值"是一种极具迷惑性、欺骗性并且带有鲜明政治倾向的价值观。下面关于"普世价值"的实质和危害表述正确的有(   )。
   A. "普世价值"是普遍适用、永恒存在的价值
   B. "普世价值"指人类道德评价、审美评价的普遍性或共性
   C. "普世价值"是放之四海而皆准的价值观
   D. "普世价值"特指资本主义价值观,从根本上说,是为资产阶级服务的

5. (   )是社会主义核心价值观的根本特性。
   A. 先进性　　　　　B. 人民性　　　　　C. 真实性　　　　　D. 实践性

二、多项选择题

1. 社会主义核心价值观把涉及国家、社会、公民的价值要求融为一体,是对我们要(   )等重大问题的深刻解答。
   A. 建设什么样的社会　　　　　　　　　B. 建设什么样的国家
   C. 培育什么样的公民　　　　　　　　　D. 建设什么样的政府

2. "一种价值观要真正发挥作用,必须融入社会生活,让人们在实践中感知它、领悟它。"这就要求在培育和弘扬的过程中,下好落细、落小、落实的功夫。对于大学生而言,就是要切实做到(   ),使社会主义核心价值观成为一言一行的基本遵循。
   A. 勤学　　　　　　B. 修德　　　　　　C. 明辨　　　　　　D. 笃实

3. 培育和践行社会主义核心价值观的重要意义包括(   )。
   A. 坚持和发展中国特色社会主义的价值遵循　　B. 激发创新创造的精神动力
   C. 提高国家文化软实力的迫切要求　　　　　　D. 推进社会团结和谐的"最大公约数"

第五章 遵守道德规范 锤炼道德品格

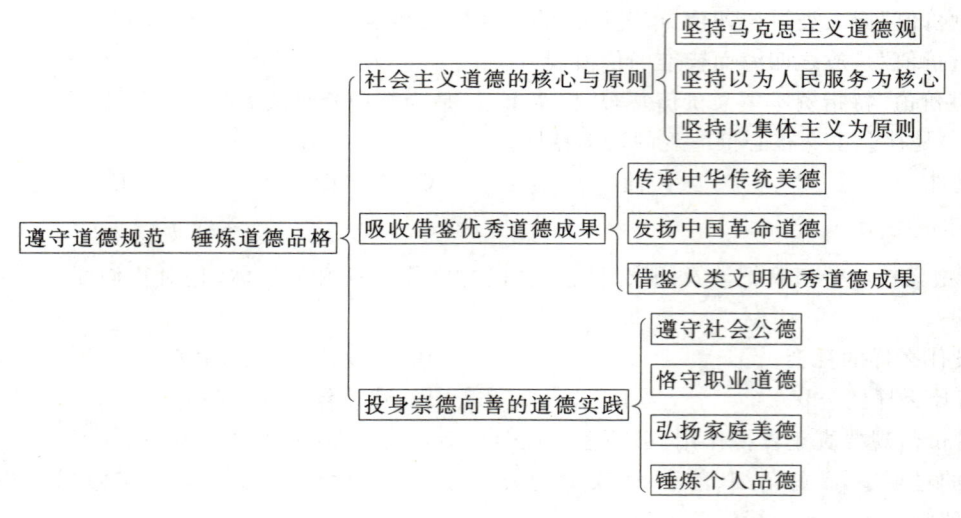

思维导图

```
                          ┌─ 社会主义道德的核心与原则 ─┬─ 坚持马克思主义道德观
                          │                          ├─ 坚持以为人民服务为核心
                          │                          └─ 坚持以集体主义为原则
                          │
遵守道德规范 锤炼道德品格 ─┼─ 吸收借鉴优秀道德成果 ──┬─ 传承中华传统美德
                          │                          ├─ 发扬中国革命道德
                          │                          └─ 借鉴人类文明优秀道德成果
                          │
                          └─ 投身崇德向善的道德实践 ─┬─ 遵守社会公德
                                                     ├─ 恪守职业道德
                                                     ├─ 弘扬家庭美德
                                                     └─ 锤炼个人品德
```

核心考点

第一节 社会主义道德的核心与原则

道德是立身兴国之本，对个人和社会都具有基础性意义。社会主义道德是人类道德发展史上一种崭新类型的道德。

一、坚持马克思主义道德观

(一) 道德的含义★（识记：易出单选题）

道德是一种特殊的社会意识形态，它是以善恶为评价方式，主要依靠社会舆论、传统习俗和内心信念来发挥作用的行为规范的总和。马克思主义道德观是科学世界观、人生观、价值观在道德领域的反映与体现。

(二) 道德的起源与本质★★（理解：易出单选题、多选题）

1. 道德的起源

（1）劳动是道德起源的首要前提。 道德是人类社会的特有现象，动物的本能行为中不存在真正的道德。劳动在创造人的同时也形成了人与人的关系。劳动创造了人和人类社会，是道德起源的第一个历史前提。

(2) 社会关系是道德赖以产生的客观条件。在生产生活的实践活动中，人类必然要发生各种各样的人际交往和社会关系，各种利益关系更为凸显。可以说，道德正是适应社会关系尤其是利益关系调节的需要而产生的。

(3) 人的自我意识是道德产生的主观条件。意识是道德产生的思想认识前提。

马克思主义在人类历史上第一次科学而全面地论述了道德的起源问题，强调道德属于上层建筑的范畴，是一种特殊的社会意识形态，为正确认识和理解道德的本质奠定了基础。

2. 道德的本质

(1) 道德是反映社会经济关系的特殊意识形态。道德的产生、发展和变化，归根结底源于社会经济关系。其一，道德的性质和基本原则、规范反映了与之相应的社会经济关系的性质和内容。其二，道德随着社会经济关系的变化而变化。其三，道德作为一种社会意识，在阶级社会里总是反映着一定阶级的利益，因而不可避免地具有阶级性。其四，作为社会意识的道德一经产生，便有相对独立性。

(2) 道德是社会利益关系的特殊调节方式。作为一种调整人与人、人与社会、人与自然以及人与自身之间关系的特殊的行为规范，道德与法律规范、政治规范的不同之处在于，它是用善恶标准去评价，依靠社会舆论、传统习俗、内心信念来维持的，因此是一种非强制性的规范。

(3) 道德是一种实践精神。作为实践精神，道德是一种旨在通过把握世界的善恶现象而规范人们的行为，并通过人们的实践活动体现出来的社会意识。具体来说，道德是一种以指导人的行为为目的、以形成人的正确行为方式为内容的精神，在本质上是知行合一的。

(三) 道德的功能与作用★★（理解：易出单选题、多选题）

1. 道德的功能

一般是指道德作为社会意识的特殊形式对于社会发展所具有的功效与能力。道德的功能是多元的，同时也是多层次的。在道德的功能系统中，**认识功能、规范功能、调节功能是最基本的功能**，此外还有导向功能、激励功能等。

(1) 道德的认识功能是指道德反映社会关系特别是反映社会经济关系的功效与能力。

(2) 道德的规范功能是在正确善恶观的指引下，规范社会成员在社会公共领域、职业领域、家庭领域的行为，并规范个人品德的养成，引导并促进人们崇德向善。

(3) 道德的调节功能是指道德通过评价等方式指导和纠正人们的行为和实践活动、协调社会关系和人际关系的功效与能力。**道德评价是道德调节的主要形式**，社会舆论、传统习惯和人们的内心信念是道德调节所赖以发挥作用的力量。道德的调节功能主要是通过调节人与人、人与社会、人与自然，以及人与自身之间关系而使之逐步完善和谐。

2. 道德的作用

道德的作用是指道德的认识、规范、调节、激励、导向、教育等功能的发挥和实现所产生的社会影响及实际效果。"国无德不兴，人无德不立"，就生动表达了道德的作用。道德作为维系社会稳定、促进国家发展的重要因素，对巩固特定社会的经济基础和上层建筑具有不可替代的重要作用。同时，道德作为激励人们改造客观世界和主观世界的一种精神力量，也是提高人的精神境界、促进人的自我完善、推动人的全面发展的内在动力。道德发挥作用的性质与社会发展的不同历史阶段相联系，由道德所反映的经济基础、代表的阶级利益所决定。只有反映先进生产力发展要求和进步阶级利益的道德，才会对社会的发展和人的素质的提高产生积极的推动作用。

(四) 社会主义道德是崭新类型的道德

1. 道德的变化发展

(1) 道德的发展过程：迄今为止，人类社会先后经历了五种基本社会形态，与此相适应，出现了原始社会的道德、奴隶社会的道德、封建社会的道德、资本主义社会的道德、社会主义社会的道德。

（2）道德发展的基本规律：人类道德发展的历史过程与社会生产方式的发展进程大体一致。虽然在一定时期可能有某种停滞或倒退现象，但道德发展的总趋势是向上的、前进的，是沿着曲折的道路向前发展的，或者叫作螺旋式上升、波浪式前进。

2. 社会主义道德的先进性★★★（理解：易出单选题、多选题、简答题）

与以往社会的道德形态相比，社会主义道德具有显著的先进性特征。这种先进性主要体现在：**首先，社会主义道德是社会主义经济基础的反映。其次，社会主义道德是对人类优秀道德资源的批判继承和创新发展。最后，社会主义道德克服了以往阶级社会道德的片面性和局限性**，坚持以为人民服务为核心，坚持以集体主义为原则，展现出真实而强大的道义力量。

二、坚持以为人民服务为核心★★（理解：易出单选题、多选题）

为什么人服务是道德的核心问题，决定并体现着道德建设的根本性质和发展方向，规定并制约着道德领域中的所有道德现象。为人民服务，不仅是坚持历史唯物主义的必然要求，是中国共产党践行的根本宗旨，也是社会主义道德观的集中体现，是全体中国人民共同遵循的道德要求。

（一）社会主义道德的本质要求

1. 为人民服务是社会主义经济基础和人际关系的客观要求

在我国，公有制为主体、多种所有制经济共同发展，按劳分配为主体，多种分配方式并存，社会主义市场经济体制等社会主义基本经济制度，是为人民服务的根本制度保证；团结互助、平等友爱、共同进步的人际关系，是为人民服务的广泛社会基础。

2. 为人民服务是社会主义市场经济健康发展的要求

在社会主义市场经济条件下，市场主体必须通过向社会和他人提供一定数量和质量的产品，建立满足社会和他人需求的良好信誉。

（二）先进性与广泛性的统一

为人民服务是先进性要求和广泛性要求的统一。为人民服务，既伟大又平凡，既高尚又普通，它并非高不可攀、遥不可及，而是可以通过不同层次、不同形式表现出来。**为人民服务作为社会主义道德的核心，是社会主义道德区别和优越于其他社会形态道德的显著标志。**

三、坚持以集体主义为原则★★★（理解：易出单选题、多选题、简答题）

社会主义道德的原则是集体主义。在我国，国家利益、社会整体利益和个人利益根本上的一致性，使得集体主义应当而且能够在全社会范围内贯彻实施。

（一）调节社会利益关系的基本原则

长期以来，集体主义已经成为调节国家利益、社会整体利益和个人利益关系的基本原则。

1. 集体主义强调国家利益、社会整体利益和个人利益的辩证统一

2. 集体主义强调国家利益、社会整体利益高于个人利益

集体主义强调，在个人利益与国家利益、社会整体利益发生矛盾尤其是发生激烈冲突的时候，必须坚持国家利益、社会整体利益高于个人利益的原则，即个人应当以大局为重，使个人利益服从国家利益、社会整体利益，在必要时作出牺牲。社会主义集体主义之所以强调个人利益要服从国家利益、社会整体利益,归根到底,既是为了维护国家、社会的共同利益,最终也是为了维护个人的根本利益和长远利益。

3. 集体主义重视和保障个人的正当利益

集体主义促进和保障个人正当利益的实现,使个人的才能、价值得到充分的发挥。这不但与集体主义不矛盾,而且正是集体主义思想的应有之义。

(二)集体主义的层次性

根据我国现阶段经济社会生活和人们思想道德的实际,集体主义可分为三个层次的道德要求:

1. 无私奉献、一心为公

即时时处处为集体利益着想,并甘愿为集体牺牲一切。这是集体主义的最高层次,是优秀共产党员、先进分子应努力达到的道德目标。

2. 先公后私、先人后己

即自觉把集体利益放在个人利益之上,在维护集体利益的前提下,实现个人的正当利益。这是已经具有较高社会主义道德觉悟的人能够达到的要求,具有广泛的社会基础。

3. 顾全大局、遵纪守法、热爱祖国、诚实劳动

以正当合法的手段保障个人利益。这是对公民最基本的道德要求。

第二节 吸收借鉴优秀道德成果

弘扬社会主义道德,推进新时代公民道德建设,必须坚持马克思主义道德观,充分吸收借鉴各种优秀道德成果。社会主义道德不是凭空产生的,中华传统美德是中华文化的精髓,蕴含着丰富的思想道德资源;中国革命道德是对中华传统美德的继承和发展,是社会主义道德的红色基因。

一、传承中华传统美德

(一)中华传统美德的基本精神★★★(识记:易出单选题、多选题、简答题)

1. 重视整体利益,强调责任奉献

在中华传统道德的发展演化中,我们始终强调整体利益、国家利益和民族利益的重要性。传统道德中的义利之辨、理欲之辨,其核心和本质是公私之辨。"公义胜私欲"是中华传统美德的根本要求。2000多年前《诗经》已经提出"夙夜在公"的道德要求,认为日夜为公家办事是一种高尚的道德品质。《尚书》也有"以公灭私,民其允怀"的思想,认为朝廷官员应当以公心灭除自己的私欲,这样就可以得到老百姓的信任和依附。西汉贾谊提出"国而忘家,公而忘私",清代林则徐提出"苟利国家生死以,岂因祸福避趋之",都体现了强烈的为国家、为民族献身的精神。中国古代思想家强调"义"和"利"发生矛盾时,应当义以为上、先义后利、见利思义、见义勇为。

2. 推崇仁爱原则,注重以和为贵

推崇仁爱、崇尚和谐是中华民族的优良传统和高尚品德。孔子强调"己欲立而立人,己欲达而达人",孟子强调"亲亲而仁民,仁民而爱物",荀子强调"仁者自爱",墨子则提出"兼相爱,交相利"。从仁爱精神出发,古人强调社会和谐,讲求和睦友善,倡导团结互助,追求和平共处。

3. 注重人伦关系,重视道德义务

中华传统美德一个重要的特点,就是非常重视每个人在人伦关系中的地位及其价值,强调每个人都必须根据规范的要求来尽自己应尽的义务。早在《尚书》中就有"五教"的思想,即"父义"、"母慈"、"兄友"、"弟恭"、"子孝"。到了战国时期，孟子提出了影响深远的"五伦"说，即"父子有亲、君臣有义、夫妇有别、长幼有序、朋友有信"。汉代以后，董仲舒提出了"仁、义、礼、智、信"，宋代的思想家们又提出了"忠、孝、节、义"四大德目等，不断强化在人伦关系中每个人的责任和义务，强调人伦价值的重要意义。

4. 追求精神境界，向往理想人格

中华传统美德主张在物质生活基本满足的情况下应追求崇高的精神境界，把道德理想的实现看作人生诸种需要中最高层次的需要。孟子说，人之所以异于禽兽的根本就在于人能够"明于庶物，察于人伦"，即能本着"仁义"行事。荀子说，人之所以能够保持群体性特征，归根结底是因为人能够遵守礼仪，否则人就会由于争斗而发生祸乱，进而造成彼此分离而变得弱小。从先秦儒家所强调的孔颜之乐、"大丈夫"人格，到范仲淹所提出的"先天下之忧而忧，后天下之乐而乐"，这种精神已经凝聚成为中华民族一种特有的价值追求。

5. 强调道德修养，注重道德践履

中国古代的思想家大都认为，在修身养性的过程中，最重要的就是要使社会的道德原则和规范转换为自身的思想品德和行为实践，通过切磋践履不断养成良好的道德习惯，形成完善的道德人格。儒家经典《礼记》中明确提出，"修身"是齐家、治国、平天下的前提和基础。孔子提倡"修己"、"克己"和"慎独"，提倡"见贤思齐焉，见不贤而内自省也"，孟子更主张"善养吾浩然之气"。墨家也非常重视修身，强调"察色修身""以身戴行"。

（二）中华传统美德的创造性转化和创新性发展★★★（理解：易出单选题、多选题、简答题）

传统道德是一个矛盾体，具有鲜明的两重性。属于精华的部分，表现出积极、革新、进步的一面；属于糟粕的部分，则表现出消极、保守、落后的一面。中华传统美德作为中国传统道德的精华部分，为今天的道德建设提供了丰富的资源。我们要坚定历史自信、文化自信，不忘本来、辩证取舍，古为今用、推陈出新，传承和弘扬中华传统美德。

1. 加强对中华传统美德的挖掘和阐发

弘扬中华传统美德，必须通过科学的分析和鉴别，把其中带有阶级和时代局限性的成分剔除出去，把其中具有当代价值的道德精神挖掘出来，总结传统美德中丰富的思想道德资源，对中华传统美德的德目、观点进行新的诠释和激活，结合现代生活赋予其新的时代内涵，努力推动中华传统美德的创造性转化和创新性发展。

2. 用中华传统美德滋养社会主义道德建设

要结合时代要求，按照是否有利于推动中国特色社会主义事业，是否有利于建设社会主义道德体系，是否有利于培育和践行社会主义核心价值观的标准，充分彰显其时代价值和永恒魅力，使之与现代文化、现实生活相融相通，成为全体人民精神生活、道德实践的鲜明标识。

在对待传统道德的问题上，要反对两种错误思潮。一种是"复古论"，认为道德建设的最终目标就是恢复中国"固有文化"，形成以中国传统文化为主体的道德体系。**另一种是"虚无论"**，认为中国传统道德从整体上来说在今天已经失去了价值和意义，必须从整体上予以全盘否定。这两种观点都是错误的，割断了道德的历史与发展的关系，都不利于社会的发展和道德的进步。

二、发扬中国革命道德

中国革命道德是对中华传统美德的延续和发展。

（一）中国革命道德的形成与发展

中国革命道德是指中国共产党人、人民军队、一切先进分子和人民群众在中国新民主主义革命和社会主义革命、建设与改革中所形成的优秀道德,是马克思主义与中国革命、建设和改革的伟大实践相结合的产物,是中华民族极其宝贵的道德财富。中国革命道德萌芽于五四运动前后,发端于中国共产党成立以后蓬勃发展的伟大工人运动和农民运动,经过土地革命战争、抗日战争、解放战争以及社会主义革命、建设、改革的长期发展,逐渐形成并不断发扬光大。

(1) 中国共产党始终高度重视继承和发扬革命道德传统。

(2) 中国革命道德作为一种精神力量,对中国革命、建设、改革事业发挥着极其重要的作用。历史经验表明,革命传统特别是革命道德传统,是克服前进道路上一切困难的重要精神支柱,是战胜千难万险的重要力量源泉。

(3) 弘扬中国革命道德,要同弘扬中华传统美德相结合。

(二) 中国革命道德的主要内容★★★(识记:易出单选题、多选题、简答题)

1. 为实现社会主义和共产主义理想而奋斗

坚持社会主义、共产主义理想和信念的不屈不挠的精神,是中国革命道德的灵魂。

2. 全心全意为人民服务

全心全意为人民服务作为贯穿中国革命道德始终的一根红线,是中国共产党在中国革命实践中的一个伟大创造,对中国的革命、建设、改革事业,产生了极其重大的推动作用。

3. 始终把革命利益放在首位

共产党人和革命者从事革命活动的目的就是为革命利益而奋斗,在个人利益与革命利益发生矛盾时,要"以革命利益为第一生命,以个人利益服从革命利益"。

4. 树立社会新风,建立新型人际关系

树立社会新风,建立新型人际关系,体现了中国革命道德在社会生活层面上的重要意义。

5. 修身自律,保持节操

中国革命道德还体现在共产党人对自身道德修养的重视方面。

(三) 中国革命道德的当代价值★★★(理解:易出单选题、多选题、简答题)

中国革命道德内容丰富、历久弥新,是中国共产党领导全体人民实现民族独立、人民解放的精神支撑,对于我们走好新时代的长征路,实现中华民族伟大复兴仍然具有极其重要的现实意义。

1. 有利于加强和巩固社会主义和共产主义的理想信念

弘扬中国革命道德,有利于树立和培养人民群众的社会主义和共产主义的理想信念,有利于坚持和发展中国特色社会主义道路。

2. 有利于培育和践行社会主义核心价值观

中国革命道德是先进价值观在道德领域的集中体现,蕴含着培育和践行社会主义核心价值观的丰富思想道德资源。

3. 有利于引导人们树立正确的道德观

4. 有利于培育良好的社会道德风尚

解决道德领域出现的突出问题,要充分发挥革命道德的精神力量,培育良好的社会道德风尚,净化社会人际关系,抵制各种腐朽思想,树立浩然正气,凝聚崇德向善的正能量。

大学生发扬革命道德、传承红色基因,就要深入了解中国社会和中国革命的历史,了解中国共产党人带领广大人民群众进行革命斗争的艰苦实践,真正体会中国革命道德的本质内涵、历史意义和当代价值,自觉同各种歪曲历史、诋毁英雄的历史虚无主义思潮作斗争,努力在坚持和发展中国特色社会主义伟大进程中创造无愧于时代、无愧于人民、无愧于先辈的业绩。

三、借鉴人类文明优秀道德成果

文明因交流而多彩,文明因互鉴而丰富。一个国家或民族的道德进步,既要注意在文明交流中坚守自身优秀道德传统,也要在文明互鉴中积极吸收其他有益道德成果。

借鉴和吸收人类文明优秀道德成果,必须秉承正确的态度和科学的方法。要坚持马克思主义立场、观点、方法,在道德问题上把握好共性和个性、抽象和具体、一般和个别的关系。要坚持以我为主、为我所用,批判继承其他国家的道德成果。在吸取人类优秀道德文明成果的问题上,既要大胆吸收和借鉴人类道德文明的积极成果,又必须掌握好鉴别取舍的标准,善于在吸收中消化,把人类文明优秀道德成果变成自己道德文明体系的组成部分。

第三节 投身崇德向善的道德实践

弘扬社会主义道德,必须坚持以为人民服务为核心,以集体主义为原则,推进社会公德、职业道德、家庭美德、个人品德建设。大学生要自觉讲道德、尊道德、守道德,做社会主义道德的践行者、示范者和引领者。

一、遵守社会公德

(一)公共生活中的道德规范★★(识记:易出单选题、多选题)

公共生活中的道德规范,即社会公德,是指人们在社会交往和公共生活中应该遵守的行为准则,是维护公共利益、公共秩序、社会和谐稳定的起码的道德要求,涵盖了人与人、人与社会、人与自然之间的关系。每一个社会成员,**都应遵守以文明礼貌、助人为乐、爱护公物、保护环境、遵纪守法为主要内容的社会公德**。文明礼貌是调整和规范人际关系的行为准则;助人为乐是把帮助他人视为自己应做之事,以力所能及的方式关心和关爱他人,并从中收获实现人生价值的快乐;爱护公物是对社会共同劳动成果的珍惜和爱护,是每个公民应该承担的责任义务,既显示出个人的道德修养水平,也是社会文明的重要标志;保护环境要求尊重自然、顺应自然、保护自然,像对待生命一样对待生态环境。遵纪守法是全体公民都必须遵循的基本行为准则,是维护公共生活秩序的重要条件。

(二)网络生活中的道德要求★★★★(理解:易出单选题、多选题、简答题、材料分析题)

从本质上说,网络交往仍然是人与人的现实交往,网络生活也是人的真实生活,因而也必须遵守道德规范。网络生活中的道德要求,是人们在网络生活中为了维护正常的网络公共秩序而需要共同遵守的基本道德准则,是社会公德规范在网络空间的运用和扩展。大学生应当遵守网络生活中的道德要求,成为营造清朗网络空间的正能量。

1. 正确使用网络工具

大学生要提高信息获取能力,使网络成为开阔视野、提高能力的重要工具。

2. 加强网络文明自律

网络行为主体的文明自律是网络空间道德建设的基础。大学生要文明上网,尊德守法、文明互动、理性表达,远离不良网站,防止沉迷网络,自觉维护良好网络秩序。**首先,进行健康网络交往。其次,自觉避免沉迷网络。最后,加强网络道德自律。** 网络空间同现实社会一样,既要提倡自由,也要保持秩序。

3. 营造良好网络道德环境

良好的网络环境需要网民的共同努力,纷繁复杂的网络言论如果得不到正确引导,势必会引发各种社会问题。大学生一方面要加强网络道德自律,自觉抵制网络欺诈、造谣、诽谤、谩骂、歧视、色情、低俗等内容,反对网络暴力行为,维护网络道德秩序;另一方面应当带头引导网络舆论,对模糊认识要及时廓清,对怨气怨言要及时化解,对错误看法要及时纠正,促进网络空间日益清朗。

二、恪守职业道德

1. 职业生活中的道德规范★★(识记:易出单选题、多选题)

职业是指人们由于社会分工所从事的具有专门业务和特定职责,并以此作为主要生活来源的社会活动。人类是劳动创造的,社会是劳动创造的。劳动没有高低贵贱之分,任何一份职业都很光荣。正确的劳动观念是维系人们职业活动和职业生活的思想观念保障。

职业生活中的道德规范即职业道德,是指从事一定职业的人在职业生活中应当遵循的具有职业特征的道德要求和行为准则,涵盖了从业人员与服务对象、职业与职工、职业与职业之间的关系。**爱岗敬业、诚实守信、办事公道、热情服务和奉献社会是职业生活中的基本道德规范。**

奉献社会是社会主义职业道德中最高层次的要求,体现了社会主义职业道德的最高目标指向。爱岗敬业、诚实守信、办事公道、热情服务,都体现了奉献社会的精神。

2. 树立正确的择业观和创业观

就业是最大的民生。树立正确的择业观和创业观,对于大学生顺利走进职业生活具有重要的现实意义。大学生应该:(1)树立崇高的职业理想;(2)服从社会发展的需要;(3)做好充分的择业准备;(4)培养创业的勇气和能力。

三、弘扬家庭美德

注重家庭、注重家教、注重家风,遵守恋爱、婚姻家庭生活中的道德规范,树立正确的恋爱观和婚姻观,有利于大学生的健康成长、顺利成才。

(一) 注重家庭、家教、家风

家庭是社会的基本细胞,是人生的第一所学校。

1. 注重家庭

家庭和睦则社会安定,家庭幸福则社会祥和,家庭文明则社会文明。

2. 注重家教

家庭是人生的第一个课堂,父母是孩子的第一任老师。注重家教,应该把美好的道德观念从小就传递给孩子,引导他们有做人的气节和骨气,帮助他们形成美好心灵,促使他们健康成长。

3. 注重家风

家风是指一个家庭或家族世代相传的风尚、作风,即一个家庭当中的风气。家风是社会风气的重要组成部分。良好的家风,对家庭成员的个人修养产生着重要的作用,也对整个社会道德风尚的形成产生着重要的影响。

(二) 恋爱、婚姻家庭中的道德规范★★(识记:易出单选题、多选题)

恋爱中的道德规范主要有:尊重人格平等、自觉承担责任、文明相亲相爱。
家庭美德以尊老爱幼、男女平等、夫妻和睦、勤俭持家、邻里团结为主要内容,在维系和谐美满的婚姻家庭关系中具有重要而独特的功能。夫妻关系是家庭关系的核心。

(三)树立正确的恋爱观与婚姻观★★(识记:易出单选题、多选题)

大学生在恋爱中要避免以下几个误区:(1)不能误把友谊当爱情。(2)不能错置爱情的地位。(3)不能片面或功利化地对待恋爱。(4)不能只顾过程不顾后果。(5)不能因失恋而迷失人生方向。

树立正确的恋爱观,大学生还要处理好几种关系:(1)恋爱与学习的关系。学习是大学生的主要任务。(2)恋爱与关心集体的关系。(3)恋爱与关爱他人和社会的关系。

在校大学生如果符合我国法律规定的结婚条件可以结婚,但对结婚成家需持谨慎、理性的态度。

四、锤炼个人品德★★★(应用:易出简答题、材料分析题、论述题)

个人品德在社会道德建设中具有基础性的作用。在现实生活中,社会公德、职业道德和家庭美德的状况,最终都是以每个社会成员的道德品质为基础的。社会公德、职业道德和家庭美德建设,最终都要落实到个人品德的养成上。

1. 涵养高尚道德品格

个人品德是通过社会道德教育和个人自觉的道德修养所形成的稳定的心理状态和行为习惯。它是个体对某种道德要求认同和践履的结果,集中体现了道德认知、道德情感、道德意志、道德信念和道德行为的内在统一。大学生应该:(1)形成正确的道德认知和道德判断;(2)激发正向的道德认同和道德情感;(3)强化坚定的道德意志和道德信念。

2. 道德修养重在践行

高尚道德品格的形成重在实践,贵在坚持。大学生投身崇德向善的道德实践,就要自觉加强道德修养,向道德模范学习,培养志愿服务精神,大力弘扬时代新风:**(1)掌握道德修养的正确方法**。加强道德修养,提升个人品德,应借鉴历史上思想家们所提出的学思并重、省察克治、慎独自律、知行合一、积善成德等各种积极有效的方法,并结合当今社会发展的需要身体力行,不断提高自己的道德素质和精神境界。**(2)向道德模范学习**。道德模范主要是指思想和行为能够激励人们不断向善且为人们所崇敬、模仿的先进人物。**(3)参与志愿服务活动**。志愿服务是培育和弘扬社会主义核心价值观的重要载体。志愿服务的精神是奉献、友爱、互助、进步。其中,奉献精神是精髓。当前,志愿服务已经成为大学生参与社会实践、成长成才的重要舞台,成为大学生关爱他人、传播青春正能量的重要途径。

3. 积极引领社会风尚

良好的社会风尚是人们在社会道德实践中逐渐形成起来的。大学生投身崇德向善的道德实践,要弘扬真善美、贬斥假恶丑,做社会主义道德的示范者和引领者,**促成知荣辱、讲正气、作奉献、促和谐的社会风尚。(1)知荣辱**。荣辱观对个人的思想行为具有鲜明的动力、导向和调节作用。**(2)讲正气**。讲正气,就是坚持真理、坚持原则,坚持同一切歪风邪气作斗争。**(3)作奉献**。奉献精神是社会责任感的集中表现。**(4)促和谐**。民主法治、公平正义、诚信友爱、充满活力、安定有序、人与自然和谐相处的社会,是国家富强、民族复兴、人民幸福的重要保证。

社会文明状况是社会风尚的重要体现。大学生要以高度的主人翁态度,弘扬劳动精神、奋斗精神、奉献精神、创造精神、勤俭节约精神,积极参与各种文明培育、文明实践、文明创建活动,为家庭谋幸福、为他人送温暖、为社会作贡献,不断引领社会风尚,提升道德境界。

巩固练习

一、单项选择题

1. 马克思主义道德观认为,道德起源的首要前提是(　　)。
   A. 实践　　　　　　B. 自我意识　　　　　C. 社会关系　　　　　D. 劳动

2. 马克思主义道德观认为,道德在本质上是(　　)的特殊调节方式。
   A. 社会经济关系　　　　　　　　　　　B. 社会利益关系
   C. 社会政治形态　　　　　　　　　　　D. 社会意识形态

3. 马克思主义道德观认为,道德是反映(　　)的特殊意识形态。
   A. 社会政治关系　　B. 社会经济关系　　C. 社会文化关系　　D. 社会舆论关系

4. 为什么人服务是道德的核心问题,社会主义道德的核心是(　　)。
   A. 为政党服务　　　B. 为人民服务　　　C. 为军队服务　　　D. 为群众服务

5. 社会主义道德的基本原则是(　　)。
   A. 集体主义　　　　B. 个人主义　　　　C. 整体主义　　　　D. 国家主义

6. 集体主义道德要求是有层次的,其中对公民最基本的道德要求是(　　)。
   A. 无私奉献、一心为公
   B. 先公后私、先人后己
   C. 顾全大局、遵纪守法、热爱祖国、诚实劳动
   D. 助人为乐、文明礼貌、爱岗敬业、奉献社会

7. (　　)作为贯穿中国革命道德始终的一根红线,是中国共产党在中国革命实践中的一个伟大创造,对中国革命、建设、改革事业产生了极其重大的推动作用。
   A. 始终把革命利益放在首位
   B. 坚持社会主义、共产主义理想和信念的不屈不挠的精神
   C. 全心全意为人民服务
   D. 树立社会新风和修身自律、保持节操

8. 中华传统美德内容丰富、博大精深,"重视整体利益,强调责任奉献"是中华传统美德的基本精神之一。在中华传统道德的诸多论辩中,其核心和本质的论辩是(　　)。
   A. 义利之辨　　　　B. 理欲之辨　　　　C. 公私之辨　　　　D. 生死之辩

9. "己欲立而立人,己欲达而达人"体现的是中华民族优良道德传统的(　　)。
   A. 重视整体利益,强调责任奉献　　　　B. 推崇仁爱原则,注重以和为贵
   C. 注重人伦关系,重视道德义务　　　　D. 追求精神境界,向往理想人格

二、多项选择题

1. 从中华传统美德的角度,儒家经典《礼记》中明确提出,"修身"是"齐家、治国、平天下"的前提和基础,强调的是加强道德修养、注重道德实践。以下与其含义一致的有(　　)。
   A. 修己、克己、慎独　　　　　　　　　B. 见贤思齐焉,见不贤而内自省也
   C. 吾善养吾浩然之气　　　　　　　　　D. 明于庶物,察于人伦

2. 中国革命道德内容丰富、历久弥新,发扬光大中国革命道德有利于(　　)。
   A. 加强和巩固社会主义和共产主义的理想信念
   B. 培育和践行社会主义核心价值观
   C. 引导人们树立正确的道德观
   D. 培育良好的社会道德风尚

3. 人类已进入互联网时代,良好的网络环境需要网民的共同努力,纷繁复杂的网络言论如果得不到正确引导,势必会引发各种社会问题。大学生应当(   )。

　　A. 加强网络自律,自觉抵制网络欺诈、造谣、诽谤、谩骂、歧视、色情、低俗等内容

　　B. 反对网络暴力行为,维护网络道德秩序

　　C. 带头引导网络舆论,对模糊认识要及时廓清,对怨气怨言要及时化解

　　D. 对错误看法及时纠正,促进网络空间日益清朗

4. 良好的社会风尚是人们在社会道德实践中逐渐形成起来的。大学生投身崇德向善的道德实践,要弘扬真善美、贬斥假恶丑,做社会主义道德的示范者和引领者,促成(   )的社会风尚。

　　A. 知荣辱　　　　　　B. 讲正气　　　　　　C. 作奉献　　　　　　D. 促和谐

5. 以下体现注重整体利益,强调责任奉献的是(   )。

　　A. 夙夜在公　　　　　　　　　　　　　　B. 见贤思齐焉,见不贤而内自省也

　　C. 以公灭私,民其允怀　　　　　　　　　D. 苟利国家生死以,岂因祸福避趋之

6. 中国革命道德的主要内容是(   )。

　　A. 全心全意为人民服务　　　　　　　　　B. 始终把革命利益放在首位

　　C. 树立社会新风,建立新型人际关系　　　D. 修身自律,保持节操

第六章 学习法治思想 提升法治素养

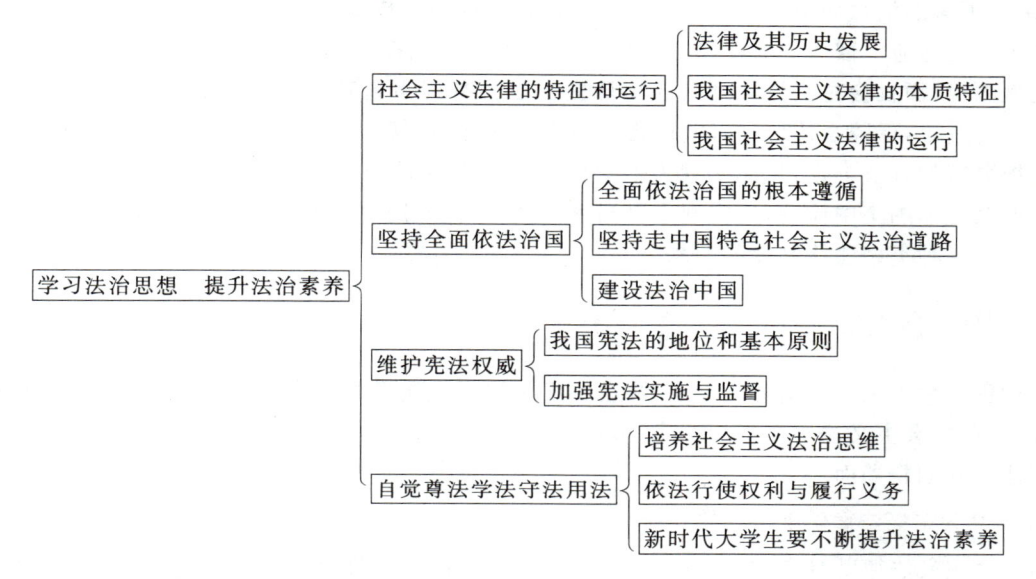

思维导图

学习法治思想 提升法治素养
- 社会主义法律的特征和运行
  - 法律及其历史发展
  - 我国社会主义法律的本质特征
  - 我国社会主义法律的运行
- 坚持全面依法治国
  - 全面依法治国的根本遵循
  - 坚持走中国特色社会主义法治道路
  - 建设法治中国
- 维护宪法权威
  - 我国宪法的地位和基本原则
  - 加强宪法实施与监督
- 自觉尊法学法守法用法
  - 培养社会主义法治思维
  - 依法行使权利与履行义务
  - 新时代大学生要不断提升法治素养

核心考点

第一节 社会主义法律的特征和运行

一、法律及其历史发展★★（识记：易出单选题、多选题）

（一）法律的含义

法律是由国家制定或认可并由国家强制力保证实施的，反映由特定社会物质生活条件所决定的统治阶级意志的规范体系。

1. 法律是由国家创制和实施的行为规范

国家创制法律规范的方式主要有两种：一是国家机关在法定的职权范围内依照法定程序，制定、修改、废止规范性文件；二是国家机关赋予某些既存社会规范法律效力，或者赋予先前的判例法律效力。法律不但由国家制定和认可，而且由国家强制力保证实施。也就是说，法律具有国家强制性。

2. 法律由一定的社会物质生活条件所决定

法律作为上层建筑的重要组成部分，不是凭空出现的，而是产生于特定社会物质生活条件基础之上。

3. 法律是统治阶级意志的体现

法律所体现的统治阶级意志具有整体性，不是统治阶级内部个别人的意志，也不是统治者个人意志的简单相加。统治阶级不仅迫使被统治阶级服从和遵守法律，而且要求统治阶级的成员也遵守法律。法律所体现的统治阶级意志，并不是统治阶级意志的全部，仅仅是上升为国家意志的那部分意志。除了法律，统治阶级的意志还体现在国家政策、统治阶级的道德、最高统治者的言论等形式中。

（二）法律的历史发展

法律不是从来就有的，也不是永恒存在的。它随着私有制、阶级和国家的产生而产生，也将随着私有制、阶级和国家的消亡而消亡。法律作为上层建筑的重要组成部分，其基本内容和性质总是与所在社会的生产关系相适应。奴隶制法律、封建制法律、资本主义法律，都是建立在私有制经济基础之上的剥削阶级类型法律，而**社会主义法律则是人类历史上以公有制为基础的新型法律制度**。社会主义法律以公有制为经济基础，保障全体劳动者共同占有生产资料，通过解放生产力和发展生产力来推动社会物质财富和精神财富的日益丰富，从而实现人的全面发展和全体社会成员的共同富裕。社会主义法律是最广大人民群众意志的集中体现，是实现人民当家作主、实行人民民主专政的重要保证。社会主义法律实现了对历史上各种类型法律制度的超越。

二、我国社会主义法律的本质特征★★（识记：易出单选题、多选题）

中国特色社会主义进入新时代以来，社会主义法治国家建设深入推进，全面依法治国总体格局基本形成，中国特色社会主义法治体系加快建设，司法体制改革取得重大进展，社会公平正义保障更为坚实，法治中国建设开创新局面。

1. 我国社会主义法律体现了党的主张和人民意志的统一★★★（理解：易出单选题、多选题、简答题）

我国社会主义法律既具有鲜明的阶级性，又具有广泛的人民性，体现了阶级性与人民性的统一。我国是中国共产党领导下的社会主义国家，人民是国家的主人，制定法律的权力属于人民。中国共产党是中国工人阶级的先锋队，同时是中国人民和中华民族的先锋队，是中国特色社会主义事业的领导核心。社会主义法律维护人民的根本利益，巩固中国共产党的领导地位，体现了党的主张和人民意志的统一。党领导人民制定宪法法律，党领导人民实施宪法法律，党自身必须在宪法法律范围内活动，这是党的领导力量的体现，也是我国社会主义法律最本质特征的具体表现。

2. 我国社会主义法律具有科学性和先进性

我国社会主义法律反映的不是少数人的特殊利益，而是全体人民的共同利益，尽管其具体内容会随着经济社会的发展而调整变化，但它与历史发展的基本方向和规律是一致的。因此，从本质上说，我国社会主义法律更能尊重和反映社会发展规律，具有科学性和先进性。

3. 我国社会主义法律是中国特色社会主义建设的重要保障

我国法律的社会作用体现了社会主义的本质要求，经济发展、政治清明、文化昌盛、社会公正、生态良好，都离不开社会主义法律的引领、规范和保障。

三、我国社会主义法律的运行★★（识记：易出单选题、多选题）

法律的运行是一个从创制、实施到实现的过程。这个过程主要包括法律制定（立法）、法律执行（执法）、法律适用（司法）、法律遵守（守法）等环节。**法律制定是国家对权利和义务，即社会利益和负担进行的权威性分配**；法律的执行、适用、遵守则是把法律规范转化为法律实践，把法定的权利和义务转化为现实的权利和义务。我国社会主义法律的运行具有鲜明的中国特色。

1. 法律制定

法律制定就是有立法权的国家机关依照法定职权和程序制定规范性法律文件的活动，**是法律运行的起始性和关键性环节**。根据宪法规定，全国人民代表大会和全国人民代表大会常务委员会行使国家立法权，全国人民代表大会负责修改宪法、制定基本法律，全国人民代表大会常务委员会负责解释宪法、制定其他法律。国务院有权根据宪法和法律制定行政法规。国家监察委员会有权根据宪法和法律制定监察法规。中央军事委员会有权根据宪法和法律制定军事法规。国务院各部门可以根据宪法、法律和行政法规，在本部门的权限范围内，制定部门规章。省、直辖市的人民代表大会和它们的常务委员会，在不同宪法、法律、行政法规相抵触的前提下，可以制定地方性法规，报全国人民代表大会常务委员会备案。设区的市的人民代表大会和它们的常务委员会，在不同宪法、法律、行政法规和本省、自治区的地方性法规相抵触的前提下，可以依照法律制定地方性法规，报省、自治区的人民代表大会常务委员会批准后施行。省、自治区、直辖市、设区的市的人民政府可以根据法律、行政法规和本省、自治区、直辖市的地方性法规，制定地方政府规章。自治区、自治州、自治县的人民代表大会有权依照当地民族的政治、经济和文化特点，制定自治条例和单行条例。特别行政区立法机关有权依据基本法规定并依照法定程序制定法律。

我国立法贯穿公正、公平、公开原则，**坚持科学立法、民主立法、依法立法**，表达人民的共同意志和诉求。立法活动必须遵循法定程序，就全国人民代表大会的立法程序而言，大体**包括法律案的提出、法律案的审议、法律案的表决和法律的公布四个环节**。

2. 法律执行

在广义上，法律执行是指国家机关及其公职人员，在国家和公共事务管理中依照法定职权和程序，贯彻和实施法律的活动。在狭义上，法律执行则是指国家行政机关执行法律的活动，也被称为行政执法。**行政执法是法律实施和实现的重要环节**，**必须坚持合法性、合理性、信赖保护、效率等基本原则**。

3. 法律适用

法律适用是指国家司法机关及其公职人员依照法定职权和程序适用法律处理案件的专门活动。在我国，**司法机关是指国家检察机关和审判机关**。司法的基本要求是正确、合法、合理、及时。**司法原则主要有：司法公正；公民在法律面前一律平等；以事实为依据，以法律为准绳；司法机关依法独立公正行使司法权等**。

4. 法律遵守

法律遵守是指国家机关、社会组织和公民个人依照法律规定行使权力和权利以及履行职责和义务的活动。守法就是依法享有并行使权利、依法承担并履行义务。**守法是法律实施和实现的基本途径**。

第二节　坚持全面依法治国

全面依法治国是坚持和发展中国特色社会主义的本质要求和重要保障，是国家治理的一场深刻变革。

一、全面依法治国的根本遵循★★（识记：易出单选题、多选题）

2020年11月，中央全面依法治国工作会议正式提出习近平法治思想，并将其确立为全面依法治国的指导思想和根本遵循。

(一) 习近平法治思想的意义★★（理解：易出单选题、多选题）

习近平法治思想是经过长期发展而形成的内涵丰富、论述深刻、逻辑严密、系统完备的法治理论体系,为建设法治中国指明了前进方向,在中国特色社会主义法治建设进程中具有重大的政治意义、理论意义、实践意义。习近平法治思想从历史和现实相贯通、国际和国内相关联、理论和实际相结合方面深刻回答了新时代为什么实行全面依法治国、怎样实行全面依法治国等一系列重大问题,是顺应实现中华民族伟大复兴时代要求应运而生的重大理论创新成果,是马克思主义法治理论中国化时代化的最新成果,是习近平新时代中国特色社会主义思想的重要组成部分。

习近平法治思想深刻揭示了社会主义法治的生命力和优越性,推动了中国特色社会主义法治理论创新发展。这一思想擘画了新时代全面依法治国的宏伟蓝图,增强了全党全国各族人民走中国特色社会主义法治道路的信心,增强了新时代全面依法治国的政治定力、前进动力,引领着法治中国建设迈向良法善治新境界。

(二)习近平法治思想的主要内容★★(识记:易出单选题、多选题)

2020年11月,习近平在中央全面依法治国工作会议上的重要讲话中,用"十一个坚持"对全面依法治国进行了系统阐释、部署。这"十一个坚持"涉及的都是全面依法治国方向性、根本性、全局性的重大问题,从全面依法治国的政治方向、战略地位、工作布局、主要任务、重大关系、重要保障等方面提出了一系列新理念新观点新论断,构成了习近平法治思想的主要内容。

"十一个坚持"的具体内容包含:(1)坚持党对全面依法治国的领导;(2)坚持以人民为中心;(3)坚持中国特色社会主义法治道路;(4)坚持依宪治国、依宪执政;(5)坚持在法治轨道上推进国家治理体系和治理能力现代化;(6)坚持建设中国特色社会主义法治体系;(7)坚持依法治国、依法执政、依法行政共同推进,法治国家、法治政府、法治社会一体建设;(8)坚持全面推进科学立法、严格执法、公正司法、全民守法;(9)坚持统筹推进国内法治和涉外法治;(10)坚持建设德才兼备的高素质法治工作队伍;(11)坚持抓住领导干部这个"关键少数"。

关于政治方向,这一思想深刻回答全面依法治国由谁领导、依靠谁、走什么道路等大是大非问题,指明了中国特色社会主义法治的前进方向;关于战略地位,这一思想深刻回答为什么要全面依法治国的问题,深刻揭示全面依法治国是新时代坚持和发展中国特色社会主义的基本方略,是党领导人民治理国家的基本方式;关于工作布局,这一思想深刻回答全面依法治国如何谋篇布局的问题,明确全面依法治国的总目标、总抓手和基本思路。

二、坚持走中国特色社会主义法治道路★★★(理解:易出单选题、多选题、简答题)

中国特色社会主义法治道路的**核心要义**,就是要坚持党的领导,坚持中国特色社会主义制度,贯彻**中国特色社会主义法治理论**,这充分体现了我国的社会主义性质,具有鲜明的中国特色、实践特色、时代特色。

(一)为什么要走中国特色社会主义法治道路

(1)走中国特色社会主义法治道路,是历史的必然结论。
(2)走中国特色社会主义法治道路,是由我国社会主义国家性质所决定的。
(3)走中国特色社会主义法治道路,是立足我国基本国情的必然选择。

(二)坚持中国特色社会主义法治道路必须遵循的原则

中国特色社会主义法治道路,明确了建设社会主义法治国家的性质和方向,是社会主义法治建设成就和经验的集中体现,是建设中国特色社会主义法治体系、建设社会主义法治国家的正确道路。

1. 坚持中国共产党的领导

党的领导是中国特色社会主义最本质的特征,是社会主义法治最根本的保证。**党的领导是中国特**

色社会主义法治之魂,是我们的法治同西方资本主义国家的法治最大的区别。坚持党中央权威和集中统一领导,是坚持党的领导的最高原则,是我国制度优势的根本保证。

2. 坚持人民主体地位

全面依法治国最广泛、最深厚的基础是人民,必须坚持为了人民、依靠人民。推进全面依法治国,根本目的是依法保障人民权益。

3. 坚持法律面前人人平等

平等是社会主义法律的基本属性,是社会主义法治的基本要求。坚持法律面前人人平等,一方面要求违法必究,一切违反宪法法律的行为都必须予以追究;另一方面要求非歧视,即无差别对待。

4. 坚持依法治国和以德治国相结合

坚持依法治国和以德治国相结合,既要强化道德对法治的支撑作用,重视发挥道德的教化作用,提高社会文明程度,为全面依法治国创造良好环境;又要把道德要求贯彻到法治建设中,以法治承载道德理念。

5. 坚持从中国实际出发

建设法治中国,必须从我国实际出发,同完善和发展中国特色社会主义制度、推进国家治理体系和治理能力现代化相适应,既不能罔顾国情、超越阶段,也不能因循守旧、墨守成规。坚持从实际出发,就是要突出法治道路的中国特色、实践特色、时代特色。

三、建设法治中国★★★(理解:易出单选题、多选题、简答题)

全面依法治国的宏伟目标是建设法治中国,要以建设中国特色社会主义法治体系为总抓手,围绕保障和促进社会公平正义,坚持依法治国、依法执政、依法行政共同推进,坚持法治国家、法治政府、法治社会一体建设,坚持全面推进科学立法、严格执法、公正司法、全民守法,全面推进国家各方面工作法治化。

(一)建设中国特色社会主义法治体系

全面依法治国涉及很多方面,必须有一个总揽全局、牵引各方的总抓手,这个总抓手就是建设中国特色社会主义法治体系。建设中国特色社会主义法治体系,就是要形成完备的法律规范体系、高效的法治实施体系、严密的法治监督体系、有力的法治保障体系,形成完善的党内法规体系。

1. 完备的法律规范体系

完备的法律规范体系,是建设中国特色社会主义法治体系的前提,是法治国家、法治政府、法治社会的制度基础。

2. 高效的法治实施体系

建设高效的法治实施体系,是建设中国特色社会主义法治体系的重点。

3. 严密的法治监督体系

严密的法治监督体系,是指以规范和约束公权力为重点建立的有效的法治化权力监督网络。

4. 有力的法治保障体系

有力的法治保障体系,是指在法律制定、实施和监督过程中形成的结构完整、机制健全、资源充分、富有成效的保障系统,包括政治和制度保障、组织和人才保障、法治和文化保障等,是全面依法治国的重要依托。

5. 完善的党内法规体系

建设完善的党内法规体系,是建设中国特色社会主义法治体系的本质要求和重要内容。

(二)坚持依法治国、依法执政、依法行政共同推进,坚持法治国家、法治政府、法治社会一体建设

依法治国、依法执政、依法行政是一个有机整体,关键在于党要坚持依法执政、各级政府要坚持依法行政。法治国家、法治政府、法治社会相辅相成,**法治国家是法治建设的目标,法治政府是建设法治国家的重点,法治社会是构筑法治国家的基础。**

(1)推进全面依法治国,法治政府建设是重点任务和主体工程,对法治国家、法治社会建设具有示范带动作用。

(2)推进全面依法治国,法治社会建设是基础工程。

(三)坚持全面推进科学立法、严格执法、公正司法、全民守法

科学立法是全面依法治国的前提,严格执法是全面依法治国的关键,公正司法是全面依法治国的重点,全民守法是全面依法治国的基础。全面依法治国,必须从立法、执法、司法、守法四个方面统筹推进。

1. 科学立法

法律是治国之重器,立法是法治的龙头环节。科学立法,要以完善以宪法为核心的中国特色社会主义法律体系、加强宪法实施为目标,坚持以民为本、立法为民理念,使每一项立法都符合宪法精神,反映人民意志,得到人民拥护。

2. 严格执法

法律的生命力在于实施,法律的权威也在于实施。严格执法,要依法全面履行政府职能,坚持法定职责必须为、法无授权不可为,健全依法决策机制,完善执法程序,严格执法责任。

3. 公正司法

公正是法治的生命线,是司法活动最高的价值追求。公正司法是维护社会公平正义的最后一道防线。

4. 全民守法

法律的权威源自人民的内心拥护和真诚信仰,全民守法是法治社会的基础工程。全民守法,要增强全民法治观念、推进法治社会建设,树立宪法法律至上、法律面前人人平等的法治理念,培育全社会的法治信仰。

第三节　维护宪法权威

坚持依法治国首先要坚持依宪治国,坚持依法执政首先要坚持依宪执政,坚持宪法确定的中国共产党领导地位不动摇,坚持宪法确定的人民民主专政的国体和人民代表大会制度的政体不动摇。

一、我国宪法的地位和基本原则★★★(识记:易出单选题、多选题、简答题)

宪法在全面依法治国中具有突出地位和重要作用。

(一)我国宪法的地位

我国宪法实现了党的主张和人民意志的高度统一,具有显著优势、坚实基础、强大生命力。宪法至上地位主要体现在其特有的作用、效力和内容等方面。

(1)我国宪法是国家的根本法,是党和人民意志的集中体现。

(2)我国宪法是国家各项制度和法律法规的总依据。宪法在中国特色社会主义法律体系中居于核心地位。一切法律、行政法规、地方性法规的制定都必须以宪法为依据,遵循宪法的基本原则,不得与宪

法相抵触。

(3) 我国宪法规定了国家的根本制度。我国宪法确立了工人阶级领导的、以工农联盟为基础的人民民主专政的国体,确立了社会主义制度是中华人民共和国的根本制度,确立了人民代表大会制度的政体,确立了中国共产党领导的多党合作和政治协商制度。

(4) 宪法是实现国家认同、凝聚社会共识、促进个人发展的基本准则,是维系一个国家、一个民族凝聚力的根本纽带。

(二) 我国宪法的基本原则

宪法的基本原则是贯穿于宪法规范始终并对宪法的制定、修改、实施、遵守等环节起指导作用的基本准则。我国宪法的基本原则集中反映了规范权力运行、保障公民权利的基本精神,体现了社会主义法治的根本性质。

1. 党的领导原则

中国共产党是中国特色社会主义事业的领导核心。党的领导是人民当家作主的根本保证,是中国特色社会主义最本质的特征,是中国特色社会主义制度的最大优势。

2. 人民当家作主原则

人民当家作主是社会主义民主政治的本质和核心。我国宪法体现了人民当家作主原则,强调国家的一切权力属于人民。

3. 尊重和保障人权原则

法治是人权得以实现的保障。

4. 社会主义法治原则

社会主义法治原则要求坚持宪法法律至上、法律面前人人平等,推进国家各项工作法治化,维护社会公平正义,维护社会主义法制的统一和尊严。

5. 民主集中制原则

民主集中制是我国国家组织形式和活动方式的基本原则,是我国国家制度的突出特点和优势,也是集中全党全国人民集体智慧,实现科学决策、民主决策的基本原则和主要途径。

二、加强宪法实施与监督★★(理解:易出单选题、多选题)

1. 加强宪法实施

加强宪法实施,党首先要坚持依宪执政,国家权力机关要加强和改进立法工作,国家行政机关、监察机关和司法机关要严格执行法律,维护宪法法律尊严。加强宪法实施,就要:

(1) 坚持依宪执政;(2) 坚持依法立法;(3) 坚持严格执法。

2. 完善宪法监督

(1) 健全人大工作机制。全国人大及其常委会履行宪法赋予的宪法监督职责,要加强对宪法法律实施情况的监督检查,坚决纠正违宪违法行为。

(2) 健全宪法解释机制。全国人大常委会根据宪法规定行使宪法解释权,依照宪法精神对宪法规定的内容、含义和界限作出解释。

(3) 健全备案审查机制。将所有的法规、规章、司法解释和各类规范性文件依法依规纳入备案审查范围,是宪法监督的重要内容和环节。

(4) 健全合宪性审查机制。我国的合宪性审查,就是由有关权力机关依据宪法和相关法律的规定,对于可能存在违反宪法规定的法律法规、规范性文件以及国家机关履行宪法职责的行为进行审查,并对违反宪法的问题予以纠正。

宪法的根基在于人民发自内心的拥护,宪法的伟力在于人民出自真诚的信仰。我们要充分认识到宪法不仅是全体公民必须遵循的行为规范,而且是保障公民权利的法律武器,更加自觉地尊崇宪法、学习宪法、遵守宪法、维护宪法、运用宪法,大力弘扬宪法精神,不断增强宪法意识,把宪法作为判断大是大非的准绳,同一切破坏宪法权威、践踏宪法尊严的行为作斗争,在宪法的阳光照耀下追求国家富强和人民幸福。

第四节 自觉尊法学法守法用法

一、培养社会主义法治思维★★★(理解:易出单选题、多选题、简答题)

大学生要准确把握法治思维的基本含义和内容,提高运用法治思维分析、解决问题的能力。

(一)法治思维及其内涵

法治思维是指以法治价值和法治精神为导向,运用法律原则、法律规则、法律方法思考和处理问题的思维模式。

法治思维包含以下四层含义:

(1)法治思维以法治价值和法治精神为指导,蕴含着公正、平等、民主、人权等法治理念,是一种正当性思维;

(2)法治思维以法律原则和法律规则为依据来指导人们的社会行为,是一种规范性思维;

(3)法治思维以法律手段与法律方法为依托分析问题、处理问题、解决纠纷,是一种逻辑思维;

(4)法治思维是一种符合规律、尊重事实的科学思维。

因此,法治思维是一种融法律的价值属性和工具理性于一体的特殊的高级法律意识。

(二)法治思维的基本内容

法治思维的内涵丰富、外延宽广,主要表现为价值取向和规则意识两个方面。价值取向是指如何看待和对待法律,规则意识是指如何用法律看待和对待自身。一般来讲,**法治思维主要包括法律至上、权力制约、公平正义、权利保障、程序正当等内容。**

1. 法律至上

法律至上是指在国家或社会的所有规范中,法律是地位最高、效力最广、强制力最大的规范。法律至上尤其指宪法至上,因为宪法具有最高的法律效力,是其他一切法律的依据。**法律至上具体表现为法律的普遍适用、优先适用和不可违反。**

2. 权力制约

权力制约是指国家机关的权力必须受到法律的规制和约束。权力制约包括权力由法定、有权必有责、用权受监督、违法受追究四项要求。

3. 公平正义

公平正义是指社会的政治利益、经济利益和其他利益在全体社会成员之间合理、平等分配和占有。一般来讲,**公平正义主要包括权利公平、机会公平、规则公平和救济公平。**

4. 权利保障

权利保障主要是指对公民权利的法律保障,具体包括公民权利的宪法保障、立法保障、行政保障和司法保障。宪法保障是权利保障的前提和基础,立法保障是权利保障的重要条件,行政保障是权利保的关键环节,司法保障是公民权利保障的最后防线。

5. 程序正当

做一件事情,往往需要按照一定的程序,只有按照程序做,才能防止主观任性、无序混乱。**程序正当表现在程序的合法性、中立性、参与性、公开性、时限性等方面。**

二、依法行使权利与履行义务

大学生应依法行使权利和履行义务,妥善处理学习、生活中遇到的法律问题和各种矛盾。

(一) 法律权利与法律义务★★(识记:易出单选题、多选题)

1. 法律权利

法律权利是指由一定的社会物质生活条件所制约的行为自由,是法律所允许的权利人为了满足自己的利益而采取的、由其他人的法律义务所保证的法律手段。

法律权利具有以下四个方面的特征:

(1) 法律权利的内容、种类和实现程度受社会物质生活条件的制约。

(2) 法律权利的内容、分配和实现方式因社会制度和国家法律的不同而存在差异。

(3) 法律权利不仅由法律规定或认可,而且受法律维护或保障,具有不可侵犯性。由国家强制力保障其实现,这是法律权利区别于其他权利的根本所在。

(4) 法律权利必须依法行使,不能不择手段地行使法律权利。

2. 法律义务

法律义务是指由一定的社会物质生活条件所制约的社会责任,是保证法律所规定的义务人按照权利人要求从事一定行为或不从事一定行为以满足权利人利益的法律手段。

法律义务的履行表现为两种形式:一种是作为,是指义务人实施积极的行为,如子女通过经常看望和提供财物等行为履行赡养父母的义务等;另一种是不作为,是指义务人不得实施某种行为,如未经许可不得公开他人的隐私等。

法律义务具有以下四个特点:(1) 法律义务是历史的。(2) 法律义务源于现实需要。(3) 法律义务必须依法设定。(4) 法律义务可能发生变化。

3. 法律权利与法律义务的关系

法律权利与法律义务就像一枚硬币的两面,不可分割,相互依存。在社会生活中,每个人既是享受法律权利的主体,又是承担法律义务的主体。法律权利的实现必须以相应法律义务的履行为条件;法律义务的设定与履行也必须以法律权利的行使为依据。有些法律权利和法律义务具有复合性的关系,即一个行为可以同时是权利行为和义务行为,如劳动的权利和义务,接受义务教育的权利和义务。

大学生应当正确把握依法行使权利、履行义务的基本要求,既珍惜自己权利又尊重他人权利,既善于行使权利又自觉履行义务。

(二) 我国宪法法律规定的权利★★(识记:易出单选题、多选题)

我国宪法法律规定了公民享有一系列权利,主要包括政治权利、宗教信仰自由、人身权利、财产权利、社会经济权利及文化教育权利等。

1. 政治权利

政治权利是公民参与国家政治活动的权利和自由的统称。政治权利主要包括:一是选举权利,即选举权与被选举权,是指人们依法享有的参加创设或组织国家权力机关、代表机关的权利。二是表达权,即公民依法享有的表达自己对国家公共生活的看法、观点、意见的权利。表达权利对于一个国家的政治、经济、文化、科技、道德的发展具有基础性作用。三是民主管理权,即公民根据宪法法律规定,管理国家事务、经济和文化事业以及社会事务的权利。四是监督权,即公民依据宪法法律规定监督国家机关及其工作人员活动的权利。

2. 宗教信仰自由

宗教信仰自由是指公民依据内心的信念,自愿地信仰宗教的自由,具体内容包括信仰宗教的自由、从事宗教活动的自由、举行或参加宗教仪式的自由等。

3. 人身权利

人身权利是指公民的人身不受非法侵犯的权利,是公民参加国家政治、经济与社会生活的基础,是公民权利的重要内容。人身权利主要包括:一是生命健康权,即维持生命存在的权利。生命权是人最基本、最原始的权利,具有神圣性与不可转让性,不可非法剥夺,**享有生命权是人享有其他各项权利的前提**。健康权是在公民享有生命权的前提下,确保自身肉体健全和精神健全、不受任何伤害的权利。二是人身自由权,即公民的人身自由不受非法搜查、拘禁、逮捕等行为侵犯的权利。**人身自由是人们一切行动和生活的前提条件**,包括人的身体不受拘束、人的行动自由不受非法限制和剥夺等。三是人格尊严权,即与人身有密切联系的名誉、姓名、肖像等不容侵犯的权利。四是住宅安全权也称住宅不受侵犯权,即公民居住、生活、休息的场所不受非法侵入或搜查的权利。五是通信自由权,是指公民通过书信、电报、传真、电话及其他通信手段,根据自己的意愿进行通信,不受他人干涉的自由。

4. 财产权利

财产权利是指公民、法人或其他组织通过劳动或其他合法方式取得财产和占有、使用、收益、处分财产的权利。对个人而言,财产权是公民权利的重要内容,是公民在社会生活中获得自由与实现经济利益的必要途径。财产权主要包括:一是私有财产权,即公民个人所有的以财产利益为内容,直接体现财产利益的民事权利。二是继承权,是指继承人依法取得被继承人遗产的资格。

5. 社会经济权利

社会经济权利,是指公民要求国家根据社会经济的发展状况,积极采取措施干预社会经济生活,加强社会建设,提供社会服务,以促进公民的自由和幸福,保障公民过上健康而有尊严的生活的权利。主要包括:一是劳动权,是指一切有劳动能力的公民有获得劳动的机会和适当的劳动条件和报酬的权利。二是休息权,是指劳动者在付出一定的劳动以后所享有的休息和休养的权利,是劳动权存在和发展的基础。三是社会保障权,是指公民享有国家提供维持有尊严的生活的权利,如我国宪法规定的退休人员生活受到国家和社会的保障,国家建立健全同经济发展水平相适应的社会保障制度等。四是物质帮助权,是指公民在法定条件下获得国家物质帮助的权利,如国家发展为公民享受这些权利所需要的社会保险、社会救济和医疗卫生事业等。

6. 文化教育权利

文化教育权利是公民依照宪法的规定在文化和教育领域享有的权利,主要包括教育方面的权利和文化活动方面的权利。教育方面的权利主要表现为受教育权。受教育权是公民在教育领域享有的基本权利,是公民接受文化、科学等方面训练的权利。

(三)依法行使法律权利★★★(应用:易出多选题、简答题)

依法行使法律权利要求公民行使权利时应严格依据法律进行,以法律的相关规定为界限,超出这个界限就可能侵犯到他人的权利或者损害到国家、社会的利益。

1. 权利行使目的的正当性

公民行使法律权利时,不仅要在形式上符合相关法律的规定,也要符合立法意图和精神,不得违反宪法法律确定的基本原则,保障权利行使的正当性。此外,行使权利不得破坏公序良俗,妨碍法律的社会功能和法律价值的实现。

2. 权利行使的必要限度

任何权利的行使都不是绝对的,都有其相应的限度,必须依照法律规定的限度来行使权利。

3. 权利行使方式的法定性

权利行使的方式分为口头方式、书面方式和行为方式,有时口头方式和书面方式可以兼用。权利行使的方式还可分为直接行使和间接行使,前者指权利主体直接行使权利,后者则指由其法定代理人或者委托代理人代为行使权利。

4. 权利行使的正当程序

由于一个人行使权利的过程可能就是另一个人履行义务的过程,所以程序正当原则同样适用于权利行使过程。通常情况下,行使权利的程序是法律规定的。

(四) 依法履行法律义务★★★(应用:易出单选题、多选题、简答题)

法律权利的行使必须伴随着法律义务的履行,但法律义务更需要由法律加以规定。公民应履行的基本法律义务包括:

(1) 维护国家统一和民族团结的义务;
(2) 遵守宪法和法律的义务;
(3) 维护祖国安全、荣誉和利益的义务;
(4) 依法服兵役的义务;
(5) 依法纳税的义务。

三、新时代大学生要不断提升法治素养★★(应用:易出单选题、多选题)

提升法治素养是大学生成长成才的内在需要。大学生要尊重法律权威、学习法律知识、养成守法习惯、提高用法能力,不断提升自己的法治素养。

(一) 尊重法律权威

法律通过调整社会关系,规范人的行为,保障社会成员的利益,实现稳定合理的社会秩序。法律的权威源自人民的内心拥护和真诚信仰。人民权益要靠法律保障,法律权威要靠人民维护。人民是国家的主人翁,是法治国家的建设者和捍卫者,尊重法律权威是其法定义务和必备素质。

尊重法律权威就要信仰法律,对法律常怀敬畏之心;就要遵守法律,用实际行动捍卫法律尊严,保障法律实施;就要服从法律,拥护法律的规定,接受法律的约束,履行法定的义务,服从依法进行的管理,承担相应的法律责任;就要维护法律,争当法律权威的守望者、公平正义的守护者、具有良知的护法者。

(二) 学习法律知识

学习和掌握基本的法律知识,是提升法治素养的前提。

参与法治实践是学习法律知识的有效途径。一是参与立法讨论。二是旁听司法审判。三是参与校园法治文化活动。

(三) 养成守法习惯

守法,就是任何组织或者个人都必须在宪法和法律范围内活动,任何公民、社会组织和国家机关都要以宪法和法律为行为准则,依照宪法和法律行使权利或权力、履行义务或职责。养成守法习惯,不仅要有基本的法律知识,更要有遵守规则的意识,坚持从具体事情做起。

1. 增强规则意识

养成规则意识,坚持守法守规是每一个法治国家公民的基本素养。

2. 守住法律底线

法律红线不可逾越,法律底线不可触碰,一切触犯法律底线的行为都要受到追究。

(四)提高用法能力

学法是为了更好地用法,把对法治的尊崇、对法律的敬畏转化成思维方式和行为方式,做到在法治之下,而不是法治之外,更不是法治之上想问题、作决策、办事情。通过运用法律,提高解决问题的能力,使法律内化于心、外化于行。

1. 维护自身权利

大学生要增强权利意识,用法处理纠纷,依法维权护权。

2. 维护社会利益

大学生除了要运用法律维护自身权利外,还要通过法律维护社会公共利益,对违法犯罪行为要敢于揭露、勇于抵制,消除袖手旁观、畏缩不前的恐惧心理,抵制遇事回避的惧法现象。

巩固练习

一、单项选择题

1. 国家创制法律规范的方式主要有两种( )。
   A. 制定新法和沿用旧法　　　　　　　　B. 制定和认可法律
   C. 制定国内法和参加国际条约　　　　　D. 制定和解释法律
2. 在法律运行中,( )是法律实施和实现的重要环节,必须坚持合法性、合理性、信赖保护、效率等基本原则。
   A. 立法活动　　　B. 行政执法　　　C. 公民守法　　　D. 监督
3. 下列选项中,( )属于我国的司法机关。
   A. 人民代表大会　　B. 法院和检察院　　C. 公检法　　　D. 人民政府
4. 我国宪法的基本原则不包括( )。
   A. 党的领导原则　　B. 人民当家作主原则　　C. 责权相当原则　　D. 民主集中制原则
5. 全面依法治国的总抓手是( )。
   A. 建设中国特色社会主义法治体系　　　B. 建设以宪法为核心的法律规范体系
   C. 建设完善的党内法规体系　　　　　　D. 建设高效的法治实施体系
6. 建设法治国家的重点是( )。
   A. 法治政府　　　B. 法治国家　　　C. 法治社会　　　D. 法治体系
7. 我国宪法规定了公民的基本权利和义务。下列选项中,既属于公民权利,又属于公民义务的是( )。
   A. 劳动　　　　　B. 政治自由　　　C. 人身自由　　　D. 依法纳税
8. 在广义上,法律执行是指国家机关及其公职人员,在国家和公共事务管理中依照法定职权和程序,贯彻和实施法律的活动。在狭义上,法律执行则是指( )。
   A. 国家权力机关执行法律的活动　　　　B. 国家行政机关执行法律的活动
   C. 国家司法机关执行法律的活动　　　　D. 所有国家机关执行法律的活动

二、多项选择题

1. 立法活动必须遵循法定程序,就全国人民代表大会的立法程序而言,大体包括(　　)环节。
   A. 法律案的提出　　　B. 法律案的审议　　　C. 法律案的表决　　　D. 法律的公布

2. 法律的运行是一个从创制、实施到实现的过程。这个过程主要包括(　　)等环节。
   A. 法律制定　　　　　B. 法律执行　　　　　C. 法律适用　　　　　D. 法律遵守

3. 每一条法治道路底下都有一种政治立场,每一种法治模式当中都有一种政治逻辑。我国坚持走中国特色社会主义法治道路(　　)。
   A. 是历史的必然结论
   B. 是由我国社会主义国家性质所决定的
   C. 是立足我国基本国情的必然选择
   D. 是关起门来搞法治,不同于西方民主政治的选择

4. 法律权利的行使必须伴随法律义务的履行,以下选项中属于公民应该依法履行的义务有(　　)。
   A. 维护祖国统一和民族团结　　　　　B. 遵守宪法和法律
   C. 维护祖国安全、荣誉和利益　　　　D. 依法服兵役

5. 中国特色社会主义法治道路的核心要义,就是要(　　),这充分体现了我国的社会主义性质,具有鲜明的中国特色、实践特色、时代特色。
   A. 坚持中国共产党的领导　　　　　　B. 坚持中国特色社会主义制度
   C. 贯彻中国特色社会主义法治理论　　D. 坚持法律面前人人平等

第二部分

毛泽东思想和中国特色社会主义理论体系概论

导论　马克思主义中国化时代化的历史进程和理论成果

思维导图

马克思主义中国化时代化的历史进程和理论成果
- 马克思主义中国化时代化的提出
- 马克思主义中国化时代化的科学内涵
- 马克思主义中国化时代化的历史进程
- 马克思主义中国化时代化的理论成果
  - 毛泽东思想
  - 邓小平理论、"三个代表"重要思想、科学发展观
  - 习近平新时代中国特色社会主义思想

核心考点

一、马克思主义中国化时代化的提出★★（识记：易出单选题、多选题）

十月革命一声炮响，给中国送来了马克思列宁主义，给苦苦探寻救亡图存出路的中国人民指明了前进方向、提供了全新选择。中国共产党从成立之日起，就明确把马克思列宁主义确立为指导思想。然而，找到了马克思主义这个崭新的思想武器，并不意味着就能够自然而然地解决中国革命所面临的问题，还有一个如何把马克思主义基本原理同中国具体实际相结合、同中华优秀传统文化相结合的问题。我们党对这个问题的认识，经历了一个长期思考和探索的过程。由于理论准备和实践经验不足，幼年时期的中国共产党走了些弯路，特别是1931年开始的在党内占统治地位的"左"倾错误，把马克思主义教条化，把共产国际决议和苏联经验神圣化，使中国革命遭受严重挫折。

（1）以毛泽东同志为主要代表的中国共产党人逐渐认识到，面对中国的特殊国情，不能教条式地对待马克思列宁主义，必须从中国实际出发，实现马克思主义中国化。**1938年，毛泽东在党的六届六中全会上作了《论新阶段》的报告，这标志着"马克思主义的中国化"这一命题的正式提出。**

（2）**1945年，在党的七大上，刘少奇代表党中央所作的《关于修改党章的报告》**，对马克思主义中国化从理论上作了进一步的阐述，并指出**毛泽东思想是"中国化的马克思主义"**。

（3）马克思主义中国化同时包含着马克思主义时代化的意蕴。我们党自成立以来，始终坚持把马克思主义基本原理同中国具体实际和时代特征相结合，不断进行理论创新。党的十八大以来，以习近平同志为核心的党中央明确提出要不断推进马克思主义中国化时代化。2021年，党的十九届六中全会通过的《中共中央关于党的百年奋斗重大成就和历史经验的决议》总结了百年来中国共产党推进马克思主义中国化时代化的重大成就，阐释了马克思主义中国化时代化的重大历史意义。2022年，党的二十大明确把"不断谱写马克思主义中国化时代化新篇章"作为当代中国共产党人的庄严历史责任，并提出了继续推进马克思主义中国化时代化的新要求。

(4) **推进马克思主义中国化时代化,是马克思主义理论本身发展的内在要求。**马克思主义只有实现中国化时代化,才能不断发展自身,始终保持蓬勃生机和旺盛活力。

(5) **推进马克思主义中国化时代化,是解决中国实际问题的客观需要。**马克思主义要在中国发挥指导作用,就必须中国化时代化。只有与中国国情相结合、与时代发展同进步,马克思主义才能真正解决中国的实际问题。

二、马克思主义中国化时代化的科学内涵★★★(理解:易出单选题、多选题、简答题)

马克思主义中国化时代化,就是立足中国国情和时代特点,坚持把马克思主义基本原理同中国具体实际相结合、同中华优秀传统文化相结合,深入研究和解决中国革命、建设、改革不同历史时期的实际问题,真正搞懂面临的时代课题,不断吸收新的时代内容,科学回答时代提出的重大理论和实践课题,创造新的理论成果。

马克思主义中国化时代化的科学内涵,具体包含三层意思:

(1) 运用马克思主义的立场、观点、方法,观察时代、把握时代、引领时代,解决中国革命、建设、改革中的实际问题。

(2) 总结和提炼中国革命、建设、改革的实践经验并将其上升为理论,不断丰富和发展马克思主义的理论宝库,赋予马克思主义以新的时代内涵。

(3) 运用中国人民喜闻乐见的民族语言来阐述马克思主义,使其植根于中华优秀传统文化的土壤之中,具有中国特色、中国风格、中国气派。

三、马克思主义中国化时代化的历史进程★★(理解:易出单选题、多选题)

中国共产党的历史,是一部不断推进马克思主义中国化时代化的历史,是一部不断推进理论创新、进行理论创造的历史。

(1) 在新民主主义革命时期,以毛泽东同志为主要代表的中国共产党人,把马克思列宁主义基本原理同中国具体实际相结合,创立了毛泽东思想。

(2) 在社会主义革命和建设时期,以毛泽东同志为主要代表的中国共产党人,提出把马克思列宁主义基本原理同中国具体实际进行"第二次结合",结合新的实际丰富和发展毛泽东思想。**毛泽东思想是马克思主义中国化时代化的第一次历史性飞跃。**

(3) 改革开放和社会主义现代化建设新时期,以邓小平同志为主要代表的中国共产党人,创立了邓小平理论;以江泽民同志为主要代表的中国共产党人,形成了"三个代表"重要思想;以胡锦涛同志为主要代表的中国共产党人,形成了科学发展观。在改革开放和社会主义现代化建设新时期,中国共产党形成**中国特色社会主义理论体系,实现了马克思主义中国化时代化新的飞跃。**

(4) 党的十八大以来,中国特色社会主义进入新时代,以习近平同志为主要代表的中国共产党人,坚持把马克思主义基本原理同中国具体实际相结合、同中华优秀传统文化相结合,创立了**习近平新时代中国特色社会主义思想,实现了马克思主义中国化时代化新的飞跃。**

实践证明,**中国共产党为什么能,中国特色社会主义为什么好,归根到底是马克思主义行,是中国化时代化的马克思主义行。**马克思主义深刻改变了中国,中国也极大丰富了马克思主义。

四、马克思主义中国化时代化的理论成果★★(识记:易出单选题、多选题)

在马克思主义中国化时代化的历史进程中,产生了**毛泽东思想、邓小平理论、"三个代表"重要思想、科学发展观、习近平新时代中国特色社会主义思想。**

马克思列宁主义揭示了人类社会历史发展的规律,是认识世界、改造世界的科学真理。它的基本原理是正确的,具有强大的生命力。在新民主主义革命、社会主义革命和建设时期创立的毛泽东思想,是马克思列宁主义在中国的运用和发展,是被实践证明了的关于中国革命和建设的正确的理论原则和经验总结,是中国共产党智慧的结晶。改革开放以来形成的中国特色社会主义理论体系是指导党和人民沿着中国特色社会主义道路实现中华民族伟大复兴的正确理论,是立于时代前沿、与时俱进的科学理论。党的十一届三中全会以后,以邓小平同志为主要代表的中国共产党人创立的邓小平理论,是中国特色社会主义理论体系的开篇之作。党的十三届四中全会以后,以江泽民同志为主要代表的中国共产党人形成的"三个代表"重要思想,推动了中国特色社会主义理论体系的跨世纪发展。党的十六大以后,以胡锦涛同志为主要代表的中国共产党人形成的科学发展观,实现了中国特色社会主义理论体系在新世纪新阶段的新发展。**党的十七大提出了"中国特色社会主义理论体系"的科学概念**,把改革开放以来我们党在实践中相继形成的邓小平理论、"三个代表"重要思想以及科学发展观等重大战略思想一道作为中国特色社会主义理论体系的重要组成部分,标志着中国特色社会主义理论和实践的进一步成熟。党的十八大以来,以习近平同志为主要代表的中国共产党人创立了习近平新时代中国特色社会主义思想,谱写了新时代中国特色社会主义新篇章。

马克思主义中国化时代化的理论成果是一脉相承又与时俱进的关系。一方面,**毛泽东思想所蕴含的马克思主义的立场、观点和方法,为中国特色社会主义理论体系提供了基本遵循**。另一方面,**中国特色社会主义理论体系在新的历史条件下进一步丰富和发展了毛泽东思想**。

巩固练习

一、单项选择题

1. ( )是马克思主义中国化时代化的第一次历史性飞跃。
   A. 毛泽东思想　　　　　　　　　　　B. 邓小平理论
   C. "三个代表"重要思想　　　　　　　D. 科学发展观

2. "马克思主义中国化"这一命题正式提出是在( )。
   A. 党的一大　　　　　　　　　　　　B. 遵义会议
   C. 党的六届六中全会　　　　　　　　D. 党的七大

3. 马克思主义中国化时代化的最新理论成果是( )。
   A. 毛泽东思想　　　　　　　　　　　B. 科学发展观
   C. 习近平新时代中国特色社会主义思想　D. 邓小平理论

4. 中国特色社会主义理论体系不包括( )。
   A. 邓小平理论　　　　　　　　　　　B. 科学发展观
   C. 习近平新时代中国特色社会主义思想　D. 毛泽东思想

二、多项选择题

1. 坚持和发展马克思主义,必须( )。
   A. 同中国具体实际相结合　　　　　　B. 同中华优秀传统文化相结合
   C. 同社会主义现代化发展相结合　　　D. 同中华民族伟大复兴相结合

2. 推进马克思主义中国化时代化,是( )。
   A. 马克思主义唯物史观的要求　　　　B. 马克思主义理论本身发展的内在要求
   C. 解决中国实际问题的客观需要　　　D. 社会主义经济社会发展的需要

第一章　毛泽东思想及其历史地位

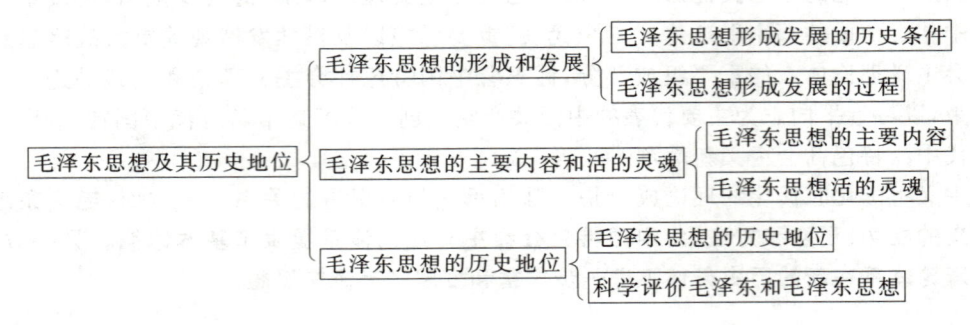

思维导图

```
                                                    ┌─ 毛泽东思想形成发展的历史条件
                        ┌─ 毛泽东思想的形成和发展 ───┤
                        │                            └─ 毛泽东思想形成发展的过程
                        │
                        │                            ┌─ 毛泽东思想的主要内容
毛泽东思想及其历史地位 ──┼─ 毛泽东思想的主要内容和活的灵魂 ─┤
                        │                            └─ 毛泽东思想活的灵魂
                        │
                        │                            ┌─ 毛泽东思想的历史地位
                        └─ 毛泽东思想的历史地位 ─────┤
                                                     └─ 科学评价毛泽东和毛泽东思想
```

核心考点

第一节　毛泽东思想的形成和发展

一、毛泽东思想形成发展的历史条件★★（理解：易出单选题、多选题）

（一）毛泽东思想形成发展的时代背景

19世纪末20世纪初，世界进入帝国主义和无产阶级革命时代，战争与革命成为时代主题。 1917年俄国十月革命的胜利开辟了世界无产阶级社会主义革命的新时代，也给中国送来了马克思列宁主义，帮助中国的先进分子开始用无产阶级的世界观作为观察国家命运的工具，中国革命从此有了科学的指导思想。中国在革命取得胜利后，又经历了第二次世界大战后两大阵营的对立和斗争，西方国家不仅对我国实行持续的封锁禁运，还极力推行和平演变战略。毛泽东思想正是在这样的时代条件下形成和发展起来的。

（二）毛泽东思想形成发展的实践基础

中国共产党成立之后，为中国人民谋幸福，为中华民族谋复兴，经历了千辛万苦的奋斗历程，有成功的宝贵经验，也有失败的惨痛教训。这些经验教训促使以毛泽东为主要代表的中国共产党人更深入地思考中国革命和建设问题。毛泽东思想正是对这些经验教训进行深刻总结形成的理论成果。没有中国革命和建设的丰富实践，没有对中国革命和建设经验的深刻总结，就不可能有毛泽东思想。正是经过长期实践的反复比较，党和人民选择了毛泽东作为自己的领袖，选择了毛泽东思想作为自己的指导思想。**中国共产党领导人民进行革命和建设的成功实践是毛泽东思想形成和发展的实践基础。**

二、毛泽东思想形成发展的过程★★（识记：易出单选题、多选题）

毛泽东思想是在我国新民主主义革命、社会主义革命和社会主义建设的实践过程中，在总结我国革命和建设正反两方面历史经验的基础上，逐步形成和发展起来的。

1. 毛泽东思想的形成

大革命时期，毛泽东以马克思列宁主义为指导，深入实际调查研究，在《中国社会各阶级的分析》《湖南农民运动考察报告》等著作中，分析了中国社会各阶级在革命中的地位和作用，明确指出无产阶级领导农民斗争的极端重要性。**这些关于新民主主义革命基本思想的提出，标志着毛泽东思想开始萌芽。**

土地革命战争时期，党认识到，夺取中国革命胜利，就必须坚持以武装的革命反对武装的反革命。八七会议确定实行土地革命和武装起义的方针。从进攻大城市转为向农村进军，是中国革命具有决定意义的新起点。

毛泽东在《中国的红色政权为什么能够存在？》《井冈山的斗争》《星星之火，可以燎原》《反对本本主义》等著作中，指明了中国革命的发展规律是：将党的工作重点从城市转入农村，在农村开展游击战争，进行土地革命，建立红色政权，把落后的农村变为先进的革命根据地。**毛泽东提出并阐述了农村包围城市、武装夺取政权的思想**，对红军和农村革命根据地的建立、巩固和发展发挥着根本指导作用，**标志着毛泽东思想的初步形成。**

2. 毛泽东思想的成熟

在党的历史上，遵义会议是一次具有伟大转折意义的重要会议。这次会议从事实上确立了毛泽东在党中央和红军的领导地位，开始确立以毛泽东为主要代表的马克思主义正确路线在党中央的领导地位，开始形成以毛泽东同志为核心的党的第一代中央领导集体，开启了党独立自主解决中国革命实际问题的新阶段，在最危急关头挽救了党、挽救了红军、挽救了中国革命。

遵义会议以后，毛泽东系统地总结了党领导中国革命特别是全民族抗日战争以来的历史经验，深入分析中国革命具体实际，在《实践论》和《矛盾论》两篇著作中，运用马克思主义的认识论和辩证法，系统分析了党内"左"的和右的错误的思想根源。在《〈共产党人〉发刊词》《中国革命和中国共产党》《新民主主义论》《论联合政府》等理论著作中，科学阐述了新民主主义革命的对象、动力、领导力量、性质和前途等基本问题，提出了新民主主义革命的总路线，并制定了相应的经济、政治、文化纲领，指明了新民主主义革命的具体目标。**这一时期，毛泽东在对革命实践经验和教训科学总结的基础上，系统阐述了新民主主义革命理论，实现了马克思主义与中国革命实践相结合的历史性飞跃，标志着毛泽东思想得到多方面展开而趋于成熟。**1945年党的七大将毛泽东思想写入党章，这标志着把毛泽东思想确立为党必须长期坚持的指导思想。

3. 毛泽东思想的继续发展

解放战争时期和新中国成立以后，以毛泽东同志为主要代表的中国共产党人先后提出人民民主专政理论、社会主义改造理论、关于严格区分和正确处理两类矛盾的学说特别是正确处理人民内部矛盾的理论、适合我国国情的工业化道路理论等。毛泽东明确提出了把马克思列宁主义的基本原理同中国革命和建设的具体实际进行"第二次结合，找出在中国怎样建设社会主义的道路"的任务，并为开辟适合中国国情的社会主义建设道路进行了艰辛探索。这一时期形成的关于社会主义革命和社会主义建设的重要思想，集中体现于毛泽东的《在中国共产党第七届中央委员会第二次全体会议上的报告》《论人民民主专政》《论十大关系》《关于正确处理人民内部矛盾的问题》等著作中，是毛泽东思想的丰富和发展。

第二节　毛泽东思想的主要内容和活的灵魂

一、毛泽东思想的主要内容★★（识记：易出单选题、多选题）

毛泽东思想紧紧围绕着中国革命和建设这个主题，提出了一系列相互关联的重要理论观点，构成了一个完整的科学思想体系。毛泽东思想以独创性的理论丰富和发展了马克思主义，主要体现在：

(1) 新民主主义革命理论；
(2) 社会主义革命和社会主义建设理论；
(3) 革命军队建设和军事战略的理论；
(4) 政策和策略的理论；
(5) 思想政治工作和文化工作的理论；
(6) 党的建设理论。

除了上述几个方面外，毛泽东思想体系还包括关于国际战略和外交工作的理论等内容，都是党的宝贵精神财富。

二、毛泽东思想活的灵魂★★★（理解：易出单选题、多选题、简答题）

1981年党的十一届六中全会通过的《关于建国以来党的若干历史问题的决议》指出：毛泽东思想的活的灵魂，是贯穿于上述各个理论组成部分的立场、观点和方法，它们有三个基本方面，即**实事求是、群众路线、独立自主**。

（一）实事求是

实事求是是毛泽东思想的基本点，**是毛泽东思想的精髓**。实事求是，**就是一切从实际出发，理论联系实际，坚持在实践中检验真理和发展真理**。这是中国共产党人认识世界、改造世界的根本要求，是中国共产党的思想路线。

毛泽东向来反对离开中国社会和中国革命的实际去研究马克思主义。1930年，他在《反对本本主义》中强调调查研究是一切工作的第一步，提出了"没有调查，没有发言权"的著名论断。1938年，他在党的六届六中全会上，借用我国传统文化的"实事求是"命题，来提倡马克思主义同中国实际相结合的科学态度。毛泽东指出："实事"就是客观存在着的一切事物，"是"就是客观事物的内部联系，即规律性，"求"就是我们去研究。经过延安整风和党的七大，实事求是的思想路线在全党得到了确立。

(1) 坚持实事求是，就要深入实际了解事物的本来面貌，把握事物内在必然联系，按照客观规律办事。
(2) 坚持实事求是，就要清醒认识和正确把握我国基本国情。我们一切路线、方针、政策的制定都应坚持从我国的基本国情出发，牢牢立足基本国情这个最大实际，充分体现这个基本国情的必然要求。
(3) 坚持实事求是，就要不断推进实践基础上的理论创新。

（二）群众路线

群众路线，就是一切为了群众，一切依靠群众，从群众中来，到群众中去，把党的正确主张变为群众的自觉行动。群众路线是以毛泽东为主要代表的中国共产党人坚持把马克思列宁主义关于人民群众是历史创造者的原理，系统地运用在党的全部活动中，形成党的根本工作路线。不论过去、现在和将来，**群众路线都是我们党的生命线和根本工作路线**，是我们党永葆青春活力和战斗力的重要传家宝。

群众路线本质上体现的是马克思主义关于人民群众是历史的创造者这一基本原理。

(1) 坚持群众路线，就要坚持人民是推动历史发展的根本力量。

(2) 坚持群众路线，就要坚持全心全意为人民服务的根本宗旨。**全心全意为人民服务是我们党一切行动的根本出发点和落脚点，是我们党区别于其他一切政党的根本标志。**检验党的一切工作的成效，最终要以最广大人民根本利益为最高标准。

(3) 坚持群众路线，就要保持党同人民群众的血肉联系。党风问题、党同人民群众的联系问题关系党的生死存亡。

（三）独立自主

独立自主，就是坚持独立思考，走自己的路，就是坚定不移地维护民族独立、捍卫国家主权，把立足点放在依靠自己力量的基础上，同时积极争取外援，开展国际经济文化交流，学习外国一切对我们有益的先进事物。独立自主是中华民族的优良传统，是中国共产党、中华人民共和国立党立国的重要原则，是我们党从中国实际出发，依靠党和人民力量进行革命、建设、改革的必然结论。

坚持独立自主原则，是毛泽东针对党内存在的"左"倾教条主义倾向，从中国革命遭受挫折的教训中提出的正确思想主张。

(1) 坚持独立自主，就要坚持中国的事情必须由中国人民自己处理。

(2) 坚持独立自主，就要坚持独立自主的和平外交政策，坚定不移走和平发展道路。

独立自主是中华民族精神之魂。只要坚持独立自主、自力更生，既虚心学习借鉴国外的有益经验，又坚定民族自尊心和自信心，不信邪、不怕鬼、不怕压，就一定能够把中国发展进步的命运牢牢掌握在自己手中。

第三节　毛泽东思想的历史地位

一、毛泽东思想的历史地位★★★（应用：易出单选题、多选题、简答题）

（一）马克思主义中国化时代化的第一个重大理论成果

毛泽东是马克思主义中国化的伟大开拓者，是毛泽东思想的主要创立者。在中国共产党历史上，**毛泽东明确提出了马克思主义中国化时代化的重大任务**，并为此进行了艰苦的探索，使马克思主义在中国生根、开花、结果，我党领导的革命和建设事业的发展奠定了坚实的思想理论基础。**毛泽东思想是马克思主义中国化的第一次历史性飞跃的理论成果。**

在马克思主义中国化时代化的历史进程中，毛泽东思想为中国特色社会主义理论体系的形成奠定了理论基础，尤其是毛泽东思想关于社会主义建设的理论，为开创和发展中国特色社会主义作了重要的理论准备。

（二）中国革命和建设的科学指南

毛泽东思想是被实践证明了的关于中国革命和建设的正确的理论原则和经验总结。毛泽东思想关于社会主义建设的基本思想观点，仍具有重要的现实指导作用。

（三）中国共产党和中国人民宝贵的精神财富

毛泽东思想形成和发展的历史条件，与我们今天面临的形势和任务有很大的不同，但这丝毫没有减弱和降低毛泽东思想的科学价值。毛泽东追求和倡导的中华民族重新自立于世界民族之林的远大理想，实事求是的思想路线，全心全意为人民服务的奋斗宗旨，自力更生、艰苦奋斗的革命精神，等等，依然是中国人民不断奋进的强大精神动力，将长期激励和指导我们前进。

二、科学评价毛泽东和毛泽东思想

"文化大革命"结束后,在对毛泽东和毛泽东思想的认识问题上,存在过两种错误倾向:一种是认为凡是毛泽东作出的一切决策、指示,都必须坚决维护、始终遵循;另一种是借口毛泽东晚年犯了严重错误,全面否定毛泽东的历史地位与毛泽东思想的科学价值和指导作用。这两种态度都是没有把经过长期历史考验形成科学理论的毛泽东思想,同毛泽东晚年所犯的错误区别开来。

(一)科学评价毛泽东

毛泽东一生为党和人民的事业作出了杰出的贡献,中国共产党中央委员会《关于建国以来党的若干历史问题的决议》对毛泽东和毛泽东思想的历史地位作出了科学的、实事求是的评价,对于统一全党的认识起到了重要作用,得到了全党的拥护。毛泽东是伟大的马克思主义者,伟大的无产阶级革命家、战略家和理论家。他为中国共产党和中国人民解放军的创立和发展,为中国各族人民解放事业的胜利,为中华人民共和国的缔造和社会主义事业的发展,建立了不可磨灭的功勋,为世界被压迫民族的解放和人类进步事业作出了重大贡献。毛泽东的功绩是第一位的,错误是第二位的。他的错误是一个伟大的革命家、一个伟大的马克思主义者所犯的错误。

(二)科学评价毛泽东思想

毛泽东思想是中国共产党和中国人民宝贵的精神财富,是被实践证明了的关于中国革命和建设的正确的理论原则和经验总结,是中国共产党集体智慧的结晶,是党必须长期坚持的指导思想。 将毛泽东晚年的错误同经过长期历史检验形成科学理论的毛泽东思想区别开来,为我们完整准确地理解毛泽东思想、坚持和发展毛泽东思想指明了方向。

巩固练习

一、单项选择题

1. 毛泽东思想形成和发展的时代背景是(　　)。
   A. 中国沦为半殖民地半封建社会　　B. 帝国主义战争和无产阶级革命
   C. 第一次世界大战爆发　　D. 中国工人阶级成长壮大

2. 毛泽东思想形成和发展的实践基础是(　　)。
   A. 中国共产党领导人民进行革命和建设的成功实践
   B. 中国共产党领导的工人运动
   C. 中国共产党领导的农民运动
   D. 中国共产党领导的学生运动

3. 正式把毛泽东思想写入党章,并确立为党必须长期坚持的指导思想是在(　　)。
   A. 遵义会议　　B. 党的六届六中全会
   C. 党的七大　　D. 党的七届二中全会

4. 中国共产党历史上,第一次使用"毛泽东思想活的灵魂"的表述是在(　　)。
   A.《反对本本主义》　　B.《关于若干历史问题的决议》
   C.《关于修改党章的报告》　　D.《关于建国以来党的若干历史问题的决议》

5. (　　)是我们党一切行动的根本出发点和落脚点,是我们党区别于其他一切政党的根本标志。
   A. 实事求是　　B. 全心全意为人民服务
   C. 独立自主　　D. 党的优良作风

6. 中国共产党历史上,第一个明确提出"马克思主义中国化"科学命题和重大任务的领导人是（　　）。
   A. 李大钊　　　　　　B. 毛泽东　　　　　　C. 周恩来　　　　　　D. 邓小平
7. 开始形成了以毛泽东同志为核心的党的第一代中央领导集体的会议是（　　）。
   A. 遵义会议　　　　　B. 洛川会议　　　　　C. 六届六中全会　　　D. 中共七大
8. 提出"没有调查,没有发言权"的著名论断是在（　　）。
   A.《反对本本主义》　　　　　　　　　　　B.《实践论》
   C.《〈农村调查〉的序言和跋》　　　　　　D.《湖南农民运动考察报告》

二、多项选择题

1. 第一次国内革命战争时期,毛泽东提出的新民主主义革命基本思想主要体现在以下哪个著作中？（　　）
   A.《星星之火,可以燎原》　　　　　　　　B.《中国社会各阶级的分析》
   C.《反对本本主义》　　　　　　　　　　　D.《湖南农民运动考察报告》
2. 标志着毛泽东思想初步形成的重要文章主要有（　　）。
   A.《中国的红色政权为什么能够存在？》　　B.《井冈山的斗争》
   C.《星星之火,可以燎原》　　　　　　　　D.《反对本本主义》
3. 毛泽东思想活的灵魂是（　　）。
   A. 实事求是　　　　　B. 群众路线　　　　　C. 独立自主　　　　　D. 与时俱进
4. 毛泽东思想的历史地位主要表现为（　　）。
   A. 是马克思主义中国化时代化的第一个重大理论成果
   B. 是中国革命和建设的科学指南
   C. 是中国共产党和中国人民宝贵的精神财富
   D. 是中国特色社会主义理论体系的开篇之作

第二章　新民主主义革命理论

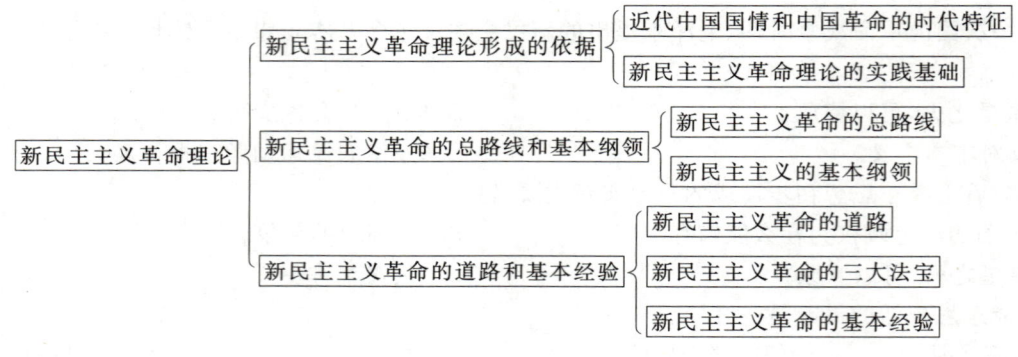

思维导图

新民主主义革命理论
- 新民主主义革命理论形成的依据
  - 近代中国国情和中国革命的时代特征
  - 新民主主义革命理论的实践基础
- 新民主主义革命的总路线和基本纲领
  - 新民主主义革命的总路线
  - 新民主主义的基本纲领
- 新民主主义革命的道路和基本经验
  - 新民主主义革命的道路
  - 新民主主义革命的三大法宝
  - 新民主主义革命的基本经验

核心考点

第一节　新民主主义革命理论形成的依据

一、近代中国国情和中国革命的时代特征

认清中国国情,是解决中国革命问题的基本前提。

(一) 近代中国国情

1. 近代中国的社会性质★★(识记:易出单选题、多选题)

鸦片战争后,由于西方列强的入侵和封建统治的腐败,**中国逐渐成为半殖民地半封建社会,这是近代中国最基本的国情。**一方面,帝国主义的侵略虽然在一定程度上加速了封建社会自给自足的自然经济的解体,客观上为中国资本主义的发展创造了一定条件,但中国不可能发展成为资本主义国家。近代中国,既不是原来的封建社会,也没有变成资本主义社会,而是成了半封建社会。另一方面,帝国主义列强通过政治的、经济的和文化的侵略,使中国半殖民地化。虽然近代中国仍然保留着形式上的独立,实际上已经受制于帝国主义列强,丧失了真正独立的地位,成为帝国主义列强的半殖民地。

2. 近代中国社会的主要矛盾★★(识记:易出单选题、多选题)

在半殖民地半封建的近代中国,社会矛盾呈现出错综复杂的状况。在诸多社会矛盾中,**占支配地位的主要矛盾是帝国主义和中华民族的矛盾、封建主义和人民大众的矛盾,而帝国主义和中华民族的矛盾,又是各种矛盾中最主要的矛盾。**这决定了实现中华民族伟大复兴,必须争取民族独立、人民解放,进行反帝反封建斗争。**近代中国革命的根本任务是推翻帝国主义、封建主义和官僚资本主义的统治,**从根本上推翻反动腐朽的政治上层建筑,变革阻碍生产力发展的生产关系,为建设富强民主的国家、确立人民当家作主的政治制度、改善人民生活扫清障碍,创造必要的前提。

(二)近代中国革命的时代特征★★(识记:易出单选题、多选题)

近代中国的社会性质和主要矛盾,决定了中国革命仍然是资产阶级民主革命。但中国资产阶级民主革命不同于一般的资产阶级民主革命,经历了从旧民主主义革命向新民主主义革命的转变,具有鲜明的时代特征。

俄国十月革命是一个具有划时代意义的世界性历史事件,以此为标志,中国资产阶级民主革命的时代背景发生了根本转换。从鸦片战争到辛亥革命期间,中国人民在不同时期和不同程度上进行的反帝反封建的斗争,属于旧式民主主义革命的范畴。俄国十月革命的胜利,改变了整个世界历史的方向,划分了整个世界历史的时代,开辟了世界无产阶级社会主义革命的新纪元,标志着人类历史开始了由资本主义向社会主义转变的进程。俄国十月革命使中国的资产阶级民主主义革命,从原来属于旧的世界资产阶级民主主义革命的范畴,转变为属于新的资产阶级民主主义革命的范畴,从旧的世界资产阶级民主主义革命的一部分转变为世界无产阶级社会主义革命的一部分。

在十月革命的影响下,以"五四运动"为标志,中国无产阶级开始以独立的政治力量登上历史舞台,成为革命的领导力量,马克思主义逐步成为中国革命的指导思想,中国进入新民主主义革命阶段。新民主主义革命和历史上欧美各国的民主革命大不相同,它不是要建立资产阶级共和国,造成资产阶级专政,而是要造成各革命阶级在无产阶级领导之下的联合专政,建立各革命阶级联合专政的民主共和国,为进入社会主义社会做准备。新民主主义革命和一般意义上的社会主义革命也不相同,它只推翻帝国主义、封建主义和官僚资本主义的反动统治,而不破坏参加反帝反封建的资本主义成分。这样的民主主义革命,不是旧范畴的民主主义革命,而是新民主主义革命。由此,**中国革命分两步走,第一步是完成反帝反封建的新民主主义革命任务,第二步是完成社会主义革命任务**,这是性质不同但又相互联系的两个革命过程。

二、新民主主义革命理论的实践基础★★(理解:易出单选题、多选题)

1. 旧民主主义革命的失败呼唤新的革命理论

鸦片战争以来,太平天国运动、洋务运动、戊戌变法、义和团运动接连而起,各种救国方案轮番出台,但都以失败告终。孙中山领导的辛亥革命推翻了统治中国几千年的君主专制制度,但未能改变中国半殖民地半封建社会的社会性质和中国人民的悲惨命运。新民主主义革命理论在近代中国革命的实践中应运而生,它的形成包含了对旧民主主义革命失败教训的深刻总结。

2. 新民主主义革命的艰辛探索奠定了革命理论形成的实践基础

中国共产党对民主革命规律的认识,是通过革命的实践,经历了从没有经验到有经验,从有较少经验到有较多的经验,从未被认识的必然王国经过逐步地克服盲目性,在认识上有了一个飞跃,再到达自由王国这样一个艰难曲折的发展过程。理论来源于实践。回答新民主主义革命的一系列理论问题,离不开革命的实践探索。没有中国革命的实践,没有党对革命实践经验的科学概括和总结,新民主主义革命理论就无法形成和发展。新民主主义革命实践,是新民主主义革命理论得以形成的基础和源泉。

第二节 新民主主义革命的总路线和基本纲领

一、新民主主义革命的总路线★★★(识记:易出单选题、多选题、简答题)

总路线是党和国家在某个历史阶段制定各方面具体工作路线和政策的总依据,是根本指导路线。

1939年，毛泽东在《中国革命和中国共产党》一文中第一次提出了"新民主主义的革命"的科学概念。1948年，毛泽东在《在晋绥干部会议上的讲话》中完整地总结和概括了**新民主主义革命总路线的内容**，即**无产阶级领导的，人民大众的，反对帝国主义、封建主义和官僚资本主义的革命**。新民主主义革命总路线反映了中国革命的基本规律，指明了**中国革命的对象、动力、领导力量、性质和前途**，是新民主主义革命的指导路线。

1. 新民主主义革命的对象

分清敌友，这是革命的首要问题。近代中国社会的性质和主要矛盾，决定了中国革命的**主要敌人就是帝国主义、封建主义和官僚资本主义**。

帝国主义是中国革命的首要对象。封建地主阶级是帝国主义统治中国和封建军阀实行专制统治的社会基础。帝国主义和封建主义相互勾结，残酷地压迫和掠夺中国人民，严重地阻碍着中国社会的发展。中国革命"主要地就是打击这两个敌人，就是对外推翻帝国主义压迫的民族革命和对内推翻封建地主压迫的民主革命，而最主要的任务是推翻帝国主义的民族革命"。

官僚资本主义是依靠帝国主义、勾结封建势力、利用国家政权力量而发展起来的买办的封建的国家垄断资本主义。

总体上说，**中国革命的对象是帝国主义、封建主义和官僚资本主义**，它们是压在中国人民头上的三座大山。

2. 新民主主义革命的动力

新民主主义革命的动力包括无产阶级、农民阶级、城市小资产阶级和民族资产阶级。

无产阶级是中国革命最基本的动力。无产阶级是新的社会生产力的代表，是近代中国最进步的阶级，是中国革命的领导力量。

农民是中国革命的主力军，其中的贫雇农是无产阶级最可靠的同盟军，中农是无产阶级可靠的同盟军。农民问题是中国革命的基本问题，新民主主义革命实质上是党领导下的农民革命。工人阶级只有与农民阶级结成巩固的联盟，才能形成强大的力量，才能完成反帝反封建的革命任务。工人阶级对农民的领导，是实现革命领导权的基础。没有工人阶级及其政党的领导，农民的革命动力作用无法得到充分发挥。

城市小资产阶级是无产阶级的可靠同盟者。城市小资产阶级同样是中国革命的动力。

民族资产阶级也是中国革命的动力之一。半殖民地半封建社会的民族资产阶级是一个带有两面性的阶级。一方面，民族资产阶级既受帝国主义的压迫，又受封建主义的束缚，它同帝国主义和封建主义有矛盾，是革命的力量之一；另一方面，由于它在经济上和政治上与帝国主义和封建主义有着千丝万缕的联系，没有彻底的反帝反封建的勇气，在革命的关键时刻表现出明显的动摇性。民族资产阶级的这种两重性，决定了它在一定时期内和一定程度上能够参加反帝反封建的革命，而在另一时期，又有跟在官僚资产阶级后面反对革命的危险。因此，它既不可能充当革命的主要力量，更不可能是革命的领导力量。

3. 新民主主义革命的领导力量

无产阶级的领导权是中国革命的中心问题，也是新民主主义革命理论的核心问题。区别新旧两种不同范畴的民主主义革命的根本标志是，革命的领导权是掌握在无产阶级手中还是掌握在资产阶级手中。新民主主义革命不能由任何别的阶级和任何别的政党充当领导者，只能和必须由无产阶级及其政党充当领导者。

中国无产阶级除了具有与先进的生产方式相联系、没有私人占有的生产资料、富于组织纪律性等一般无产阶级的基本优点外，还具有自身的特点和优点：

（1）中国无产阶级从诞生之日起，就深受外国资本主义、本国封建势力和资产阶级的三重压迫，因此，中国无产阶级在革命斗争中比任何别的阶级都来得坚决和彻底。

（2）中国无产阶级集中分布在少数大城市和大企业，有利于组织和团结，有利于革命思想的传播和强大革命力量的形成。

（3）中国无产阶级的成员中大部分出身于破产农民，和农民有着天然的联系，便于和农民结成亲密的联盟，共同团结战斗。

无产阶级及其政党对中国革命的领导权不是自然而然得来的，而是在与资产阶级争夺领导权的斗争中实现的。无产阶级及其政党实现对各革命阶级的领导，必须建立以工农联盟为基础的广泛的统一战线，这是实现领导权的关键。中国新民主主义革命实质上是无产阶级领导下的农民革命。

4. 新民主主义革命的性质和前途★★（识记：易出单选题、多选题）

近代中国半殖民地半封建社会的性质和中国革命的历史任务，决定了**新民主主义革命的性质不是无产阶级社会主义革命，而是资产阶级民主主义革命**。

新民主主义革命与旧民主主义革命相比有新的内容和特点，集中表现在新民主主义革命处于世界无产阶级社会主义革命的时代，是世界无产阶级社会主义革命的一部分；革命的领导力量是中国无产阶级及其先锋队——中国共产党；**革命的指导思想是马克思列宁主义；革命的前途是社会主义而不是资本主义**。

新民主主义革命与社会主义革命性质不同。**新民主主义革命仍然属于资产阶级民主主义革命的范畴**。它为了推翻帝国主义、封建主义和官僚资本主义的反动统治，在政治上争取和联合民族资产阶级去反对共同的敌人，在经济上保护民族工商业，容许有利于国计民生的私人资本主义发展。**它要建立的是无产阶级领导的各革命阶级的联合专政，而不是无产阶级专政**。社会主义革命是无产阶级性质的革命，它所要实现的目标是消灭资本主义剥削制度和改造小生产的私有制。新民主主义革命与社会主义革命又是互相联系、紧密衔接的，中间不容横插一个资产阶级专政。毛泽东把新民主主义革命和社会主义革命比喻为文章的上篇和下篇。

二、新民主主义的基本纲领★★★（识记：易出单选题、多选题、简答题）

一个政党的纲领，是公开树立起来的一面旗帜，是表明党的性质的重要标志。1940年，毛泽东在《新民主主义论》中，阐述了新民主主义的政治、经济和文化。1945年，他在党的七大所作的政治报告《论联合政府》中，进一步把新民主主义的政治、经济和文化与党的基本纲领联系起来，**进行了具体阐述，形成了新民主主义的基本纲领**。新民主主义的基本纲领是新民主主义革命总路线的进一步展开和体现，为新民主主义革命指明了具体奋斗目标。

1. 新民主主义的政治纲领

革命的根本问题是政权问题，中国共产党领导人民开展新民主主义革命，是要建立一个新民主主义政权。**新民主主义的政治纲领是：推翻帝国主义和封建主义的统治，建立一个无产阶级领导的、以工农联盟为基础的、各革命阶级联合专政的新民主主义的共和国**。新民主主义国家的国体是无产阶级领导的以工农联盟为基础，包括小资产阶级、民族资产阶级和其他反帝反封建的人们在内的各革命阶级的联合专政。与新民主主义国体相适应的政体，是实行民主集中制的人民代表大会制度。**新民主主义国家的国体决定了人民当家作主**，由人民行使管理国家的一切权力，**这是新民主主义国家制度的核心内容和基本准则**，而人民代表大会制度能够最直接、最全面地体现这一核心内容和准则。总之，**国体——各革命阶级的联合专政，政体——民主集中制的人民代表大会制度**，这就是新民主主义政治。

2. 新民主主义的经济纲领

新民主主义的经济纲领是没收封建地主阶级的土地归农民所有，没收官僚资产阶级的垄断资本归新民主主义的国家所有，保护民族工商业。**没收封建地主阶级的土地归农民所有，是新民主主义革命的**

主要内容。没收官僚资产阶级的垄断资本归新民主主义国家所有,是新民主主义革命的题中应有之义。没收官僚资产阶级的垄断资本,包含着新民主主义革命和社会主义革命的双重性质。保护民族工商业,是新民主主义经济纲领中极具特色的一项内容。在新民主主义条件下保护民族工商业,发展资本主义,是由中国落后的生产力和新民主主义革命的性质所决定的。

3. 新民主主义的文化纲领

新民主主义文化,就是无产阶级领导的人民大众的反帝反封建的文化,即民族的科学的大众的文化。新民主主义文化是民族的,新民主主义文化是科学的,新民主主义文化是人民大众的文化,也就是民主的文化。

第三节 新民主主义革命的道路和基本经验

一、新民主主义革命的道路

中国共产党在马克思主义指导下,立足中国国情,走出了一条不同于俄国十月革命的道路,即**农村包围城市、武装夺取政权的革命道路。**

(一)新民主主义革命道路的提出★★(理解:易出单选题、多选题)

中国革命应该走什么样的道路,党对这一问题的认识,经过了一个逐步探索的过程。党成立初期,首先把工作重心放在城市,领导工人阶级,开展工人运动,这样有利于扩大党的阶级基础。但当时对于发动农民参加革命、建立农村革命根据地的重要性缺乏足够的认识。1927年大革命失败后,党的工作重心开始转向农村。秋收起义失败后,毛泽东率领队伍开赴井冈山,创建了井冈山革命根据地,把武装斗争的主攻方向首先指向农村。

在领导农村革命根据地的斗争实践中,毛泽东提出了"工农武装割据"思想,初步形成了农村包围城市的革命道路理论。红军长征到达陕北后,毛泽东深入分析了近代中国所处的时代特点和国情,论述了中国革命的长期性和不平衡性等特点,进一步丰富了农村包围城市的整体战略思想。1938年11月,他在党的六届六中全会上明确指出:"共产党的任务,基本地不是经过长期合法斗争以进入起义和战争,也不是先占城市后取乡村,而是走相反的道路。"从而确立了经过长期武装斗争,先占乡村,后取城市,最后夺取全国胜利的革命道路。

(二)新民主主义革命道路形成的必然性★★(理解:易出单选题、多选题)

1. 中国革命必须走农村包围城市、武装夺取政权的道路,是由中国所处的时代特点和具体国情决定的

一方面,在半殖民地半封建的中国社会,内无民主制度而受封建主义的压迫,外无民族独立而受帝国主义的压迫。中国革命的主要斗争形式只能是武装斗争,以革命的武装消灭反革命的武装,相应的主要组织形式必然是军队。另一方面,近代中国是一个农业大国,农民占全国人口的绝大多数,是无产阶级可靠的同盟军和革命的主力军。这就要求无产阶级及其政党必须深入农村,从解决农民的土地问题入手,组织、发动和武装农民,使革命战争获得广大农民的支持和参加,为最后夺取全国政权奠定基础。

2. 中国革命之所以能走农村包围城市、武装夺取政权的道路,同样是由中国所处的时代特点和特殊国情决定的

第一,近代中国是多个帝国主义间接统治的经济落后的半殖民地国家,社会、政治、经济发展极端不平衡,四分五裂,军阀割据,存在不少的统治薄弱环节,为党在农村开展革命斗争、建设革命根据地提供了缝隙和可能;第二,近代中国的广大农村深受反动统治阶级的多重压迫和剥削,人民革命愿望强烈,加之经历过大革命的洗礼,革命的群众基础好;第三,全国革命形势的继续向前发展,为在农村建设革命根据地提供了客观条件;第四,相当力量正式红军的存在,为农村革命根据地的创立、巩固和发展提供了坚强后盾;第五,党的领导的有力量及其政策的不错误,为农村革命根据地建设和发展提供了重要的主观条件。

(三)新民主主义革命道路的内容及意义★★★(理解:易出单选题、多选题、简答题)

中国革命走农村包围城市、武装夺取政权的道路,根本在于处理好土地革命、武装斗争、农村革命根据地建设三者之间的关系。

土地革命是民主革命的基本内容;武装斗争是中国革命的主要形式,是农村根据地建设和土地革命的强有力保证;农村革命根据地是中国革命的战略阵地,是进行武装斗争和开展土地革命的依托。在中国共产党的领导下,土地革命、武装斗争、农村革命根据地建设三者实现了密切结合和有机统一。

中国共产党在探索中国革命道路的过程中,不是照抄照搬俄国十月革命的经验,而是从中国的实际出发,开辟了引导中国革命走向胜利的正确道路。中国革命道路的理论,是中国共产党运用马克思主义的立场、观点和方法,分析、研究和解决中国革命具体问题的光辉典范,反映了中国半殖民地半封建社会民主革命发展的客观规律,独创性地发展了马克思列宁主义。中国革命道路理论对于推进马克思主义中国化时代化具有重要的方法论意义。

二、新民主主义革命的三大法宝★★★(理解:易出单选题、多选题、简答题)

毛泽东在《〈共产党人〉发刊词》一文中,总结了中国革命两次胜利和两次失败的经验教训,揭示了中国革命发展的客观规律,提出了统一战线、武装斗争、党的建设是党在中国革命中战胜敌人的三个主要的法宝。

(一)统一战线:无产阶级政党策略思想的重要内容

1. 建立统一战线的必要性

(1)首先是由中国半殖民地半封建社会的阶级状况所决定的;(2)其次是由中国革命的长期性、残酷性及其发展的不平衡性所决定的。

2. 建立统一战线的可能性

在半殖民地半封建的中国社会,诸多矛盾交织在一起,客观上为无产阶级及其政党利用这些矛盾建立和发展统一战线提供了可能性。

3. 统一战线中的两个联盟

新民主主义革命时期,中国共产党领导的统一战线,先后经历了第一次国共合作的统一战线,工农民主统一战线,抗日民族统一战线,人民民主统一战线等几个时期,为新民主主义革命的胜利作出了重要贡献。从总体上讲,**党领导的革命统一战线,包含着两个联盟:一个是工人阶级同农民阶级、广大知识分子及其他劳动者的联盟,主要是工农联盟;另一个是工人阶级和非劳动人民的联盟,主要是与民族资产阶级的联盟**。第一个联盟是统一战线的基础,是基本的、主要的。参加这个联盟的是属于进步势力的阶级,在政治上具有较强的革命性。第二个联盟是非基本的、辅助性的,但又是重要的不可缺少的。

(二)武装斗争

武装斗争是中国革命的特点和优点之一。与资本主义国家不同,在半殖民地半封建的旧中国,无产阶级和广大人民群众无议会民主可以利用,无组织工人举行罢工的合法权利。帝国主义和封建主义总是凭借着反革命暴力对革命人民实行残暴的镇压。革命人民只有武装起来,以武装的革命反对武装的反革命。

(三) 党的建设

中国共产党要领导革命取得胜利,必须不断加强党的思想建设、组织建设和作风建设。

三、新民主主义革命的基本经验★★★(应用:易出单选题、多选题、简答题、材料分析题、论述题)

1. 党建立、巩固和发展统一战线的实践经验

(1)要建立巩固的工农联盟。(2)要正确对待资产阶级,尤其是民族资产阶级。(3)要采取区别对待的方针。在革命进程中,要坚持发展进步势力、争取中间势力、孤立顽固势力的策略方针。(4)要坚持独立自主的原则。要保持党在政治上、组织上和思想上的独立性。

2. 党在新民主主义革命时期开展武装斗争的革命经验

(1)**要坚持党对军队的绝对领导。这是建设新型人民军队的根本原则,是保持人民军队无产阶级性质和建军宗旨的根本前提,也是毛泽东建军思想的核心。**

(2)**要建设全心全意为人民服务的人民军队。人民军队必须以全心全意为人民服务为唯一宗旨。**坚持这一宗旨,是建设新型人民军队的基本前提,也是人民军队一切行动的根本准则和一切工作的出发点与归宿。这集中体现了人民军队的本质,是人民军队立于不败之地的根本所在。

(3)要开展革命的政治工作。人民军队政治工作的基本原则包括:官兵一致的原则,军民一致的原则,瓦解敌军和优待俘虏的原则。

(4)**要坚持正确的战略战术原则。**由于中国革命战争长期处于敌强我弱的特殊历史条件下,面对无论在数量上还是装备上都占绝对优势的强大敌人,党在加强人民军队建设的同时,在深入研究中国革命战争的特点和规律的基础上,形成了一整套以少胜多、以弱胜强的人民战争的理论和一系列的战略战术原则。

3. 中国共产党在加强自身建设中积累了丰富的经验

(1)**必须把思想建设始终放在党的建设的首位。**加强党的思想建设,关键是要以无产阶级思想克服和改造各种非无产阶级思想。

(2)**必须在任何时候都重视党的组织建设。加强党的组织建设,根本的是要贯彻民主集中制这一根本组织原则**,坚持在民主基础上的集中和在集中指导下的民主相结合,个人服从组织,少数服从多数,下级服从上级,全党服从中央。

(3)必须重视党的作风建设。党在领导新民主主义革命的过程中,把党的建设作为一项"伟大的工程",**逐步形成了理论联系实际、密切联系群众、批评与自我批评相结合的三大优良作风,这是中国共产党区别于其他任何政党的显著标志。**

(4)必须联系党的政治路线加强党的建设。党的政治路线是党的纲领在一定历史时期的具体体现,是完成党在一定历史阶段的政治任务的总政策,为全党的团结统一奠定政治基础。加强党的建设,必须同党的政治路线紧密联系起来,在贯彻执行党的政治纲领和路线中推进党的建设。

巩固练习

一、单项选择题

1. 解决中国革命问题的基本前提是(　　)。
  A. 分清敌人和朋友　　　　　　　　B. 认清中国国情
  C. 坚持无产阶级领导权　　　　　　D. 建立工农联盟

2. 近代中国的社会性质是（　　）。
   A. 封建社会　　　　　　　　　　　　B. 殖民地
   C. 资本主义社会　　　　　　　　　　D. 半殖民地半封建社会
3. 中国革命的首要对象是（　　）。
   A. 资产阶级　　　　B. 官僚资本主义　　　C. 帝国主义　　　D. 封建主义
4. 新民主主义革命最基本的动力是（　　）。
   A. 无产阶级　　　　B. 农民阶级　　　　　C. 贫农　　　　　D. 工人和农民
5. 新民主主义革命的主力军是（　　）。
   A. 工人阶级　　　　B. 农民阶级　　　　　C. 民族资产阶级　　D. 小资产阶级
6. 包含着新民主主义革命和社会主义革命双重性质的经济政策是（　　）。
   A. 没收封建地主阶级的土地　　　　　B. 保护民族工商业
   C. 没收官僚垄断资本　　　　　　　　D. 没收民族资本
7. 新民主主义经济纲领中极具特色的一项内容是（　　）。
   A. 没收封建地主阶级的土地归农民所有　　　B. 保护民族工商业
   C. 没收官僚垄断资本归新民主主义国家所有　D. 没收民族资本归新民主主义国家所有
8. 毛泽东思想关于党的建设理论中,始终放在党的建设的首位的是（　　）。
   A. 加强党的思想建设　　　　　　　　B. 加强党的组织建设
   C. 加强党员的党性修养　　　　　　　D. 保持党的优良作风

二、多项选择题

1. 毛泽东指出,新民主主义革命对象包括（　　）。
   A. 资产阶级　　　　B. 官僚资本主义　　　C. 帝国主义　　　D. 封建主义
2. 新民主主义革命的动力包括（　　）。
   A. 工人阶级　　　　B. 农民阶级　　　　　C. 城市小资产阶级　D. 民族资产阶级
3. 新民主主义经济纲领的主要内容是（　　）。
   A. 没收封建地主阶级的土地归农民所有
   B. 没收外国在华资本归新民主主义的国家所有
   C. 没收官僚资产阶级的垄断资本归新民主主义的国家所有
   D. 保护民族工商业
4. 中国革命走农村包围城市、武装夺取政权的道路,必须处理好（　　）三者之间的关系,在中国共产党的领导下,实现三者的密切结合和有机统一。
   A. 土地革命　　　　　　　　　　　　B. 党的建设
   C. 武装斗争　　　　　　　　　　　　D. 农村根据地建设
5. 中国共产党在中国革命中战胜敌人的三个法宝是（　　）。
   A. 统一战线　　　　B. 武装斗争　　　　　C. 党的建设　　　　D. 土地革命
6. 近代中国社会诸多矛盾中,占支配地位的主要矛盾是（　　）。
   A. 帝国主义和中华民族的矛盾　　　　B. 地主阶级和农民阶级的矛盾
   C. 资产阶级和工人阶级的矛盾　　　　D. 封建主义和人民大众的矛盾

第三章 社会主义改造理论

思维导图

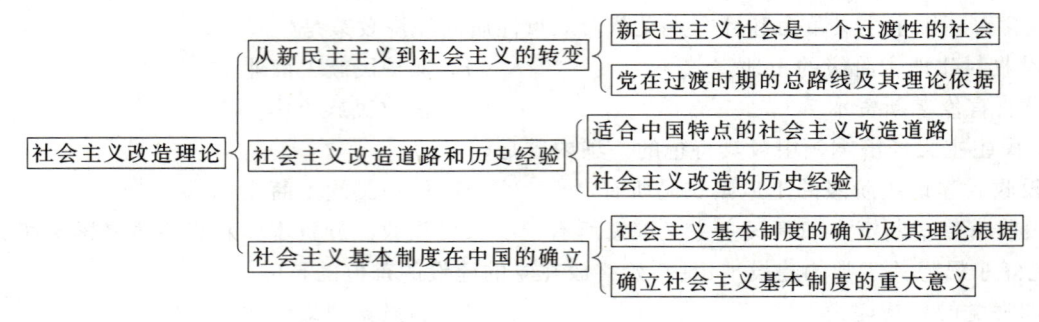

社会主义改造理论
- 从新民主主义到社会主义的转变
  - 新民主主义社会是一个过渡性的社会
  - 党在过渡时期的总路线及其理论依据
- 社会主义改造道路和历史经验
  - 适合中国特点的社会主义改造道路
  - 社会主义改造的历史经验
- 社会主义基本制度在中国的确立
  - 社会主义基本制度的确立及其理论根据
  - 确立社会主义基本制度的重大意义

核心考点

第一节 从新民主主义到社会主义的转变

一、新民主主义社会是一个过渡性的社会

（一）新民主主义社会的性质★★（识记：易出单选题、多选题）

从中华人民共和国成立到社会主义改造基本完成，是我国从新民主主义到社会主义的过渡时期。 这一时期，我国社会的性质是新民主主义社会。新民主主义社会不是一个独立的社会形态，而是由新民主主义向社会主义转变的过渡性社会形态。

（二）新民主主义社会的五种经济成分★★（识记：易出单选题、多选题）

在新民主主义社会中，存在着**五种经济成分**，即社会主义性质的国营经济、半社会主义性质的合作社经济、农民和手工业者的个体经济、私人资本主义经济和国家资本主义经济。其中半社会主义性质的合作社经济是个体经济向社会主义集体经济过渡的形式，国家资本主义经济是私人资本主义经济向社会主义国营经济过渡的形式。所以，**主要的经济成分是三种：社会主义经济、个体经济和资本主义经济。** 新民主主义社会要继续向前发展，就要不断扩大国营经济，同时逐步将资本主义经济和个体经济改变为社会主义经济，使社会主义经济逐步成为我国的经济基础。

（三）新民主主义社会存在的阶级构成

与新民主主义时期三种不同性质的主要经济成分相联系，中国社会的阶级构成主要是工人阶级、农民阶级和其他小资产阶级、民族资产阶级等基本的阶级力量。由于农民和手工业者的个体经济既可以自发地走向资本主义，也可以被引导走向社会主义，其本身并不代表一种独立的发展方向。因此，这三种基本的经济成分及与之相联系的三种基本的阶级力量之间的矛盾,就集中表现为社会主义和资本主义两条道路、工人阶级和资产阶级两个阶级的矛盾。**随着土地改革的基本完成,工人阶级和资产阶级的矛盾逐步成为我国社会的主要矛盾。**只有解决了这一矛盾,才能使中国社会实现向社会主义的转变。这一时期的民族资产阶级仍然是一个具有两面性的阶级:既有剥削工人的一面,又有接受工人阶级及其政党领导的一面。

在新民主主义社会中,社会主义的因素不论在经济上还是政治上都已经居于领导地位,但非社会主义因素仍有很大比重。为了促进社会生产力的进一步发展,实现国家富强、民族复兴、人民幸福,我国新民主主义社会必须适时地逐步过渡到社会主义社会。新民主主义社会是属于社会主义体系的,是逐步过渡到社会主义社会的过渡性质的社会。

二、党在过渡时期的总路线及其理论依据

(一) 走适合我国国情的社会主义工业化的历史必然性★★(理解:易出单选题、多选题)

要从根本上改变中国贫穷落后的面貌,把中国从一个落后的农业国变为一个先进的工业国,就必须实现国家的工业化。在当时中国的具体条件下,就必须实现社会主义工业化。

从历史上看,实现工业化有两条道路:一条是资本主义工业化道路,一条是社会主义工业化道路。近代以来的历史证明,中国社会经济状况不允许走资本主义道路,如果搞资本主义只能成为帝国主义的附庸。而当时的时代条件和国际环境的新特点又促使中国人民选择走社会主义道路,中国革命的领导力量也决定了中国必然走社会主义道路。为了实现社会主义工业化,必须在充分利用原有工业潜力和进行新的工业建设的同时,对个体经济和私营资本主义工商业进行社会主义改造。

(二) 党在过渡时期的总路线★★★(识记:易出单选题、多选题、简答题)

党在过渡时期总路线的主要内容被概括为"一化三改"。"一化"即社会主义工业化,"三改"即对个体农业、手工业和资本主义工商业的社会主义改造。它们之间相互联系,不可分离,可以比喻为鸟的"主体"和"两翼"。其中,**"一化"是"主体","三改"是"两翼"**,两者相辅相成、相互促进。这是一条社会主义建设和社会主义改造同时并举的路线,体现了社会主义工业化和社会主义改造的紧密结合,体现了解放生产力与发展生产力、变革生产关系与发展生产力的有机统一。

(三) 党在过渡时期的总路线提出的依据★★(理解:易出单选题、多选题)

1. 党在过渡时期的总路线的理论依据

(1)马克思、恩格斯在创立科学社会主义理论时,就提出了从资本主义社会向社会主义社会过渡的问题。(2)列宁在指导俄国无产阶级革命和世界被压迫民族解放斗争中,进一步发展了马克思、恩格斯的革命转变思想。(3)以毛泽东为主要代表的中国共产党人,在马克思列宁主义的理论指导下,积极探讨新民主主义革命胜利后中国社会逐步向社会主义过渡的问题。(4)新中国成立后,党又在马克思列宁主义关于过渡时期理论的指导下,依据中国的具体情况,适时制定了党在过渡时期的总路线。1953年12月,毛泽东指出:"我国由新民主主义社会逐步过渡到社会主义社会这一过渡历史时期之所以必要,并且需要一个相当长的时间,是由于:一、我国经济和文化的落后,要求一个相当长的时期来创造为保证社会主义完全胜利所必要的经济上和文化上的前提;二、我国有极其广大的个体的农业和手工业及在国民经济中占很大一部分比重的资本主义工商业,要求一个相当长的时期来改造它们。"

2. 党在过渡时期的总路线的现实依据

(1)经过1949年到1952年三年的努力,我国已经有了相对强大和迅速发展的社会主义国营经济。

这为党提出向社会主义过渡的总路线提供了物质基础。(2)土地革命完成后,为发展生产、抵御自然灾害,广大农民具有走互助合作道路的要求。这也为党提出向社会主义过渡的总路线提供了重要依据。(3)新中国成立初期,党和国家在合理调整工商业的过程中,出现了加工订货、经销代销、统购包销、公私合营等一系列从低级到高级的国家资本主义形式。这也成为党提出向社会主义过渡的总路线的又一个重要因素。(4)当时的国际形势也有利于中国向社会主义过渡。这为实行过渡时期总路线提供了有利的国际环境。

第二节 社会主义改造道路和历史经验

一、适合中国特点的社会主义改造道路★★★(识记:易出单选题、多选题)

(一)农业、手工业的社会主义改造

1. 农业的社会主义改造

对农业的社会主义改造,是三大改造中首先进行的。
(1)积极引导农民组织起来,走互助合作道路。
(2)遵循自愿互利、典型示范和国家帮助的原则,以互助合作的优越性吸引农民走互助合作道路。
(3)正确分析农村的阶级和阶层状况,制定正确的阶级政策。
(4)坚持积极领导、稳步前进的方针,采取循序渐进的步骤。农业社会主义改造大体上经历了农业生产互助组、初级农业生产合作社和高级农业生产合作社三个发展阶段。**第一阶段主要是发展互助组,同时试办初级社。**互助组由农民自愿组成,土地耕畜和其他生产资料仍归农民个人所有,但在生产方面组织起来互帮互助,具有社会主义萌芽性质。**第二阶段主要是建立初级农业生产合作社。**初级农业生产合作社是在互助组的基础上,以个体农民自愿组织起来的半社会主义性质的集体经济组织。初级农业生产合作社具有半社会主义性质。**第三阶段是发展高级农业生产合作社。**高级社是我国农业合作化过程中建立的社会主义性质的集体经济组织,由初级社发展而成。到1956年底,农业社会主义改造基本完成。

2. 手工业的社会主义改造

对手工业的社会主义改造是通过合作化道路,把个体手工业经济改造成为社会主义经济的过程。对手工业的社会主义改造,党和政府采取了"积极领导、稳步前进"的方针。在方法步骤上,从供销合作入手,逐步发展到走生产合作的道路。具体来说,手工业的社会主义改造经历了由小到大、由低级到高级的三个步骤:**(1)办手工业供销小组。**手工业供销小组具有社会主义萌芽性质。**(2)办手工业供销合作社。**手工业供销合作社是在手工业供销小组的基础上发展起来的,具有半社会主义性质。**(3)建立手工业生产合作社。**手工业生产合作社是社会主义性质的集体经济组织,生产资料归社员集体所有。到1956年底,对手工业的社会主义改造基本完成。

(二)资本主义工商业的社会主义改造

在推进农业合作化运动的同时,党和政府有计划、有步骤地开展了对资本主义工商业的社会主义改造,创造性地开辟了一条适合中国情况的对资本主义工商业进行社会主义改造的道路。

1. 用和平赎买的方法改造资本主义工商业

所谓赎买,就是国家有偿地将私营企业改变为国营企业,将资本主义私有制改变为社会主义公有制。赎买的具体方式不是一次性支付巨额赔偿金,而是让资本家在一定年限内从企业经营所得中获得

一部分利润。

对资本主义工商业实行和平赎买,有利于发挥私营工商业在国计民生方面的积极作用,促进国民经济发展;有利于争取和团结民族资产阶级,有利于团结各民主党派和各界爱国民主人士,巩固和发展统一战线;有利于发挥民族资产阶级中大多数人的知识、才能、技术专长和管理经验,也有利于争取和团结那些原来同资产阶级相联系的知识分子为社会主义建设服务。

2. 采取从低级到高级的国家资本主义的过渡形式

所谓国家资本主义,就是在国家直接控制和支配下的资本主义经济。这种资本主义经济已经不是普通的资本主义经济,而是一种特殊的资本主义经济,即新式的国家资本主义经济。它不是为了满足资本家而存在,而是为了满足人民和国家的需要而存在。因此,这种新式国家资本主义经济是带着很大的社会主义性质的,是对工人和国家有利的。国家资本主义有初级形式和高级形式之分。初级形式的国家资本主义是国家对私营工商业实行委托加工、计划订货、统购包销、经销代销等,高级形式的国家资本主义是公私合营,包括个别企业的公私合营和全行业的公私合营。

对资本主义工商业的社会主义改造经历了三个步骤。**第一步主要实行初级形式的国家资本主义。** 国家在私营工业中实行委托加工、计划订货、统购包销,在私营商业中采取委托经销、代销等形式。企业的利润,按国家所得税、企业公积金、工人福利费、资方红利这四个方面进行分配,即当时所说的"四马分肥"。**第二步主要实行个别企业的公私合营。** 这是社会主义成分同资本主义成分在企业内部的合作,国家向私营企业投资入股,企业的生产资料由国家和资本家共同所有;国家派干部(即公方代表)进入企业内部,根据国家建设需要,同工人、资本家(私方代表)共同管理和改造企业,公方代表居领导地位。企业利润的分配仍为"四马分肥";资方红利大体只占1/4,企业的利润大部分归国家和工人所有。资本家的剥削进一步受到限制。企业的经营管理以发展生产、满足人民需要和完成国家计划为目标,因而已经属于半社会主义性质的企业。**第三步是实行全行业的公私合营**。从个别企业的公私合营到全行业的公私合营,是党和国家对资本主义工商业采取利用、限制、改造政策的必然趋势,也是经济运行中计划不断强化的必然结果。1956年底,国家对资本主义工商业的社会主义改造基本完成。全行业公私合营后,企业的生产关系已经发生了根本的变化,基本上成为社会主义国营性质的企业。

3. 把资本主义工商业者改造成自食其力的社会主义劳动者

在资本主义工商业的社会主义改造中,国家对资方在职人员和资方代理人采取"包下来"的政策,以企业为基地,根据"量才使用,适当照顾"的原则,对他们在政治上适当安排、工作上发挥作用、生活上妥善照顾,通过改造阶级成分的方式达到从整体上消灭资产阶级的目的。

二、社会主义改造的历史经验★★★(识记:易出单选题、多选题、简答题)

在进行社会主义改造、向社会主义过渡的进程中,中国共产党积累了丰富的历史经验。

1. 坚持社会主义工业化建设与社会主义改造同时并举

社会主义革命的目的是解放生产力。社会主义改造就是变革不适应工业化发展要求的生产关系,围绕着社会主义工业化建设这个中心任务进行的。

2. 采取积极引导、逐步过渡的方式

我国对农业、手工业和资本主义工商业的改造,都采取了区别对象、积极引导、逐步过渡的方式。

3. 用和平方法进行改造

无论是资本主义工商业,还是农民和手工业者的个体所有制,都具有私有制的性质。对其进行改造,属于社会主义革命性质。坚持用和平的办法,不仅保证了我国社会主义改造的顺利进行,而且维护了社会的稳定,极大地促进了社会主义事业的发展。

我国的社会主义改造取得了历史性的胜利,同时,也出现了一些失误和偏差。主要是"在一九五五年夏季以后,农业合作化以及对手工业和个体工商业的改造要求过急,工作过粗,改变过快,形式也过于简单划一,以致在长期间遗留了一些问题。一九五六年资本主义工商业改造基本完成以后,对于一部分原工商业者的利用和处理也不是很适当"。

第三节 社会主义基本制度在中国的确立

一、社会主义基本制度的确立及其理论根据★★(理解:易出单选题、多选题)

1956年底,我国对农业、手工业和资本主义工商业的社会主义改造基本完成,农业、手工业个体所有制基本上转为劳动群众集体所有的公有制。资本主义私有制基本上转变为国家所有即全民所有的公有制。我国社会经济结构发生了根本变化,全民所有制和劳动群众集体所有制经济这两种社会主义经济成分已占绝对优势,**社会主义公有制已成为我国社会的经济基础,标志着中国历史上长达数千年的阶级剥削制度的结束和社会主义基本制度的确立。**

随着社会主义改造的进行,我国的人民民主政治建设也在有步骤地向前推进。**1954年9月,第一届全国人民代表大会的召开和《中华人民共和国宪法》的制定及颁布施行**,为各族人民参与国家政治生活提供了必要条件和保证,为逐步健全和完善我国社会主义政治制度奠定了坚实的基础,成为我国社会主义民主政治建设的里程碑。

伴随着社会经济制度和社会经济结构的根本变化,我国社会的阶级关系也发生了根本的变化。**工人阶级已经成为国家的领导阶级**,工人阶级队伍进一步壮大。广大劳动人民从此摆脱了被剥削被奴役的地位,成为掌握生产资料的国家和社会的主人以及掌握自己命运的主人。

社会主义改造的基本完成和由此带来的社会各方面的变化,表明社会主义制度已经在我国的经济领域、政治领域及社会生活其他领域基本确立,表明我国由一个新民主主义的国家转变为社会主义国家。

实践证明:一方面,中国可以在没有实现工业化的情况下进入社会主义,社会主义基本制度的确立正是为了推进中国的工业化、现代化建设;另一方面,由于经济文化还比较落后,中国的社会主义还只能是初级阶段的社会主义,或者叫社会主义初级阶段,不经过社会生产力的极大发展,是不可能超越这个阶段的。

二、确立社会主义基本制度的重大意义★★★★(应用:易出单选题、多选题、简答题、材料分析题、论述题)

(1)社会主义基本制度的确立,为当代中国一切发展进步奠定了制度基础。社会主义基本制度的确立极大地提高了工人阶级和广大劳动人民的积极性、创造性,极大地促进了我国社会生产力的发展。

(2)我国社会生产力的发展,初步显示了社会主义的优越性。

(3)中国共产党深刻认识到,实现中华民族伟大复兴,必须建立符合我国实际的先进社会制度。

(4)中国社会主义基本制度的确立,使占世界人口1/4的东方大国进入了社会主义社会,这是世界社会主义发展史上又一个历史性的伟大胜利。它进一步改变了世界政治经济格局,增强了社会主义的力量,对维护世界和平产生了积极影响。

(5)社会主义基本制度的确立,是以毛泽东为主要代表的中国共产党人对一个脱胎于半殖民地半封建的东方大国如何进行社会主义革命问题的系统回答和正确解决,是马克思列宁主义关于社会主义革命理论在中国的正确运用和创造性发展的结果。

巩固练习

一、单项选择题

1. 新民主主义社会中,处于领导地位的经济成分是( )。
   A. 个体经济 B. 私人和国家资本主义经济
   C. 国营经济 D. 合作社经济

2. 从中华人民共和国成立到社会主义改造基本完成,是我国从新民主主义到社会主义的过渡时期,这一时期,个体经济向社会主义集体经济过渡的形式是( )。
   A. 国营经济 B. 私人资本主义经济
   C. 国家资本主义经济 D. 合作社经济

3. 过渡时期总路线的主体是( )。
   A. 国家的社会主义工业化
   B. 私营经济的国有化
   C. 个体农业的集体化
   D. 对个体农业、手工业和资本主义工商业的改造

4. 我国在手工业的社会主义改造过程中所办的手工业生产合作社属于( )。
   A. 社会主义性质 B. 半社会主义性质
   C. 社会主义萌芽性质 D. 非社会主义性质

5. 中国共产党对资本主义工商业进行社会主义改造的主要方式是( )。
   A. 和平赎买 B. 统购统销 C. 公私合营 D. 合作化

6. 资本主义工商业的社会主义改造已经基本完成的标志是实现了( )。
   A. 手工业合作社的建立 B. 农业合作化
   C. 全行业公私合营 D. 生产责任制

二、多项选择题

1. 新中国对个体手工业社会主义改造的主要形式有( )。
   A. 供销组 B. 供销合作社 C. 生产合作社 D. 公私合营

2. 在进行社会主义改造、向社会主义过渡的进程中,中国共产党积累了丰富的历史经验,包括( )。
   A. 坚持社会主义工业化建设与社会主义改造同时并举
   B. 采取积极引导、逐步过渡的方式
   C. 用和平方法进行改造
   D. 采用武力进行改造

第四章　社会主义建设道路初步探索的理论成果

思维导图

```
                                              ┌─ 社会主义建设道路初步探索的理论成果
                                              ├─ 调动一切积极因素为社会主义事业服务
                          ┌─ 初步探索的重要理论成果 ─┼─ 正确认识和处理社会主义社会矛盾的思想
                          │                   ├─ 走中国工业化道路的思想
社会主义建设道路初步探索的理论成果 ─┤                   └─ 初步探索的其他理论成果
                          │
                          └─ 初步探索的意义和经验教训 ─┬─ 初步探索的意义
                                              └─ 初步探索的经验教训
```

核心考点

第一节　初步探索的重要理论成果

一、社会主义建设道路初步探索的理论成果★★★（理解：易出单选题、多选题、简答题）

（1）调动一切积极因素为社会主义事业服务。
（2）正确认识和处理社会主义社会矛盾的思想。
（3）走中国工业化道路的思想。
（4）初步探索的其他理论成果

二、调动一切积极因素为社会主义事业服务

社会主义改造完成后，我国进入社会主义建设时期。如何建设和巩固社会主义，是党面临的一个崭新课题。1956年，毛泽东先后在中央政治局扩大会议和最高国务会议上，作了《论十大关系》的报告，初步总结了我国社会主义建设的经验，明确提出要以苏为鉴，独立自主地探索适合中国情况的社会主义建设道路。

（一）论十大关系的主要内容、基本方针及标志意义★★（识记：易出单选题、多选题）

（1）《论十大关系》的主要内容：① 重工业和轻工业、农业的关系；② 沿海工业和内地工业的关系；③ 经济建设和国防建设的关系；④ 国家、生产单位和生产者个人的关系；⑤ 中央和地方的关系；⑥ 汉族和少数民族的关系；⑦ 党和非党的关系；⑧ 革命和反革命的关系；⑨ 是非关系；⑩ 中国和外国的关系。
（2）《论十大关系》确定了一个基本方针，就是"努力把党内党外、国内国外的一切积极的因素，直接的、间接的积极因素,全部调动起来",为社会主义建设服务。为了贯彻这一方针,报告从十个方面论述了我国社会主义建设需要重点把握的一系列重大关系,内容涉及生产力和生产关系、经济基础和上层建筑各方面。前五条主要讨论经济问题,着眼于调动经济领域各个方面的积极因素。其中前三条讲重工业和轻工业、农业的关系,沿海工业和内地工业的关系,经济建设和国防建设的关系。这实际上是在论述如何开辟一条和苏联有所不同的中国工业化道路问题。第四、五条讲国家、生产单位和生产者个人的关系,中央和地方的关系,开始涉及经济体制改革。这样就初步提出了中国社会主义经济建设的若干新方针、新思路。"十大关系"的后五条,讲汉族和少数民族的关系、党和非党的关系、革命和反革命的关系、是非关系、中国和外国的关系,论述的是在政治生活和思想文化生活领域如何调动各种积极因素的问题。

(3)《论十大关系》标志着党探索中国社会主义建设道路的良好开端。

(二)调动一切积极因素为社会主义事业服务

毛泽东认为,社会主义建设中的积极因素与消极因素是一对矛盾,这一矛盾呈现出既统一又斗争的关系。充分调动一切积极因素,尽可能地克服消极因素,并且努力化消极因素为积极因素,是社会主义事业前进的现实需要。在社会主义事业的发展中,一般来说,积极因素是处于主导的、统治地位的,占有压倒的优势,这是社会主义事业不断前进的可靠保证。社会主义建设的积极因素与消极因素在一定条件下是可以互相转化的。

(1)调动一切积极因素为社会主义事业服务,必须坚持中国共产党的领导。

(2)调动一切积极因素为社会主义事业服务,必须发展社会主义民主政治。

总之,调动一切积极因素为社会主义事业服务,是党关于社会主义建设的一条极为重要的方针,对于最大限度地团结全国各族人民,为建设社会主义现代化国家而奋斗具有长远的指导意义。

三、正确认识和处理社会主义社会矛盾的思想

(一)《关于正确处理人民内部矛盾的问题》提出的历史背景 ★★(识记:易出单选题、多选题)

我国社会主义改造的任务完成以后,国内的社会矛盾和阶级关系发生重大变化,无产阶级同资产阶级之间的矛盾已经基本解决。那么,社会主义是否还存在着矛盾?存在什么性质的矛盾?如何正确认识和解决这些矛盾?

关于社会主义社会的矛盾问题,马克思、恩格斯和列宁没有专门做过论述。斯大林在领导苏联社会主义建设的实践中,一开始不承认社会主义社会存在矛盾,后来又认为苏联社会主义社会存在着严重的阶级矛盾,在实践中造成了严重后果。毛泽东等党和国家领导人深刻汲取苏联的经验教训,认真分析和研究中国社会主义建设的新情况新问题,在广泛调研的基础上,形成了关于社会主义社会矛盾的学说。党在八大前后,特别是**毛泽东在 1957 年 2 月所作的《关于正确处理人民内部矛盾的问题》的报告,系统论述了社会主义社会矛盾的理论**。毛泽东指出,矛盾是普遍存在的,社会主义社会同样充满着矛盾,正是这些矛盾推动着社会主义社会不断地向前发展。

(二)社会主义改造完成后我国社会的主要矛盾、根本任务和处理社会矛盾的基本方法 ★★(识记:易出单选题、多选题)

1. 关于社会主义社会的基本矛盾

毛泽东指出:"在社会主义社会中,基本的矛盾仍然是生产关系和生产力之间的矛盾,上层建筑和经济基础之间的矛盾。"但社会主义社会的基本矛盾同以往社会的基本矛盾"具有根本不同的性质和情况"。以往社会的基本矛盾,生产关系与生产力之间存在着一定程度的对抗和冲突,而社会主义社会的

基本矛盾是在生产关系和生产力基本适应、上层建筑和经济基础基本适应条件下的矛盾,是在人民根本利益一致基础上的矛盾。因此,它不是对抗性的矛盾,而是非对抗性的矛盾。由于社会主义社会的矛盾不是对抗性的矛盾,因此"它可以经过社会主义制度本身,不断地得到解决"。

2. 关于我国社会的主要矛盾和根本任务

党的八大正确分析了社会主义改造完成后我国社会主要矛盾的变化,指出:社会主义制度在我国已经基本上建立起来了。**我们国内的主要矛盾**,已经不再是工人阶级和资产阶级的矛盾,而**是人民对于经济文化迅速发展的需要同当前经济文化不能满足人民需要的状况之间的矛盾**。据此,党中央提出,全国人民的主要任务是集中力量发展社会生产力,实现国家工业化、逐步满足人民日益增长的物质和文化需要,要把党和国家的工作重点转到技术革命和社会主义建设上来,要求各级党委要抓社会主义建设工作,全党要学科学、学技术、学新本领。

3. 关于社会主义社会两类不同性质的矛盾

毛泽东强调:在我们面前有两类社会矛盾,这就是敌我矛盾和人民内部矛盾,这是两类性质完全不同的矛盾。敌我矛盾是人民同反抗社会主义革命、敌视和破坏社会主义建设的社会势力和社会集团的矛盾,这是根本利益对立基础上的矛盾,因而是对抗性的矛盾。人民内部矛盾,包括工人阶级内部的矛盾,农民阶级内部的矛盾,知识分子内部的矛盾,工农两个阶级之间的矛盾,工人、农民同知识分子之间的矛盾,工人阶级和其他劳动人民同民族资产阶级的矛盾,也包括政府和人民群众之间的矛盾,民主同集中的矛盾,领导同被领导之间的矛盾,国家机关某些工作人员的官僚主义作风同群众之间的矛盾,等等。一般说来,人民内部矛盾是在人民根本利益一致基础上的矛盾,因而是非对抗性的矛盾。毛泽东提醒人们注意两类不同性质矛盾的转化问题,认为两类不同性质的矛盾可以互相转化。

4. 关于正确处理两类不同性质社会矛盾的基本方法

毛泽东指出:敌我之间和人民内部这两类矛盾的性质不同,解决的方法也不同。简单地说起来,**前者是分清敌我的问题,后者是分清是非的问题**。"我们历来就主张,在人民民主专政下面,解决敌我之间的和人民内部的这两类不同性质的矛盾,采用专政和民主这样两种不同的方法。"所谓专政方法,就是运用人民民主专政的国家机器,对国家内部那些反抗社会主义改造、破坏社会主义建设的敌对分子和严重犯罪分子依法治罪,剥夺他们的政治权利,强迫他们从事劳动,并在劳动中尽量使他们改造成新人。**所谓民主方法**,就是讨论的方法、批评的方法、说服教育的方法。

5. 关于正确处理人民内部矛盾的方针

毛泽东指出,**用民主的方法解决人民内部矛盾,这是一个总方针**。针对人民内部矛盾在具体实践中的不同情况,毛泽东提出了一系列具体方针、原则:对于**政治思想领域**的人民内部矛盾,**实行"团结—批评—团结"的方针**,坚持说服教育、讨论的方法;对于物质利益、分配方面的人民内部矛盾,实行统筹兼顾、适当安排的方针,兼顾国家、集体和个人三方面的利益。对于人民群众和政府机关的矛盾,要坚持民主集中制原则,努力克服政府机关的官僚主义,也要加强对群众的思想教育;对于**科学文化领域**的矛盾,**实行"百花齐放、百家争鸣"的方针**,通过自由讨论和科学实践、艺术实践去解决;对于共产党和民主党派的矛盾,实行在坚持社会主义道路和共产党领导的前提下"长期共存、互相监督"的方针;对于民族之间的矛盾,实行民族平等、团结互助的方针,着重反对大汉族主义,也要反对地方民族主义;等等。所有这些方针,都是用民主方法解决人民内部矛盾这一总方针的具体化,为解决不同形式的人民内部矛盾指明了方向。

四、走中国工业化道路的思想★★(理解:易出单选题、多选题)

实现工业化是中国近代以来历史发展的必然要求,也是民族独立和国家富强的必要条件。中华人民共和国的成立,为我国实现工业化提供了根本的政治前提。新中国刚刚建立的时候,我国的工业基础非常薄弱,在很多工业领域甚至还是空白。对此,党把实现国家工业化确定为新中国整个经济建设的主要任务。

毛泽东在《论十大关系》中论述的第一大关系,便是重工业和轻工业、农业的关系。在《关于正确处理人民内部矛盾的问题》中,毛泽东明确提出了中国工业化道路的问题,主要是指重工业和轻工业、农业的发展关系问题,要走一条有别于苏联的中国工业化道路。

鉴于中国社会生产力落后、经济基础薄弱的情况,毛泽东指出,以工业为主导,把重工业作为我国经济建设的重点,以逐步建立独立的比较完整的基础工业体系和国防工业体系,这是维护国家独立、统一和安全,实现国家富强所必需的,是毫无疑义、必须肯定的。但同时必须充分注意发展农业和轻工业。毛泽东提出了以农业为基础,以工业为主导,以农轻重为序发展国民经济的总方针,以及一整套"两条腿走路"的工业化发展思路,即**重工业和轻工业同时并举,中央工业和地方工业同时并举,沿海工业和内地工业同时并举,大型企业和中小型企业同时并举**,等等。

走中国工业化道路的要求:

(1) 走中国工业化道路,必须采取正确的经济建设方针。 党的八大提出了既反保守又反冒进、坚持在综合平衡中稳步前进的方针。

(2) 走中国工业化道路,必须调整和完善所有制结构。 ★★(识记:易出单选题、多选题)

毛泽东、刘少奇、周恩来提出了把资本主义经济作为社会主义经济的补充的思想。朱德提出了要注意发展手工业和农业多种经营的思想。**陈云提出了"三个主体,三个补充"的设想**,即在工商业经营方面,国家经济和集体经济是工商业的主体,一定数量的个体经济是国家经济和集体经济的补充;在生产计划方面,计划生产是工农业生产的主体,按照市场变化在国家计划许可范围内的自由生产是计划生产的补充;在社会主义的统一市场里,国家市场是它的主体,一定范围内的国家领导的自由市场是国家市场的补充。

(3) 走中国工业化道路,必须积极探索适合我国情况的经济体制和运行机制。

走中国工业化道路的思想,是党探索我国社会主义建设道路的一个重要思想,对于加快我国社会主义建设事业发展具有重要意义。

五、初步探索的其他理论成果

以毛泽东同志为主要代表的中国共产党人,在探索社会主义建设道路的过程中,还对社会主义发展阶段、"四个现代化"战略目标,以及科学教育文化工作、国防建设、祖国统一和外交工作等提出了重要思想理论观点。

第二节 初步探索的意义和经验教训

一、初步探索的意义 ★★(理解:易出单选题、多选题)

1. 巩固和发展了我国的社会主义制度

作为一种崭新的更高形态的社会制度,社会主义制度的建立极大地激发了广大人民群众的建设热情和积极性。

2. 为开创中国特色社会主义提供了宝贵经验、理论准备、物质基础

在全面建设社会主义时期,党对社会主义建设道路的探索历经艰辛,积累了丰富的经验,也留下了深刻的教训。无论是成功的经验还是失误的教训,正确地加以总结,都是党的宝贵财富,为改革开放新时期中国特色社会主义的开创和发展提供了重要的思想资源。

3. 丰富了科学社会主义的理论和实践

这不仅丰富了中国社会主义的理论与实践,也丰富了科学社会主义的理论与实践,为其他国家的社会主义建设提供了经验和借鉴。

二、初步探索的经验教训★★★(应用:易出单选题、多选题、简答题、材料分析题、论述题)

(1)必须把马克思主义与中国实际相结合,探索符合中国特点的社会主义建设道路。

(2)必须正确认识社会主义社会的主要矛盾和根本任务,集中力量发展生产力。

(3)必须从实际出发进行社会主义建设,建设规模和速度要和国力相适应,不能急于求成。

(4)必须发展社会主义民主,健全社会主义法制。社会主义民主的本质是人民当家作主。

(5)必须坚持党的民主集中制和集体领导制度,加强执政党建设。健全民主集中制和集体领导制度,加强执政党建设,是社会主义事业顺利发展的政治保证。

(6)必须坚持对外开放,借鉴和吸收人类文明成果建设社会主义,不能关起门来搞建设。

巩固练习

一、单项选择题

1.《论十大关系》的报告围绕的基本方针是( )。

A. 独立自主

B. 自力更生为主,争取外援为辅

C. 调动一切积极因素,为社会主义事业服务

D. 走中国特色社会主义道路

2. 不属于《论十大关系》讨论范畴的是( )。

A. 社会主义市场经济和计划经济的关系　　B. 重工业和轻工业、农业的关系

C. 国家、生产单位和生产者个人的关系　　D. 革命和反革命的关系

3. 毛泽东系统论述社会主义社会矛盾理论的著作是( )。

A.《关于正确处理人民内部矛盾的问题》　　B.《新民主主义论》

C.《论十大关系》　　D.《中国社会各阶级的分析》

4. 解决敌我矛盾应采用( )。

A. 说服的方法　　B. 专政的方法　　C. 民主的方法　　D. 教育的方法

5. 解决科学文化领域的矛盾应坚持的方针是( )。

A. 百家争鸣、百花齐放　　B. 团结—批评—团结

C. 文化交流和艺术实践　　D. 异域文化之间的交流与碰撞

6. 在社会主义建设道路初步探索过程中,关于生产资料所有制调整方面,提出了"三个主体,三个补充"设想的是( )。

A. 毛泽东　　B. 刘少奇　　C. 陈云　　D. 邓小平

7. 我党提出的"三个主体、三个补充"意味着( )。

A. 社会主义国家要消除商品经济

B. 发展商品生产会导致资本主义

C. 在我国经济建设发展过程中,也要发挥非公有制经济和市场的作用

D. 商品经济是资本主义的本质特征

二、多项选择题

1. 关于社会主义两类不同性质的矛盾表述正确的有（　　）。
A. 反映在政治上可以划分为敌我矛盾和人民内部矛盾
B. 人民内部矛盾是非对抗性的矛盾，处理不当就转化为对抗性的矛盾
C. 用专政、说服教育的方法解决敌我矛盾
D. 人民同反抗社会主义革命的社会势力和社会集团的矛盾属于人民内部矛盾

2. 毛泽东在《论十大关系》中指出，正确处理人民内部矛盾的方针、原则包括（　　）。
A. 团结—批评—团结　　　　　　　　B. 实行统筹兼顾、适当安排的方针
C. 百花齐放、百家争鸣　　　　　　　D. 长期共存，互相监督

3. 社会主义制度建立以后，我们党对社会主义建设道路初步探索的理论成果主要有（　　）。
A. 走中国特色社会主义发展道路的思想
B. 调动一切积极因素为社会主义事业服务的思想
C. 正确认识和处理社会主义矛盾的思想
D. 走中国工业化道路的思想

第五章 中国特色社会主义理论体系的形成发展

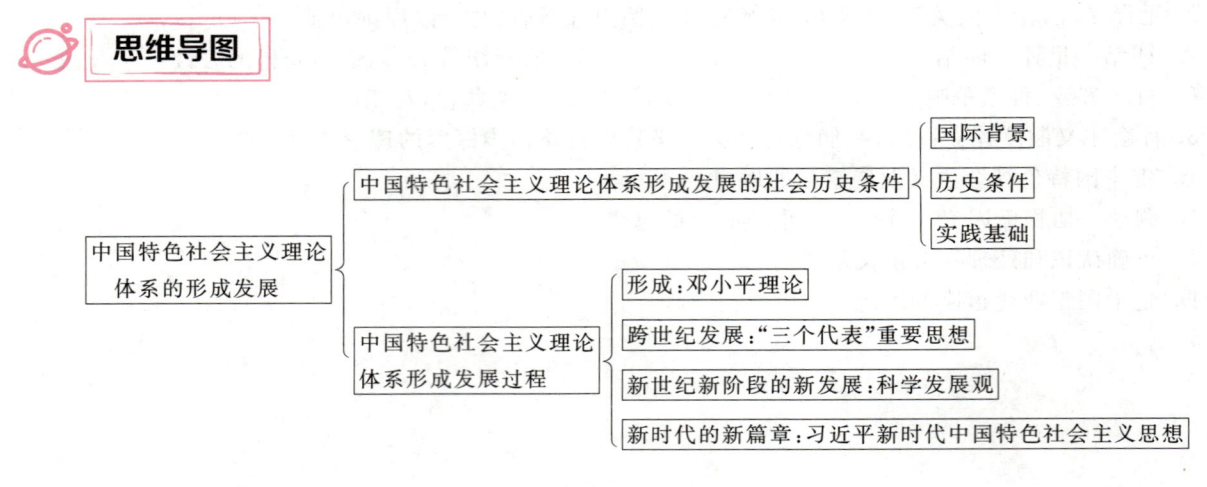

思维导图

中国特色社会主义理论体系的形成发展
- 中国特色社会主义理论体系形成发展的社会历史条件
  - 国际背景
  - 历史条件
  - 实践基础
- 中国特色社会主义理论体系形成发展过程
  - 形成：邓小平理论
  - 跨世纪发展："三个代表"重要思想
  - 新世纪新阶段的新发展：科学发展观
  - 新时代的新篇章：习近平新时代中国特色社会主义思想

核心考点

第一节 中国特色社会主义理论体系形成发展的社会历史条件

一、中国特色社会主义理论体系形成发展的国际背景★★（识记：易出单选题、多选题）

中国特色社会主义理论体系，是我们党在深刻洞察国际形势变化和世界发展趋势，科学判断时代主题和时代特征，深刻把握人类社会发展规律的基础上形成并不断发展的。

（1）20世纪70年代，整个世界发生着大变动大调整，这种变动调整的剧烈和深刻程度远远超出了人们的预料。最显著的变化，就是**和平与发展成为时代主题**，世界多极化和经济全球化深入发展，综合国力竞争日趋激烈。面对整个世界发生着的大变动大调整，以邓小平同志为主要代表的中国共产党人，敏锐地把握了国际形势的重大变化，对时代主题的转换作出了科学判断，指出了当今世界是开放的世界、中国的发展离不开世界。这就为我们党一心一意搞社会主义现代化建设，实行对外开放以借鉴和吸收人类社会创造的一切文明成果，奠定了科学的基础，也为我们党在复杂变幻的国际局势中冷静沉着，抓住机遇，发展自己，提供了明确的指针。

（2）20世纪80年代末90年代初，国际局势风云变幻，发生了东欧剧变、苏联解体等重大事件，国际共产主义运动遭受了重大挫折。在对冷战结束后国际局势进行科学判断的基础上，以江泽民同志为主要代表的中国共产党人明确提出了和平与发展仍然是当今时代主题、科学技术已经成为先进生产力的集中体现和主要标志、社会主义仍然代表人类未来发展方向等重大论断，为我国迎头赶上时代潮流，在日益激烈的国际竞争中始终立于不败之地，实现社会生产力的跨越式发展奠定了思想基础。

（3）进入21世纪，世界处在大发展大变革大调整之中。和平与发展仍然是时代主题。面对总体上有利于我国发展、但不利因素也可能增多的国际环境,以胡锦涛同志为主要代表的中国共产党人,把中国的发展放到世界的大局中来思考,深刻分析国际形势、顺应世界发展趋势、借鉴国外发展经验,形成科学发展的新理念新观点新战略,为我国抓住机遇、应对挑战、加快发展,发挥比较优势,把握有利条件,扬长避短,趋利避害,努力取得发展的主动权指明了科学道路。

（4）党的十八大以来,世界之变、时代之变、历史之变正以前所未有的方式展开,世界百年未有之大变局加速演进。国际格局和国际体系正在发生深刻调整,全球治理体系正在发生深刻变革,国际力量对比正在发生近代以来最具革命性的变化,世界范围呈现出影响人类历史进程和趋向的重大态势。面对大变局带来的大机遇、大挑战,以习近平同志为核心的党中央,统筹把握中华民族伟大复兴的战略全局和世界百年未有之大变局,洞察时代风云,把握时代脉搏,引领时代潮流,担当为世界谋大同的责任,因势而谋、应势而动、顺势而为,提出了原创性的治国理政新理念新思想新战略,为应对全球共同挑战、解决人类发展重大问题提供了中国智慧和中国方案,为推动构建人类命运共同体、维护人类共同利益和共同价值作出了独创性贡献。

二、中国特色社会主义理论体系形成发展的历史条件★★（识记：易出单选题、多选题）

对历史经验的深刻总结、对历史方位的科学判断、对历史任务的准确把握,是我们党推进理论创新的重要依据。中国特色社会主义理论体系,是在认真总结我国社会主义建设正反两方面的历史经验、科学判断党和国家发展所处历史方位的基础上形成并不断发展的。

（1）党的十一届三中全会以后,**以邓小平同志为主要代表的中国共产党人**,鲜明指出建设社会主义没有固定的模式,必须结合中国实际,在实践中不懈探索和**回答"什么是社会主义、怎样建设社会主义"这一基本问题**。正是在探索和回答这一首要的基本理论问题的过程中,党提出了"走自己的路、建设有中国特色的社会主义"这个重大命题,开创了中国特色社会主义的伟大事业。

（2）**进一步提高党的领导水平和执政水平、提高拒腐防变和抵御风险的能力,是我们党必须解决好的两大历史性课题。**以江泽民同志为主要代表的中国共产党人科学判断党的历史方位、深刻总结历史经验,旗帜鲜明地强调要坚定不移、毫不动摇地全面执行党的十一届三中全会以来的路线和基本政策,对在新的历史条件下不断加强党的建设、巩固党的执政地位和坚持党的基本路线、加快社会主义现代化建设等问题进行了长期思考和探索,提出了一系列创新性观点,丰富和发展了党的理论路线方针政策,进一步回答了什么是社会主义、怎样建设社会主义的问题,**创造性地回答了"建设什么样的党、怎样建设党"这一重大课题。**

（3）新世纪新阶段,经过新中国成立以来特别是改革开放以来的不懈努力,我国经济社会发展取得了举世瞩目的成就,但我国仍处于并将长期处于社会主义初级阶段的基本国情没有变。**以胡锦涛同志为主要代表的中国共产党人**,在深刻把握我国基本国情和经济社会发展新的阶段性特征的基础上,在应对和战胜各种突如其来的严重困难和挑战的过程中,继续回答了什么是社会主义、怎样建设社会主义和建设什么样的党、怎样建设党的问题,**创造性地回答了"实现什么样的发展、怎样发展"这一重大问题**,为我们始终保持清醒头脑,立足社会主义初级阶段这个最大实际,解决好一系列制约科学发展的突出矛盾和复杂问题,保持我国经济社会发展良好势头提供了有力武器。

（4）党的十八大以来,中国特色社会主义进入新时代,这是我国发展新的历史方位。**以习近平同志为核心的党中央**,准确把握中国特色社会主义进入新时代这一我国发展新的历史方位,深刻总结并充分运用党成立以来的历史经验,从新的实际出发,深邃思考和分析关系新时代党和国家事业发展的一系列重大理论和实践问题,**科学回答新时代坚持和发展什么样的中国特色社会主义、怎样坚持和发展中国特色社会主义,建设什么样的社会主义现代化强国、怎样建设社会主义现代化强国,建设什么样的长期执政的马克思主义政党、怎样建设长期执政的马克思主义政党等重大时代课题**,为全面建设社会主义现代化国家、实现中华民族伟大复兴中国梦提供了行动指南。

三、中国特色社会主义理论体系形成发展的实践基础★★（理解：易出单选题、多选题）

实践是理论创新的源泉。中国特色社会主义理论体系，是在我们党领导的改革开放和社会主义现代化建设的生动实践中形成并不断发展的。

1. 成功开创中国特色社会主义的伟大实践

党的十一届三中全会以后，以邓小平同志为主要代表的中国共产党人以巨大的政治勇气和理论勇气，重新确立实事求是的思想路线，科学评价毛泽东同志和毛泽东思想，彻底否定"以阶级斗争为纲"的错误理论和实践，作出把党和国家工作重心转移到经济建设上来、实行改革开放的历史性决策，吹响走自己的路、建设中国特色社会主义的时代号角。

我国改革开放和社会主义现代化建设的崭新实践，是人民群众生机勃勃的伟大创造，是理论发展的源泉。以邓小平同志为主要代表的中国共产党人，始终站在时代潮流的前面，热情地支持、鼓励、保护、引导群众的这种创造，把丰富的实践经验上升为理论，深化了对我国社会主义现代化建设规律的认识。

2. 成功把中国特色社会主义推向21世纪的伟大实践

党的十三届四中全会以后，国际局势风云变幻，我国改革开放和现代化建设的进程波澜壮阔。以江泽民同志为主要代表的中国共产党人从容应对一系列关系我国主权和安全的国际突发事件，战胜在政治、经济领域和自然界出现的困难和风险，经受住一次又一次考验，排除各种干扰，保证了改革开放和现代化建设的航船始终沿着正确的方向破浪前进。

3. 成功在新形势下坚持和发展中国特色社会主义的伟大实践

党的十六大以后，中国特色社会主义事业进入发展的关键期。在新的历史起点上把中国特色社会主义事业继续推向前进，是时代赋予我们党的崇高使命。以胡锦涛同志为主要代表的中国共产党人领导人民紧紧抓住和用好我国发展的重要战略机遇期，以加入世界贸易组织为契机，深化改革开放，着力推动科学发展、促进社会和谐，完善社会主义市场经济体制，推进党的执政能力建设和先进性建设，在全面建设小康社会实践中推进实践创新、理论创新、制度创新。

我们党深入总结改革开放以来特别是党的十六大以来的实践经验，形成了涵盖改革发展稳定、内政外交国防、治党治国治军各个方面的系统科学理论，奋力把中国特色社会主义推进到新的发展阶段。

4. 新时代坚持和发展中国特色社会主义的伟大实践

党的十八大以来，面对影响党长期执政、国家长治久安、人民幸福安康的一系列突出矛盾和问题，以习近平同志为核心的党中央以伟大的历史主动精神、巨大的政治勇气、强烈的责任担当，统筹国内国际两个大局，统揽伟大斗争、伟大工程、伟大事业、伟大梦想，创立习近平新时代中国特色社会主义思想，明确坚持和发展中国特色社会主义的基本方略，提出一系列治国理政新理念新思想新战略，实现了马克思主义中国化时代化新的飞跃，为新时代党和国家事业发展提供了根本遵循。

第二节 中国特色社会主义理论体系形成发展过程

一、中国特色社会主义理论体系的形成★★（识记：易出单选题、多选题）

（1）1978年12月召开的党的十一届三中全会，重新确立了实事求是的思想路线，彻底否定了"以阶级斗争为纲"的错误理论和实践，确定把全党工作的重点转移到社会主义现代化建设上来，作出实行改革开放的重大决策，实现了党的历史上具有深远意义的伟大转折。

（2）1982年邓小平在党的十二大开幕词中明确指出：走自己的道路，建设有中国特色的社会主义。

从此"中国特色社会主义"成为我们党的全部理论和实践创新的主题。

(3) 1984年党的十二届三中全会审议通过了《中共中央关于经济体制改革的决定》,提出了社会主义经济是在公有制基础上的有计划的商品经济。

(4) **1987年召开的党的十三大,第一次比较系统地论述了我国社会主义初级阶段理论,明确概括和全面阐发了党的"一个中心、两个基本点"的基本路线**,从马克思主义哲学、政治经济学和科学社会主义等方面,第一次对中国特色社会主义理论的主要内容作了系统概括。这是我们党第一次对中国特色社会主义理论进行系统的概括,**也标志着邓小平理论轮廓的形成**。

(5) **1992年邓小平的南方谈话是邓小平理论的集大成之作**。它从理论上深刻地回答了当时困扰和束缚人们思想的一系列重大问题,推动改革开放和社会主义现代化建设进入新阶段,**邓小平理论也逐步走向成熟**。

(6) 1992年党的十四大报告,系统阐释了这一理论的历史地位和指导意义,认为这一理论"是马克思列宁主义基本原理与当代中国实际和时代特征相结合的产物,是毛泽东思想的继承和发展,是全党全国人民集体智慧的结晶,是中国共产党和中国人民最可珍贵的精神财富"。

(7) 1997年召开的党的十五大,正式提出"邓小平理论"这一概念,深刻阐述了邓小平理论的历史地位和指导意义,进一步论述了邓小平对这一理论的创立作出的独创性贡献。**党的十五大郑重地把邓小平理论同马克思列宁主义、毛泽东思想一起,确立为党的指导思想并写入党章**。1999年的宪法修正案正式将邓小平理论载入宪法。

邓小平理论第一次比较系统地初步回答了在中国这样的经济文化比较落后的国家如何建设社会主义、如何巩固和发展社会主义的一系列基本问题,用新的思想观点,继承和发展了马克思主义,开拓了马克思主义新境界,把对社会主义的认识提高到新的科学水平,是中国特色社会主义理论体系的开篇之作。

二、中国特色社会主义理论体系的跨世纪发展★★(识记:易出单选题、多选题)

"三个代表"重要思想是以江泽民同志为主要代表的中国共产党人,在开创全面改革开放新局面,推进党的建设新的伟大工程,成功把中国特色社会主义推向21世纪的伟大实践中形成和发展起来的,是中国特色社会主义理论体系的跨世纪发展。

(1) 党的十三届四中全会提出了大力加强党的建设,坚决惩治腐败的要求。1991年,江泽民在建党70周年纪念大会上的讲话中对"进一步加强中国共产党的建设"作了深刻论述。

(2) **2000年2月25日,江泽民在广东考察工作时**,从全面总结党的历史经验和如何适应新形势新任务的要求出发,首次对"三个代表"进行了比较全面的阐述。2000年6月9日,江泽民在全国党校工作会议上第一次指出,"三个代表"重要思想所要回答和解决的正是"建设什么样的党、怎样建设党"的重大问题。

(3) 2001年7月1日,江泽民在庆祝中国共产党成立80周年大会上的讲话中全面阐述了"三个代表"重要思想的科学内涵和基本内容。这就非常明确地阐明了"三个代表"重要思想的基本内涵。

(4) 2002年5月,江泽民在中共中央党校省部级干部进修班毕业典礼上深刻阐述了"三个代表"重要思想的内在联系,提出**"贯彻'三个代表'重要思想,关键在坚持与时俱进,核心在坚持党的先进性,本质在坚持执政为民"**。这就深刻揭示了"三个代表"重要思想作为一个完整理论体系的内在逻辑关系。

(5) **2002年11月,党的十六大全面阐述了"三个代表"重要思想形成的时代背景、历史地位、精神实质和指导意义,将"三个代表"重要思想同马克思列宁主义、毛泽东思想和邓小平理论一道确立为党必须长期坚持的指导思想,并写入党章**,实现了我们党指导思想的又一次与时俱进。

"三个代表"重要思想加深了对什么是社会主义、怎样建设社会主义和建设什么样的党、怎样建设党的认识,积累了治党治国新的宝贵经验。始终做到"三个代表",是我们党的立党之本、执政之基、力量之源。

三、中国特色社会主义理论体系在新世纪新阶段的新发展★★（理解：易出单选题、多选题）

科学发展观是以胡锦涛同志为主要代表的中国共产党人，在新世纪新阶段全面建设小康社会进程中，在新的历史起点上推进中国特色社会主义事业的过程中形成和发展起来的。科学发展观是中国特色社会主义理论体系在新世纪新阶段的新发展。

（1）科学发展观在抗击非典疫情和探索完善社会主义市场经济体制的过程中逐步形成。2003年7月，胡锦涛在全面总结抗击非典斗争经验时明确指出："我们要更好地坚持全面发展、协调发展、可持续发展的发展观，更加自觉地坚持推动社会主义物质文明、政治文明、精神文明协调发展，坚持在经济社会发展的基础上促进人的全面发展，坚持促进人与自然的和谐。"

（2）2003年10月，**党的十六届三中全会通过的《中共中央关于完善社会主义市场经济体制若干问题的决定》**指出："坚持以人为本，树立全面、协调、可持续的发展观，促进经济社会和人的全面发展。"**这是我们党的文件中第一次提出科学发展观。**

（3）**2004年3月**，胡锦涛在中央人口资源环境座谈会上发表重要讲话，深刻阐明了科学发展观提出的背景、意义，**明确界定了"以人为本""全面发展""协调发展""可持续发展"的深刻内涵和基本要求**，并对如何树立和落实科学发展观提出了明确的要求，**标志着科学发展观的形成。**

（4）2007年，党的十七大对科学发展观的理论定位、理论依据、理论内涵作了全面阐述。**党的十七大把科学发展观写入党章**，科学发展观进一步成熟发展。

（5）2008年12月，中央召开经济工作会议，**强调科学发展观的第一要义是发展。**

（6）2012年，党的十八大进一步把科学发展观确立为党必须长期坚持的指导思想。

科学发展观是马克思主义同当代中国实际和时代特征相结合的产物，是马克思主义关于发展的世界观和方法论的集中体现，对新形势下实现什么样的发展、怎样发展等重大问题作出了新的科学回答，把我们对中国特色社会主义规律的认识提高到新的水平。

四、中国特色社会主义理论体系在新时代的新篇章★★（理解：易出单选题、多选题）

党的十八大以来，以习近平同志为主要代表的中国共产党人，统筹把握中华民族伟大复兴战略全局和世界百年未有之大变局，坚持把马克思主义基本原理同中国具体实际相结合、同中华优秀传统文化相结合，坚持毛泽东思想、邓小平理论、"三个代表"重要思想、科学发展观，深刻总结并充分运用党成立以来的历史经验，从新的实际出发，创立了习近平新时代中国特色社会主义思想。

2017年，党的十九大把习近平新时代中国特色社会主义思想确立为党必须长期坚持的指导思想并庄严地写入党章，实现了党的指导思想的与时俱进。

2018年，十三届全国人大一次会议通过的宪法修正案，郑重地把习近平新时代中国特色社会主义思想载入宪法，实现了国家指导思想的与时俱进。

习近平新时代中国特色社会主义思想是当代中国马克思主义、21世纪马克思主义，是中华文化和中国精神的时代精华，是党和人民实践经验和集体智慧的结晶，是中国特色社会主义理论体系的重要组成部分，是全党全国人民为实现中华民族伟大复兴而奋斗的行动指南。在习近平新时代中国特色社会主义思想指导下，中国共产党领导全国各族人民，统揽伟大斗争、伟大工程、伟大事业、伟大梦想，推动中国特色社会主义进入新时代，实现第一个百年奋斗目标，开启了实现第二个百年奋斗目标新征程。

中国特色社会主义理论体系是中国共产党长期探索的伟大理论创造，同马克思列宁主义、毛泽东思想一脉相承又与时俱进，是马克思主义中国化时代化的重大理论成果。中国特色社会主义理论体系是全党全国各族人民团结奋斗的共同思想基础，是战胜来自政治、经济、社会和自然界等一切风险和挑战的精神支柱，是坚持和发展中国特色社会主义的行动指南，是全面推进中华民族伟大复兴的根本指针，是我们党最宝贵的政治和精神财富，必须长期坚持。

巩固练习

一、单项选择题

1. 邓小平理论形成的时代背景是（　　）。
   A. 革命与战争　　　　B. 和平与发展　　　　C. 合作共赢　　　　D. 开放融通

2. 提出"中国特色社会主义理论体系"科学概念的是（　　）。
   A. 党的十七届三中全会　　　　　　　　B. 党的十六届六中全会
   C. 党的十七大　　　　　　　　　　　　D. 党的十七届二中全会

3. 邓小平理论形成的现实依据是（　　）。
   A. 经济全球化迅猛发展　　　　　　　　B. 冷战格局结束
   C. 改革开放和现代化建设的实践　　　　D. 社会主义初级阶段的基本国情

4. 邓小平理论轮廓的形成标志是（　　）。
   A. 党的十一届三中全会公报　　　　　　B. 党的十三大报告
   C. 党的十五大报告　　　　　　　　　　D. 南方谈话

5. 邓小平正式提出"建设有中国特色的社会主义"科学命题是在（　　）。
   A. 党的十一届三中全会上　　　　　　　B. 党的十一届六中全会上
   C. 党的十二大上　　　　　　　　　　　D. 党的十三大上

6. 把邓小平理论确立为党的指导思想是在（　　）。
   A. 党的十三大上　　B. 党的十四大上　　C. 党的十五大上　　D. 党的十六大上

7. "三个代表"重要思想的最重要的时代背景是（　　）。
   A. 无产阶级革命和帝国主义战争
   B. 开放包容、共商共建共享的浪潮
   C. 世界多极化和经济全球化的趋势在曲折中发展,和平与发展仍是时代的主题
   D. 知识经济、数字经济、智能化的深刻变革与发展

8. 首次对"三个代表"进行比较全面的阐述是在（　　）。
   A. 1989年党的十四届三中全会
   B. 1997年党的十五大
   C. 2000年,江泽民在广东考察工作时
   D. 2001年7月1日,江泽民在庆祝中国共产党成立80周年大会上的讲话

9. 全面阐述"三个代表"重要思想的科学内涵和基本内容是在（　　）。
   A. 1989年党的十四届三中全会
   B. 1997年党的十五大
   C. 2000年,江泽民在广东考察工作时
   D. 2001年7月1日,江泽民在庆祝中国共产党成立80周年大会上的讲话

10. 明确提出使用"社会主义市场经济体制"这个提法的是（　　）。
    A. 邓小平　　　　　B. 江泽民　　　　　C. 胡锦涛　　　　　D. 习近平

11. 科学发展观形成的时代背景是（　　）。
    A. 党带领人民战胜各种风险挑战、坚持和发展中国特色社会主义的成功探索
    B. 社会主义初级阶段基本国情和新的阶段性特征
    C. 当今世界发展大势、国外发展的经验教训
    D. 科学判断党的历史方位和总结历史经验

二、多项选择题

1. 邓小平对时代主题的转变作出了科学判断,指出全球性战略问题有(　　)。
   A. 社会主义改革问题　　　　　　　　B. 和平问题,也称东西问题
   C. 环境保护与生态平衡问题　　　　　D. 发展问题,也称南北问题

2. 江泽民同志认为,中国共产党必须解决好的两大历史性课题是(　　)。
   A. 纠正党的不良作风　　　　　　　　B. 进一步提高党的领导水平和执政水平
   C. 防范"四大危险"　　　　　　　　　D. 提高拒腐防变和抵御风险的能力

第六章 邓小平理论

思维导图

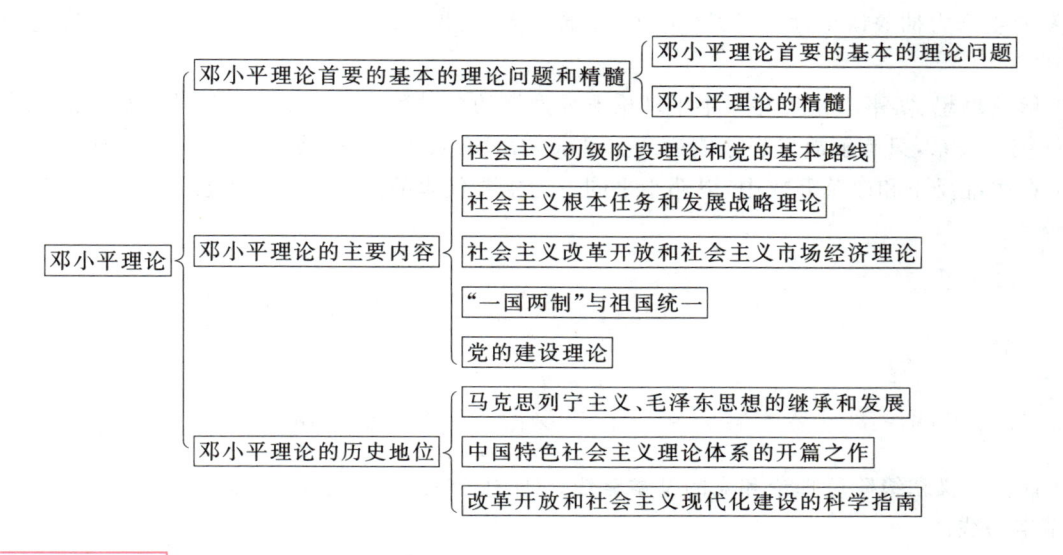

```
                    ┌─ 邓小平理论首要的基本的理论问题和精髓 ─┬─ 邓小平理论首要的基本的理论问题
                    │                                    └─ 邓小平理论的精髓
                    │
                    │                                    ┌─ 社会主义初级阶段理论和党的基本路线
                    │                                    ├─ 社会主义根本任务和发展战略理论
  邓小平理论 ───────┼─ 邓小平理论的主要内容 ─────────────┼─ 社会主义改革开放和社会主义市场经济理论
                    │                                    ├─ "一国两制"与祖国统一
                    │                                    └─ 党的建设理论
                    │
                    │                                    ┌─ 马克思列宁主义、毛泽东思想的继承和发展
                    └─ 邓小平理论的历史地位 ─────────────┼─ 中国特色社会主义理论体系的开篇之作
                                                         └─ 改革开放和社会主义现代化建设的科学指南
```

核心考点

第一节 邓小平理论首要的基本的理论问题和精髓

一、邓小平理论首要的基本的理论问题 ★★（识记：易出单选题、多选题）

在中国这样一个经济文化比较落后的国家**建设什么样的社会主义、怎样建设社会主义是一个首要的基本的理论问题**。搞清楚什么是社会主义、怎样建设社会主义，关键是要在坚持社会主义基本制度的基础上进一步认清社会主义的本质。

邓小平对于社会主义本质的认识和概括经历了一个过程。1980年5月，他第一次提出了"社会主义本质"这个概念。在他看来，讲社会主义，首先就是要使生产力发展，这是主要的。只有这样，才能体现社会主义的优越性。1992年初，邓小平在南方谈话中对社会主义本质作出了总结性的理论概括，他指出："**社会主义的本质，是解放生产力，发展生产力，消灭剥削，消除两极分化，最终达到共同富裕。**"

邓小平对社会主义本质的概括，既包括了社会主义社会的生产力问题，又包括了社会主义社会的生产关系问题，是一个有机的整体。首先，它突出地强调解放和发展生产力在社会主义社会发展中的重要地位，纠正了过去关于发展生产力的一些错误观念。其次，它突出地强调"消灭剥削，消除两极分化，最终达到共同富裕"，从生产关系和发展目标角度认识和把握社会主义本质。

二、邓小平理论的精髓★★（应用：易出单选题、多选题）

所谓精髓，对于理论而言，指的是能使这一理论得以形成和发展并贯彻始终，同时又体现在这一理论中最本质的东西。**解放思想、实事求是是邓小平理论的精髓。**

（1）党的思想路线的重新确立，解决了一系列重大理论和实践问题。第一，坚持解放思想、实事求是，有力推动和保证了拨乱反正的进行。第二，坚持解放思想、实事求是，破除了僵化的社会主义模式观念，坚持走自己的路。第三，坚持解放思想、实事求是，一切从社会主义初级阶段的实际出发。第四，解放思想、实事求是，坚持以"三个有利于"作为检验一切工作是非得失的根本标准，破除了改革开放进程中离开发展生产力抽象谈论姓"社"姓"资"的思维定势，把我国的改革开放和现代化建设推进到一个新的阶段。

（2）解放思想、实事求是贯穿邓小平理论形成发展的全过程。邓小平深刻阐明了解放思想和实事求是的辩证统一关系，只有解放思想才能达到实事求是，只有实事求是才是真正的解放思想。

（3）在拨乱反正和改革开放中，以邓小平同志为主要代表的中国共产党人始终坚持解放思想和实事求是相统一。

第二节 邓小平理论的主要内容

一、邓小平理论的主要内容★★（识记：易出单选题、多选题）

（1）社会主义初级阶段理论和党的基本路线。① 社会主义初级阶段的理论。② 党在社会主义初级阶段的基本路线。

（2）社会主义根本任务和发展战略理论。① 社会主义根本任务的理论。② 分三步走基本实现现代化的发展战略。

（3）社会主义改革开放和社会主义市场经济理论。① 社会主义改革开放的理论。② 社会主义市场经济理论。

（4）"两手抓，两手都要硬"。

（5）"一国两制"与祖国统一。

（6）中国特色社会主义外交和国际战略。

（7）党的建设理论。

二、社会主义初级阶段理论和党的基本路线★★（理解：易出单选题、多选题）

（一）社会主义初级阶段理论

正确认识党和人民事业所处的历史方位和发展阶段，是我们党明确阶段性中心任务，制定路线方针政策的根本依据，也是我们党领导革命、建设、改革不断取得胜利的重要经验。

党的十三大前夕，邓小平指出："我们党的十三大要阐述中国社会主义是处在一个什么阶段，就是处在初级阶段，是初级阶段的社会主义。社会主义本身是共产主义的初级阶段，而我们中国又处在社会主义的初级阶段，就是不发达的阶段。一切都要从这个实际出发，根据这个实际来制订规划。"邓小平第一次把社会主义初级阶段作为事关全局的基本国情加以把握，明确了这一基本国情是制定路线方针政策的出发点和根本依据。

党的十三大系统地阐述了社会主义初级阶段的科学内涵。

(1) 社会主义初级阶段这个论断包括两层含义：① **我国已经是社会主义社会。我们必须坚持而不能离开社会主义**；② **我国的社会主义社会还处在初级阶段。我们必须从这个实际出发,而不能超越这个阶段**。

(2) 强调了社会主义初级阶段的长期性。我国的社会主义初级阶段,不是泛指任何国家进入社会主义都会经历的起始阶段,而是特指我国在生产力落后、商品经济不发达条件下建设社会主义必然要经历的特定阶段。

(3) 阐述了社会主义初级阶段的基本特征。1997年9月,党的十五大又进一步概括了社会主义初级阶段的特征,强调现在处于并将长时期处于社会主义初级阶段是中国最大的实际。

我国正处在社会主义初级阶段的科学论断,使我们党对社会主义建设的长期性、复杂性、艰巨性有了更加清醒的认识。社会主义初级阶段理论基于对中国国情的准确把握,揭示了当代中国的历史方位,是对马克思主义关于社会主义发展阶段理论的重大发展和重大突破,为建设中国特色社会主义提供了总依据。

(二) 党在社会主义初级阶段的基本路线

党的十三大从我国社会主义初级阶段的基本国情出发,在科学认识我国社会主要矛盾的基础上,提出了**党在社会主义初级阶段的基本路线:领导和团结全国各族人民,以经济建设为中心,坚持四项基本原则,坚持改革开放,自力更生,艰苦创业,为把我国建设成为富强、民主、文明的社会主义现代化国家而奋斗**。

党的基本路线高度概括了党在社会主义初级阶段的奋斗目标、领导力量和依靠力量、基本途径和根本保证以及实现这一目标的基本方针。

(1) 建设"富强、民主、文明的社会主义现代化国家",是基本路线规定的党在社会主义初级阶段的奋斗目标。

(2) **"以经济建设为中心,坚持四项基本原则,坚持改革开放",是实现奋斗目标的基本途径**。其中,"以经济建设为中心",回答了社会主义的根本任务问题,"坚持四项基本原则",回答了解放和发展生产力的政治保证问题,"坚持改革开放",回答了社会主义的发展动力和外部条件问题。

(3) "领导和团结全国各族人民"是实现奋斗目标的领导力量和依靠力量。

(4) "自力更生,艰苦创业"是实现奋斗目标的根本立足点。

"以经济建设为中心,坚持四项基本原则,坚持改革开放",即"一个中心、两个基本点",是对党在社会主义初级阶段基本路线的简明概括。党的基本路线在改革开放实践中不断充实和完善。**党的十七大把"和谐"与"富强、民主、文明"一起写入了基本路线**。党的十九大提出"为把我国建设成为富强、民主、文明、和谐、美丽的社会主义现代化强国而奋斗",进一步拓展了党的基本路线。

三、社会主义根本任务和发展战略理论★★★（理解：易出单选题、多选题、简答题）

（一）社会主义根本任务的理论

生产力是社会发展的最根本的决定性因素,马克思主义始终高度重视生产力的发展。党的十一届三中全会以后,我们党把工作重点转移到经济建设上来,强调社会主义的根本任务是发展生产力。

(1) **社会主义的根本任务是发展生产力**,党和国家的工作重点是经济建设,这是党对我国社会主义建设经验教训和社会主要矛盾进行科学分析得出的最重要的结论。

(2) 中国解决所有问题的关键是靠自己的发展。邓小平从不同角度阐明了发展的重要性。

(3) 发展生产力离不开科学技术。邓小平提出"科学技术是第一生产力"。

(二)分三步走基本实现现代化的发展战略

党的十三大把邓小平提出的"小康社会"思想和"三步走"的发展战略构想确定下来。**第一步,到 1990 年,实现国民生产总值比 1980 年翻一番,解决人民的温饱问题;第二步,到 20 世纪末,使国民生产总值再增长一倍,人民生活达到小康水平;第三步,到 21 世纪中叶,人均国民生产总值达到中等发达国家水平,人民生活比较富裕,基本实现现代化。**

(1)"三步走"的发展战略,把我国社会主义现代化建设的目标具体化为切实可行的步骤,为基本实现现代化明确了发展方向,展现了美好的前景,成为全国人民团结奋斗的行动纲领。

(2)为了更好地实现现代化发展战略,邓小平提出了"台阶式"发展的思想,要求抓住机遇,加快发展,争取隔几年使国民经济上一个新台阶。

(3)为了更好地实现"三步走"的发展战略,邓小平还提出允许和鼓励一部分地区、一部分人先富起来逐步实现共同富裕的思想。邓小平提出的这一大政策的出发点和落脚点是实现共同富裕。

(4)关于地区的"先富"和"共富",邓小平提出"两个大局"思想,即沿海先发展起来,从而带动内地更好地发展,这是一个事关大局的问题。反过来,发展到一定的时候,又要求沿海拿出更多力量来帮助内地发展,这也是个大局。

四、社会主义改革开放和社会主义市场经济理论★★★(理解:易出单选题、多选题、简答题)

(一)社会主义改革开放理论

1. 改革是一场深刻的社会变革,是中国的第二次革命,是实现中国现代化的必由之路

改革不是对原有经济体制的细枝末节的修补,它的实质和目标是要从根本上改变束缚我国生产力发展的经济体制,建立充满生机和活力的社会主义新经济体制,同时相应地改革政治体制和其他方面的体制,以实现中国的社会主义现代化。改革是一场新的革命,但改革不是一个阶级推翻另一个阶级那种原来意义上的革命,不是也不允许否定和抛弃我们建立起来的社会主义基本制度,它是社会主义制度的自我完善和发展。

2. 改革是社会主义社会发展的直接动力

社会主义社会的基本矛盾仍然是生产关系和生产力、上层建筑和经济基础之间的矛盾,正是这些矛盾推动了社会主义社会的发展。**改革是从根本上改变束缚生产力发展的经济体制,促进生产力的发展,解决社会主义社会发展动力问题。**

3. 改革是一项崭新的事业,是一个大试验

判断改革和各方面工作的是非得失,归根到底,主要看是否有利于发展社会主义社会的生产力,是否有利于增强社会主义国家的综合国力,是否有利于提高人民的生活水平,即"三个有利于"标准。

4. 开放也是改革,对外开放是建设中国特色社会主义的一项基本国策,和改革一起成为新时期最鲜明的特征

1984 年,党的十二届三中全会把实行对外开放作为基本国策。(1)实行对外开放是对中国经济发展停滞落后历史教训深刻总结的结果。(2)对外开放是对世界所有国家的开放,包括对发达国家的开放,也包括对发展中国家的开放;不仅是经济领域的开放,还包括科技、教育、文化等领域的开放。

(二)社会主义市场经济理论

在推进经济体制改革的进程中,邓小平提出社会主义也可以搞市场经济的思想,创立了社会主义市场经济理论。

1981年,党的十一届六中全会提出了"计划经济为主,市场调节为辅"的方针,允许市场调节存在和发挥作用,这为形成社会主义市场经济理论开辟了道路。1984年,党的十二届三中全会提出"公有制基础上的有计划的商品经济"的概念,不再把计划经济同商品经济对立起来,这是社会主义经济理论的重大突破。1987年,党的十三大进一步提出,社会主义有计划商品经济的体制应该是"计划与市场内在统一的体制","计划和市场的作用范围都是覆盖全社会的",新的经济运行机制总体上来说应当是"国家提交市场,市场引导企业"的机制。1992年,邓小平南方谈话内容,从理论上突破了计划经济和市场经济是制度属性的观念,从根本上解除了把计划经济和市场经济看作属于社会基本制度范畴的思想束缚,标志着邓小平的社会主义市场经济理论的形成。这也为党的十四大明确把建立社会主义市场经济体制作为我国经济体制改革的目标奠定了理论基础。

邓小平的社会主义市场经济理论具有丰富的内涵:**(1)** 计划经济和市场经济不是划分社会制度的标志,计划经济不等于社会主义,市场经济也不等于资本主义;**(2)** 计划和市场都是经济手段,对经济活动的调节各有优劣,社会主义实行市场经济要把两者结合起来;**(3)** 市场经济作为资源配置的一种方式本身不具有制度属性,可以和不同的社会制度结合,从而表现出不同的性质。坚持社会主义制度与市场经济的结合,是社会主义市场经济的特色所在、优势所在。

五、"一国两制"与祖国统一★★(理解:易出单选题、多选题)

实现祖国的完全统一,是国家繁荣富强和民族伟大复兴的基础,是海内外中华儿女的共同愿望,是中华民族的根本利益所在,是中国共产党和中国人民不可动摇的坚强意志。

"一国两制"是邓小平在坚持四项基本原则的基础上,从中国的实际出发提出的实现祖国和平统一的伟大构想。"一国两制"作为实现祖国和平统一的具有重大战略意义的构想,包含着丰富的科学内涵。其基本内容有:坚持一个中国,这是"和平统一、一国两制"的核心,是发展两岸关系和实现和平统一的基础;两制并存,在祖国统一的前提下,国家的主体部分实行社会主义制度,同时在香港、澳门、台湾保持原有的社会制度和生活方式长期不变;高度自治,祖国完全统一后,香港、澳门、台湾作为特别行政区,享有不同于中国其他省、自治区、直辖市的高度自治权,台湾、香港、澳门同胞各种合法权益将得到切实尊重和维护;尽最大努力争取和平统一,但不承诺放弃使用武力;解决台湾问题,实现祖国完全统一,寄希望于台湾人民。

六、党的建设理论★★(理解:易出单选题、多选题)

建设中国特色社会主义,关键在于坚持、加强和改善党的领导。

(1)加强党的建设,是我们党领导人民取得革命和建设胜利的一个法宝。

(2)重视马克思主义理论学习是加强党的建设,从而增强我们工作中的原则性、系统性、预见性和创造性的必修课。

(3)加强组织建设是党的建设的重要环节。

(4)加强领导班子建设,培养和选拔德才兼备的各级领导干部,是加强党的建设,保证党的路线的连续性和国家长治久安的根本大计。

(5)加强党的建设必须打好党风建设这场硬仗。

(6)加强党的建设一定要重视制度建设。

第三节 邓小平理论的历史地位

党的十五大把邓小平理论确立为党的指导思想,并把这一理论同马克思列宁主义、毛泽东思想一起作为自己的行动指南写入党章。邓小平理论是马克思列宁主义、毛泽东思想的继承和发展,是中国特色社会主义理论体系的开篇之作,是改革开放和社会主义现代化建设的科学指南。[邓小平理论的历史地位★★★(应用:易出单选题、多选题、简答题)]

一、马克思列宁主义、毛泽东思想的继承和发展

邓小平理论是马克思列宁主义基本原理同当代中国实际和时代特征相结合的产物,是对马克思列宁主义、毛泽东思想的继承和发展,是全党全国人民集体智慧的结晶。邓小平是我国改革开放和社会主义现代化建设的总设计师,对邓小平理论的创立作出了历史性的重大贡献。邓小平理论坚持解放思想、实事求是,在新的实践基础上继承前人又突破陈规,开拓了马克思主义的新境界。**解放思想、实事求是是邓小平理论的精髓。**

二、中国特色社会主义理论体系的开篇之作

邓小平作为中国特色社会主义理论的创立者,紧紧抓住"**什么是社会主义、怎样建设社会主义**"这个**基本问题**,响亮提出"**走自己的道路,建设有中国特色的社会主义**"的伟大号召,从此中国特色社会主义成为我们党全部理论和实践一以贯之的主题。邓小平理论第一次比较系统地初步回答了建设中国特色社会主义的一系列基本问题。

三、改革开放和社会主义现代化建设的科学指南

邓小平理论指导了改革开放的伟大实践。在邓小平理论指导下,改革开放后的中国发生了翻天覆地的变化,迎来了思想的解放、经济的发展、政治的昌明、教育的勃兴、文艺的繁荣、科学的春天。邓小平理论是邓小平留给我们的最重要的思想遗产。邓小平理论是中国共产党和中国人民宝贵的精神财富,是改革开放和社会主义现代化建设的科学指南,是党和国家必须长期坚持的指导思想。

巩固练习

一、单项选择题

1. 邓小平理论首要的基本理论问题是( )。
   A. 社会主义的根本任务问题
   B. 社会主义的发展阶段问题
   C. 社会主义的发展动力问题
   D. 什么是社会主义,怎样建设社会主义的问题

2. 邓小平理论活的精髓是( )。
   A. "三个有利于"标准
   B. 四项基本原则
   C. 解放思想、实事求是思想路线
   D. 改革开放

3. 毛泽东思想和中国特色社会主义理论体系,都是马克思主义中国化的理论成果,是中国共产党长期坚持的指导思想和全国各族人民团结奋斗的共同思想基础。其中,中国特色社会主义理论体系的开篇之作是( )。
   A. 毛泽东思想
   B. 邓小平理论
   C. "三个代表"重要思想
   D. 科学发展观

二、多项选择题

1. 邓小平南方谈话中提出的"三个有利于"标准包含（　　）。
A. 是否有利于发展社会主义社会的生产力　　B. 是否有利于增强社会主义国家的综合国力
C. 是否有利于提高人民的生活水平　　D. 是否有利于融入全球体制

2. 邓小平在南方谈话中指出：社会主义本质是（　　）。
A. 解放生产力，发展生产力　　B. 消灭剥削，消除两极分化
C. 最终达到共同富裕　　D. 实现现代化

3. 党在社会主义初级阶段的基本路线中，（　　）是实现奋斗目标的基本途径。
A. 领导和团结全国各族人民　　B. 以经济建设为中心
C. 坚持四项基本原则　　D. 坚持改革开放

第七章 "三个代表"重要思想

思维导图

```
                    ┌─ "三个代表"重要思想的核心观点 ┬─ 始终代表中国先进生产力的发展要求
                    │                              ├─ 始终代表中国先进文化的前进方向
                    │                              └─ 始终代表中国最广大人民的根本利益
"三个代表"重要思想 ─┼─ "三个代表"重要思想的主要内容 ┬─ "三个代表"重要思想的主要内容
                    │                              └─ 发展是党执政兴国的第一要务
                    └─ "三个代表"重要思想的历史地位 ┬─ 中国特色社会主义理论体系的丰富发展
                                                    └─ 加强和改进党的建设、推进中国特色
                                                       社会主义事业的强大理论武器
```

核心考点

第一节 "三个代表"重要思想的核心观点

"三个代表"重要思想的核心观点是：中国共产党始终代表中国先进生产力的发展要求，始终代表中国先进文化的前进方向，始终代表中国最广大人民的根本利益。[**"三个代表"重要思想的核心观点**★★★（识记：易出单选题、多选题、简答题）]

一、始终代表中国先进生产力的发展要求

始终代表中国先进生产力的发展要求，就是党的理论、路线、纲领、方针、政策和各项工作，必须努力符合生产力发展的规律，体现不断推动社会生产力的解放和发展的要求，尤其要体现推动先进生产力发展的要求，通过发展生产力不断提高人民群众的生活水平。

社会主义的根本任务就是发展社会生产力，马克思主义执政党必须高度重视解放和发展生产力。**始终代表中国先进生产力的发展要求，大力促进先进生产力的发展，是我们党站在时代前列，保持先进性的根本体现和根本要求。**人是生产力中最活跃的因素。科学技术是第一生产力，是先进生产力的集中体现和主要标志。科技进步和创新是发展生产力的决定因素。发展生产力要依靠创新。

二、始终代表中国先进文化的前进方向

始终代表中国先进文化的前进方向，就是党的理论、路线、纲领、方针、政策和各项工作，必须努力体现发展面向现代化、面向世界、面向未来的，民族的科学的大众的社会主义文化的要求，促进全民族思想道德素质和科学文化素质的不断提高，为我国经济发展和社会进步提供精神动力和智力支持。

发展先进文化,是实现社会主义现代化的战略任务。中国特色社会主义文化,是凝聚和激励全国各族人民的重要力量,是综合国力的重要标志。发展先进文化,就是发展面向现代化、面向世界、面向未来的,民族的科学的大众的社会主义文化。必须坚持马克思主义在意识形态领域的指导地位,坚持为人民服务、为社会主义服务的方向和百花齐放、百家争鸣的方针。加强社会主义思想道德建设,是发展先进文化的重要内容和中心环节。做好思想政治工作是发展先进文化的重要任务。思想政治工作是经济工作和其他一切工作的生命线,是我们党和社会主义国家的重要政治优势。教育是发展先进文化、建设物质文明和精神文明的基础工程。

三、始终代表中国最广大人民的根本利益

始终代表中国最广大人民的根本利益,就是党的理论、路线、纲领、方针、政策和各项工作,必须坚持把人民的根本利益作为出发点和归宿,充分发挥人民群众的积极性主动性创造性,在社会不断发展进步的基础上,使人民群众不断获得切实的经济、政治、文化利益。

人民是我们国家的主人,是决定我国前途和命运的根本力量,是历史的真正创造者。我们党来自人民,根植于人民,服务于人民。我们始终坚持人民的利益高于一切。我们党进行的一切奋斗,归根到底都是为了最广大人民的根本利益。关心群众、代表群众利益,必须十分具体地落实到解决群众生产和生活的实际问题上。党和国家的一切工作和方针政策,都要以是否符合最广大人民群众的根本利益为最高衡量标准。

第二节 "三个代表"重要思想的主要内容

一、"三个代表"重要思想的主要内容★★(识记:易出单选题、多选题)

"三个代表"重要思想的主要内容包含:
(1) **发展是党执政兴国的第一要务。**
(2) 建立社会主义市场经济体制。在建立什么样的经济体制问题上,江泽民根据邓小平南方谈话精神,明确提出使用"社会主义市场经济体制"这个提法。党的十四大正式把建立社会主义市场经济体制确立为我国经济体制改革的目标。
(3) 全面建设小康社会。
(4) 建设社会主义政治文明。建设社会主义政治文明,最根本的就是要坚持党的领导、人民当家作主和依法治国的有机统一。这是我们推进政治文明建设必须遵循的基本方针,也是我国社会主义政治文明区别于资本主义政治文明的本质特征。
(5) 实施"引进来"和"走出去"相结合的对外开放战略。
(6) 推进党的建设新的伟大工程。办好中国的事情,关键取决于我们党。坚持中国共产党的领导,就是要坚持党在建设中国特色社会主义事业的领导核心地位,发挥党总揽全局、协调各方的作用。坚持中国共产党的领导,核心是坚持党的先进性。领导干部一定要讲学习、讲政治、讲正气。讲学习是前提。讲政治是核心。讲正气就是要坚持和发扬共产党人的政治本色与革命气节。坚持党要管党、从严治党的方针。加强和改进党的作风建设,核心问题是保持党同人民群众的血肉联系。**我们党的最大政治优势是密切联系群众,党执政后的最大危险就是脱离群众。全心全意为人民服务,立党为公,执政为民,是我们党同一切剥削阶级政党的根本区别。**

二、发展是党执政兴国的第一要务★★(理解:易出单选题、多选题)

党要承担起推动中国社会进步的历史责任,必须始终紧紧抓住发展这个执政兴国的第一要务,把坚

持党的先进性和发挥社会主义制度的优越性,落实到发展先进生产力、发展先进文化、实现最广大人民的根本利益上来,推动社会全面进步,促进人的全面发展。

(1) 中国特色社会主义是靠发展来不断巩固和推进的。社会主义要强大,体现优越性,关键在发展。

(2) 发展是国际竞争中赢得主动的需要。

(3) 用发展的办法解决前进中的问题,是改革开放以来我们的一条重要经验。

(4) 发展是硬道理,中国解决所有问题的关键在于依靠自己的发展。

(5) 发展要善于抓住机遇,珍惜机遇,用好机遇。

(6) 发展是社会主义物质文明、政治文明和精神文明的协调发展。

(7) 发展包括促进人的全面发展。

(8) 要正确认识和处理改革、发展、稳定的关系。改革是动力,发展是目的,稳定是前提。

(9) 发展必须毫不动摇地坚持党在社会主义初级阶段的基本路线。坚持党的基本路线不动摇,关键是坚持以经济建设为中心不动摇。

第三节 "三个代表"重要思想的历史地位

"三个代表"重要思想的历史地位★★(理解:易出单选题、多选题)

一、中国特色社会主义理论体系的丰富发展

"三个代表"重要思想,坚持解放思想、实事求是、与时俱进,紧密结合时代发展的新形势,进一步把理论和实践、继承和发展结合起来,坚持以我国改革开放和现代化建设的实际问题、以我们正在做的事情为中心,着眼于马克思主义理论的运用,着眼于对实际问题的理论思考,着眼于新的实践和新的发展,回应我国广大人民群众的新要求,创造性地运用了马克思列宁主义、毛泽东思想特别是邓小平理论,形成了富有独创性的新的理论成果。

二、加强和改进党的建设、推进中国特色社会主义事业的强大理论武器

在"三个代表"重要思想的指导下,以江泽民同志为主要代表的中国共产党人,坚持党的十一届三中全会以来的路线不动摇,从容应对来自各方面的困难和风险,在实践中进一步回答了一系列重大问题,推进了中国特色社会主义事业。

总之,"三个代表"重要思想在邓小平理论的基础上,进一步回答了什么是社会主义、怎样建设社会主义的问题,**创造性地回答了建设什么样的党、怎样建设党的问题**,进一步深化了对中国特色社会主义的认识。

巩固练习

一、单项选择题

1."三个代表"重要思想在邓小平理论的基础上,进一步创造性地回答了( )。
A. 什么是社会主义、怎样建设社会主义的问题　　B. 进行什么样的革命,怎样进行革命的问题
C. 实现什么样的发展,怎样发展的问题　　D. 建设什么样的党、怎样建设党的问题

2.江泽民强调,加强和改进党的作风建设,核心问题是( )。
A. 保持党的执政地位　　B. 坚持党的领导地位
C. 保持党的利益不受影响与损害　　D. 保持党同人民群众的血肉联系

3. 江泽民强调,我们党执政后最大的危险是(　　)。
   A. 能力不足　　　　　B. 精神懈怠　　　　　C. 脱离群众　　　　　D. 消极腐败
4. 党执政兴国的第一要务是(　　)。
   A. 发展　　　　　　　B. 创新　　　　　　　C. 改革　　　　　　　D. 科技

二、多项选择题

1. "三个代表"重要思想的核心观点是(　　)。
   A. 始终代表最广大人民的根本利益　　　　B. 始终代表中国先进生产力的发展要求
   C. 始终代表中国先进文化的前进方向　　　D. 始终代表中国特色社会主义共同理想
2. 江泽民同志认为,中国共产党必须解决好的两大历史性课题是(　　)。
   A. 纠正党的不良作风　　　　　　　　　　B. 进一步提高党的领导水平和执政水平
   C. 防范"四大危险"　　　　　　　　　　　D. 提高拒腐防变和抵御风险的能力

第八章 科学发展观

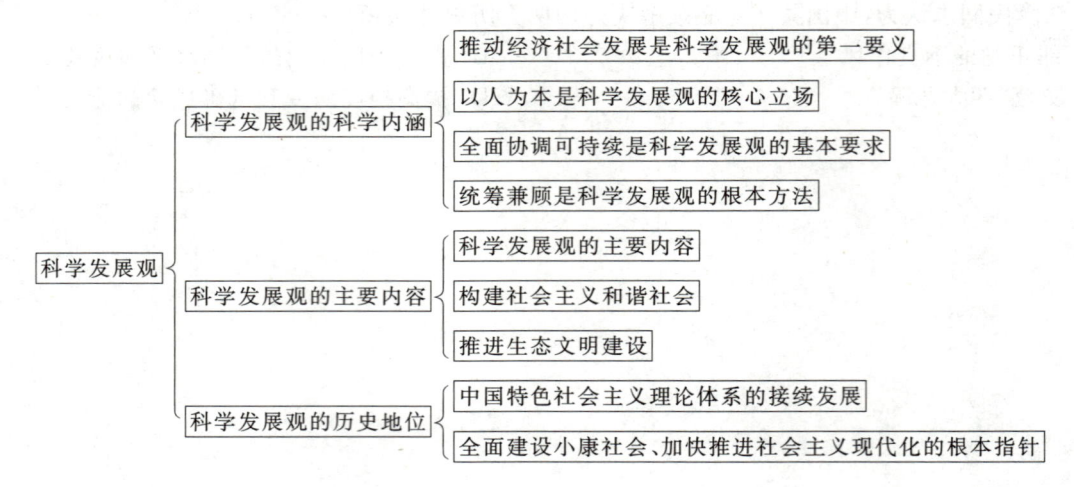

思维导图

科学发展观
- 科学发展观的科学内涵
  - 推动经济社会发展是科学发展观的第一要义
  - 以人为本是科学发展观的核心立场
  - 全面协调可持续是科学发展观的基本要求
  - 统筹兼顾是科学发展观的根本方法
- 科学发展观的主要内容
  - 科学发展观的主要内容
  - 构建社会主义和谐社会
  - 推进生态文明建设
- 科学发展观的历史地位
  - 中国特色社会主义理论体系的接续发展
  - 全面建设小康社会、加快推进社会主义现代化的根本指针

核心考点

第一节 科学发展观的科学内涵

一、科学发展观的科学内涵★★★（识记：易出单选题、多选题）

科学发展观，第一要义是发展，核心立场是以人为本，基本要求是全面协调可持续，根本方法是统筹兼顾。

（1）推动经济社会发展是科学发展观的第一要义。

（2）以人为本是科学发展观的核心立场；中国共产党把全心全意为人民服务作为自己的根本宗旨，始终坚持人民的利益高于一切。坚持以人为本，就要坚持立党为公、执政为民，始终把最广大人民的根本利益作为我们一切工作的出发点和落脚点，真正做到权为民所用、情为民所系、利为民所谋。

（3）全面协调可持续是科学发展观的基本要求。

（4）统筹兼顾是科学发展观的根本方法。

二、推动经济社会发展是科学发展观的第一要义★★（理解：易出单选题、多选题）

我们党执政，首要任务就是带领人民推动经济社会发展，不断满足人民日益增长的物质文化需要。以科学发展为主题，是时代的要求，关系改革开放和现代化建设全局。

（1）坚持科学发展，必须加快转变经济发展方式。

（2）坚持科学发展，必须推动科学技术的跨越式发展。科学技术是经济社会发展中最活跃、最具革命性的因素,是先进生产力的集中体现和主要标志。

(3) 坚持科学发展,必须培养高素质创新型人才。

(4) 坚持科学发展,必须善于抓住和用好机遇。

三、全面协调可持续是科学发展观的基本要求★★(理解:易出单选题、多选题)

全面协调可持续中的"全面"是指发展要有全面性、整体性,不仅经济发展,而且各个方面都要发展;"协调"是指发展要有协调性、均衡性,各个方面、各个环节的发展要相互适应、相互促进;"可持续"是指发展要有持久性、连续性,不仅当前要发展,而且要保证长远发展。

(1) 坚持全面发展,就是要按照中国特色社会主义事业总体布局,正确认识和把握经济建设、政治建设、文化建设、社会建设、生态文明建设是相互联系、相互促进的有机统一体。

(2) 坚持协调发展,就是保证中国特色社会主义各个领域协调推进。

(3) 坚持可持续发展,坚定走生产发展、生活富裕、生态良好的文明发展道路。

(4) 坚持可持续发展,还必须建设生态文明。良好生态环境是经济社会可持续发展的重要条件,也是一个民族生存和发展的根本基础。

第二节 科学发展观的主要内容

一、科学发展观的主要内容★★(识记:易出单选题、多选题)

(1) 加快转变经济发展方式:推动经济持续健康发展,必须坚持以科学发展为主题,以加快转变经济发展方式为主线。全面深化经济体制改革是加快转变经济发展方式的关键。实施创新驱动发展战略,是转变经济发展方式的重大战略决策。推动经济结构战略调整,是提升国民经济整体素质、赢得国际经济竞争主动权的根本途径,是加快转变经济发展方式的主攻方向。促进区域协调发展是我国现代化建设中的一个重大战略。积极稳妥推进城镇化是优化城乡经济结构、促进国民经济良性循环和社会协调发展的重要措施。推动城乡发展一体化,是解决"三农"问题的根本途径。实现工业化、信息化、城镇化、农业现代化,是我国社会主义现代化建设的战略任务,也是加快形成新的经济发展方式、促进经济持续健康发展的重要动力。

(2) 发展社会主义民主政治:社会主义民主政治的本质和核心是人民当家作主。

(3) 推进社会主义文化强国建设。

(4) 构建社会主义和谐社会。

(5) 推进生态文明建设。

(6) 全面提高党的建设科学化水平。

二、构建社会主义和谐社会★★(理解:易出单选题、多选题)

1. 和谐社会的内涵

我们要构建的社会主义和谐社会是在中国特色社会主义道路上,中国共产党领导全体人民共同建设、共同享有的和谐社会,是经济建设、政治建设、文化建设、社会建设、生态文明建设协调发展的社会,是人与人、人与社会、人与自然整体和谐的社会。

2. 和谐社会总要求

民主法治、公平正义、诚信友爱、充满活力、安定有序、人与自然和谐相处,是构建社会主义和谐社会的总要求。构建社会主义和谐社会,我们既要从"大社会"着眼,把和谐社会建设落实到包括经济建设、政治建设、文化建设、社会建设、生态文明建设和党的建设等在内的党和国家全部工作之中；又要从"小社会"着手，以解决人民群众最关心最直接最现实的利益问题为重点。

3. 保障和改善民生

构建社会主义和谐社会，必须以保障和改善民生为重点，从解决关系人民群众切身利益的现实问题入手，在学有所教、劳有所得、病有所医、老有所养、住有所居上持续取得新进展，努力让人民过上更好的生活。

4. 加强和创新社会管理

这是构建社会主义和谐社会的必然要求。

三、推进生态文明建设★★（理解：易出单选题、多选题）

建设生态文明，是关系人民福祉、关乎民族未来的长远大计。

（1）建设生态文明，实质上就是要建设以资源环境承载力为基础、以自然规律为准则、以可持续发展为目标的资源节约型、环境友好型社会。

（2）推动形成人与自然和谐发展现代化建设新格局。加强生态文明建设，是我们对自然规律及人与自然关系再认识的重要成果。良好的生态环境是人和社会持续发展的根本基础。

第三节 科学发展观的历史地位

科学发展观在中国特色社会主义理论体系中占据着重要位置，是这一理论体系的接续发展，是全面建设小康社会、加快推进社会主义现代化的根本指针。[科学发展观的历史地位★★（理解：易出单选题、多选题）]

一、中国特色社会主义理论体系的接续发展

科学发展观最鲜明的精神实质是解放思想、实事求是、与时俱进、求真务实。科学发展观在邓小平理论和"三个代表"重要思想的基础上，用一系列具有鲜明时代特点的新思想、新观点、新论断，进一步回答了"什么是社会主义、怎样建设社会主义"和"建设什么样的党、怎样建设党"的问题，**创造性地回答了"新形势下实现什么样的发展、怎样发展"等重大问题**。形成了系统科学理论，实现了我们党在指导思想上的又一次与时俱进，开辟了当代中国马克思主义发展新境界"。

二、全面建设小康社会、加快推进社会主义现代化的根本指针

科学发展观是关于发展的本质、目的、内涵和要求的总体看法和根本观点，决定了经济社会发展的总体战略和基本模式，对经济社会发展实践具有根本性、全局性的重大影响。实践充分证明，科学发展观是指导全面建设小康社会、发展中国特色社会主义的正确理论。

巩固练习

一、单项选择题

1. 科学发展观（　　）。
   A. 创造性地回答了什么是社会主义、怎样建设社会主义
   B. 创造性地回答了建设什么样的党、怎样建设党的问题
   C. 创造性地回答了新形势下实现什么样的发展、怎样发展等重大问题
   D. 创造性地回答了新时代进行什么样的伟大革命、怎样进行伟大革命的问题

2. 科学发展观的核心立场是（　　）。
A. 全面发展　　　　　B. 协调发展　　　　　C. 以人为本　　　　　D. 可持续发展
3. 科学发展观的第一要义是（　　）。
A. 以人为本　　　　　B. 稳定　　　　　　　C. 改革　　　　　　　D. 发展
4. 科学发展观的基本要求是（　　）。
A. 以人为本　　　　　B. 全面协调可持续　　　C. 统筹兼顾　　　　　D. 发展
5. 科学发展观的根本方法是（　　）。
A. 以人为本　　　　　B. 全面协调可持续　　　C. 统筹兼顾　　　　　D. 发展

二、多项选择题

1. 对科学发展观的集中概括为（　　）。
A. 第一要义是发展
B. 核心立场是以人为本
C. 基本要求是全面协调可持续
D. 根本方法是统筹兼顾
2. 构建社会主义和谐社会的总要求是（　　）。
A. 民主法治、公平正义
B. 诚信友爱、充满活力
C. 尊重自然、顺应自然、保护自然
D. 安定有序、人与自然和谐相处

第三部分

习近平新时代中国特色社会主义思想概论

导论

思维导图

```
           ┌─ 习近平新时代中国特色社会主义思想创立的时代背景
           │
           ├─ 习近平新时代中国特色社会主义思想    ┌─ 马克思主义基本原理同中国具体实际相结合
           │  是"两个结合"的重大成果           └─ 马克思主义基本原理同中华优秀传统文化相结合
           │
  导论 ────┤                                              ┌─ 习近平新时代中国特色社会主义思想科学回答了
           ├─ 习近平新时代中国特色社会主义思想是完整的科学体系 ┤   重大时代课题
           │                                              └─ 习近平新时代中国特色社会主义思想的主要内容
           │
           ├─ 习近平新时代中国特色社会主义思想的历史地位
           │
           └─ 两个确立的基本内涵 ┬─ 确立习近平同志党中央的核心、全党的核心地位
                                 └─ 确立习近平新时代中国特色社会主义思想的指导地位
```

核心考点

一、习近平新时代中国特色社会主义思想创立的时代背景★★★（理解：易出单选题、多选题、简答题）

时代是思想之母，实践是理论之源。习近平新时代中国特色社会主义思想正是在这个时代中创立并不断丰富发展的。

1. 世界百年未有之大变局加速演进

习近平新时代中国特色社会主义思想，正是在把握世界发展大势、维护人类共同利益、推动中国与世界携手并进的过程中创立并不断丰富发展的。

2. 中华民族伟大复兴进入关键时期

习近平新时代中国特色社会主义思想，正是在中华民族迎来从站起来、富起来到强起来的伟大飞跃，实现中华民族伟大复兴进入不可逆转的历史进程中创立并不断丰富发展的。

3. 中国式现代化全面推进拓展

实现现代化是近代以来中国人民的不懈追求。独特的文化传统、独特的历史命运、独特的基本国情，决定了中国必然走适合自己特点的现代化道路。习近平新时代中国特色社会主义思想，正是在成功推进和拓展中国式现代化、推动人类文明发展的历史进程中创立并不断丰富发展的。

4. 科学社会主义在 21 世纪的中国焕发新的蓬勃生机

习近平新时代中国特色社会主义思想，正是在对科学社会主义理论与实践的深邃思考、深刻总结，对坚持和发展中国特色社会主义的不懈探索、砥砺前行中创立并不断丰富发展的。

5. 中国共产党自我革命开辟新的境界

习近平新时代中国特色社会主义思想，正是在党不断实现自我净化、自我完善、自我革新、自我提高，以伟大自我革命引领伟大社会革命的过程中创立并不断丰富发展的。

习近平新时代中国特色社会主义思想，是党和人民实践经验和集体智慧的结晶，主要创立者是习近平。

二、习近平新时代中国特色社会主义思想是"两个结合"的重大成果★★（理解：易出单选题、多选题）

习近平新时代中国特色社会主义思想是马克思主义基本原理同中国具体实际相结合、同中华优秀传统文化相结合的重大成果，是坚持"两个结合"的光辉典范。"两个结合"是我们党在探索中国特色社会主义道路中得出的规律性认识，是我们取得成功的最大法宝。

（1）"两个结合"是对坚持和发展马克思主义作出的重大理论贡献。

（2）习近平新时代中国特色社会主义思想坚持把马克思主义基本原理同中国具体实际相结合，用马克思主义之"矢"去射新时代中国之"的"。马克思主义理论不是教条，而是行动指南。马克思主义能不能在实践中发挥作用，关键在于能否把马克思主义基本原理同中国实际和时代特征结合起来，关键在于能否运用其科学的世界观和方法论解决中国的问题。

（3）习近平新时代中国特色社会主义思想坚持把马克思主义基本原理同中华优秀传统文化相结合，不断夯实马克思主义中国化时代化的历史基础和群众基础。

三、习近平新时代中国特色社会主义思想是完整的科学体系

（一）习近平新时代中国特色社会主义思想科学回答了重大时代课题★★（识记：易出单选题、多选题）

习近平新时代中国特色社会主义思想，从理论和实践的结合上科学回答了：**新时代坚持和发展什么样的中国特色社会主义、怎样坚持和发展中国特色社会主义，建设什么样的社会主义现代化强国、怎样建设社会主义现代化强国，建设什么样的长期执政的马克思主义政党、怎样建设长期执政的马克思主义政党等重大时代课题**，以崭新的思想内容丰富发展了马克思主义，形成了完整的科学体系。

（二）习近平新时代中国特色社会主义思想的主要内容★★（识记：易出单选题、多选题）

习近平新时代中国特色社会主义思想内涵十分丰富，党的十九大、十九届六中全会提出的"**十个明确**""**十四个坚持**""**十三个方面成就**"概括了习近平新时代中国特色社会主义思想的主要内容。党的二十大提出的"**六个必须坚持**"，是习近平新时代中国特色社会主义思想的**世界观、方法论和贯穿其中的立场观点方法的重要体现**。

1. 十个明确

"十个明确"是习近平新时代中国特色社会主义思想的主体内容，**集中体现了这一思想体系的主要观点和基本精神**，构成了这一思想体系的四梁八柱，发挥着统摄作用。

"十个明确"就是（1）明确中国特色社会主义最本质的特征是中国共产党领导，中国特色社会主义制度的最大优势是中国共产党领导，中国共产党是最高政治领导力量，全党必须增强"四个意识"、坚定"四个自信"、做到"两个维护"；（2）明确坚持和发展中国特色社会主义，总任务是实现社会主义现代化和中华民族伟大复兴，在全面建成小康社会的基础上，分两步走在本世纪中叶建成富强民主文明和谐美丽的社会主义现代化强国，以中国式现代化推进中华民族伟大复兴；（3）明确新时代我国社会主要矛盾是人

民日益增长的美好生活需要和不平衡不充分的发展之间的矛盾,必须坚持以人民为中心的发展思想,发展全过程人民民主,推动人的全面发展、全体人民共同富裕取得更为明显的实质性进展;(4)明确中国特色社会主义事业总体布局是经济建设、政治建设、文化建设、社会建设、生态文明建设五位一体,战略布局是全面建设社会主义现代化国家、全面深化改革、全面依法治国、全面从严治党四个全面;(5)明确全面深化改革总目标是完善和发展中国特色社会主义制度,推进国家治理体系和治理能力现代化;(6)明确全面推进依法治国总目标是建设中国特色社会主义法治体系、建设社会主义法治国家;(7)明确必须坚持和完善社会主义基本经济制度,使市场在资源配置中起决定性作用,更好发挥政府作用,把握新发展阶段,贯彻创新、协调、绿色、开放、共享的新发展理念,加快构建以国内大循环为主体、国内国际双循环相互促进的新发展格局,推动高质量发展,统筹发展和安全;(8)明确党在新时代的强军目标是建设一支听党指挥、能打胜仗、作风优良的人民军队,把人民军队建设成为世界一流军队;(9)明确中国特色大国外交要服务民族复兴、促进人类进步,推动建设新型国际关系,推动构建人类命运共同体;(10)明确全面从严治党的战略方针,提出新时代党的建设总要求,全面推进党的政治建设、思想建设、组织建设、作风建设、纪律建设,把制度建设贯穿其中,深入推进反腐败斗争,落实管党治党政治责任,以伟大自我革命引领伟大社会革命。

2. 十四个坚持

"十四个坚持"是习近平新时代中国特色社会主义思想的重要组成部分,是在治国理政各方面作出的理论分析和政策指导,**构成了新时代坚持和发展中国特色社会主义的基本方略。**

"十四个坚持"就是坚持党对一切工作的领导,坚持以人民为中心,坚持全面深化改革,坚持新发展理念,坚持人民当家作主,坚持全面依法治国,坚持社会主义核心价值体系,坚持在发展中保障和改善民生,坚持人与自然和谐共生,坚持总体国家安全观,坚持党对人民军队的绝对领导,坚持"一国两制"和推进祖国统一,坚持推动构建人类命运共同体,坚持全面从严治党。

3. 十三个方面成就

"十三个方面成就"对新时代伟大实践进行了科学总结,全景式地展示了习近平新时代中国特色社会主义思想的理论与实践成果。

"十三个方面成就",就是在坚持党的全面领导、全面从严治党、经济建设、全面深化改革开放、政治建设、全面依法治国、文化建设、社会建设、生态文明建设、国防和军队建设、维护国家安全、坚持"一国两制"和推进祖国统一、外交工作等方面取得的历史性成就和发生的历史性变革。

4. 六个必须坚持

"六个必须坚持"就是必须坚持人民至上、必须坚持自信自立、必须坚持守正创新、必须坚持问题导向、必须坚持系统观念、必须坚持胸怀天下。

坚持人民至上是根本立场,坚持自信自立是内在精神特质,坚持守正创新是鲜明理论品格,坚持问题导向是重要实践要求,坚持系统观念是基本思想和工作方法,坚持胸怀天下是中国共产党人的境界格局。

四、习近平新时代中国特色社会主义思想的历史地位★★★(应用:易出单选题、多选题、简答题、论述题)

2017年10月,党的十九大把习近平新时代中国特色社会主义思想确立为党必须长期坚持的指导思想并庄严地写入党章。2018年3月,十三届全国人大一次会议通过的宪法修正案,郑重地把习近平新时代中国特色社会主义思想载入宪法。习近平新时代中国特色社会主义思想是当代中国马克思主义、二十一世纪马克思主义,是中华文化和中国精神的时代精华,实现了马克思主义中国化时代化新的飞跃。

(1)**习近平新时代中国特色社会主义思想继承和发展马克思列宁主义、毛泽东思想、邓小平理论、**

"三个代表"重要思想、科学发展观,是马克思主义在当代中国发展的最新理论成果,开辟了马克思主义中国化时代化新境界。

(2)习近平新时代中国特色社会主义思想,把马克思主义基本原理同中国具体实际相结合、同中华优秀传统文化相结合,使马克思主义这个魂脉和中华优秀传统文化这个根脉内在贯通、相互成就,是中华民族的文化主体性最有力的体现,是中华文化和中国精神的时代精华。

(3)习近平新时代中国特色社会主义思想,是全党全国各族人民为实现中华民族伟大复兴而奋斗的行动指南,是新时代党和国家事业发展的根本遵循。

五、两个确立的基本内涵★★(识记:易出单选题、多选题)

十九届六中全会指出,党确立习近平同志党中央的核心、全党的核心地位,确立习近平新时代中国特色社会主义思想的指导地位,反映了全党全军全国各族人民共同心愿。"两个确立",是党在新时代取得的重大政治成果,对新时代党和国家事业发展、对推进中华民族伟大复兴历史进程具有决定性意义。

巩固练习

一、单项选择题

1.(　　)通过了关于《中国共产党章程(修正案)》的决议,把习近平新时代中国特色社会主义思想写入党章。
　　A. 党的十七大　　　　B. 党的十八大　　　　C. 党的十九大　　　　D. 党的二十大
2. 中国特色社会主义最本质的特征是(　　)。
　　A. 人民共同富裕　　　　　　　　　　　B. 人民当家作主
　　C. 中国共产党领导　　　　　　　　　　D. 社会主义现代化
3. 坚持和发展中国特色社会主义,总任务是(　　)。
　　A. 完善和发展中国特色社会主义制度、推进国家治理体系和治理能力现代化
　　B. 建设中国特色社会主义法治体系、建设社会主义法治国家
　　C. 实现社会主义现代化和中华民族伟大复兴,在全面建成小康社会的基础上,分两步走在本世纪中叶建成富强民主文明和谐美丽的社会主义现代化强国
　　D. 建设一支听党指挥、能打胜仗、作风优良的人民军队,把人民军队建设成为世界一流军队

二、多项选择题

1. 习近平新时代中国特色社会主义思想创立的时代背景是(　　)。
　　A. 世界百年未有之大变局加速演进
　　B. 新时代中国正处于中华民族伟大复兴的关键时期
　　C. 我国经济高速度发展
　　D. 中国成为世界领导角色
2. 习近平新时代中国特色社会主义思想回答了(　　)等重大时代课题。
　　A. 新时代坚持和发展什么样的中国特色社会主义、怎样坚持和发展中国特色社会主义
　　B. 建设什么样的社会主义现代化强国、怎样建设社会主义现代化强国
　　C. 建设什么样的长期执政的马克思主义政党、怎样建设长期执政的马克思主义政党
　　D. 建设什么美好的世界、怎样建设美好的世界

第一章 新时代坚持和发展中国特色社会主义

思维导图

```
                              ┌─ 方向决定道路，道路决定命运 ─┬─ 中国特色社会主义是历史和人民的选择
                              │                              └─ 坚定中国特色社会主义道路自信、
                              │                                 理论自信、制度自信、文化自信
新时代坚持和发展中国特色社会主义 ─┼─ 中国特色社会主义进入新时代 ─┬─ 中国特色社会主义新时代的科学内涵
                              │                              ├─ 社会主要矛盾的变化
                              │                              └─ 新时代伟大变革及其里程碑意义
                              └─ 新时代坚持和发展中国特色社会主义 ─┬─ 统筹推进"五位一体"总体布局
                                 要一以贯之                       └─ 协调推进"四个全面"战略布局
```

核心考点

第一节 方向决定道路，道路决定命运

一、中国特色社会主义是历史和人民的选择★★（理解：易出单选题、多选题）

中国特色社会主义具有深厚的历史渊源和广泛的现实基础，是实现中华民族伟大复兴的正确道路。

（1）**一个国家实行什么样的主义，关键看这个主义能否解决这个国家面临的历史性课题**。在历史的大潮中，中国人民和中华民族实现了伟大觉醒，中国共产党应运而生，担负起民族复兴的历史大任。中国共产党带领中国人民进行的伟大奋斗，彻底改变了中国人民的命运和中国的面貌，使中国走上了社会主义这条康庄大道。

（2）**什么是社会主义、怎样建设社会主义**，是中国共产党人思考的基本问题。在改革开放和社会主义现代化建设新时期，中国特色社会主义取得了举世瞩目的伟大成就，实现了人民生活从温饱不足到总体小康、奔向全面小康的历史性跨越，中国大踏步赶上了时代。实践证明，中国特色社会主义道路是中国走向发展繁荣的正确道路。

（3）党的十八大以来，以习近平同志为主要代表的中国共产党人，准确把握历史新方位、时代新变化、实践新要求，不断深化对中国特色社会主义建设规律的认识，科学回答新时代坚持和发展中国特色社会主义的一系列重大理论和实践问题，推动党和国家事业取得历史性成就、发生历史性变革，开创了中国特色社会主义新时代。

中国特色社会主义不是从天上掉下来的，而是在改革开放40多年的伟大实践中得来的，是在新中国成立70多年的持续探索中得来的，是在中国共产党领导人民进行伟大社会革命100多年的实践中得来的，是

在近代以来中华民族由衰到盛180多年的历史进程中得来的,是在世界社会主义500多年波澜壮阔的发展历程中得来的,是在对中华文明5000多年的传承发展中得来的。这是历史的结论、人民的选择。

二、坚定中国特色社会主义道路自信、理论自信、制度自信、文化自信★★★(理解:易出单选题、多选题、简答题)

改革开放以来我们取得一切成绩和进步的根本原因,归结起来就是:开辟了中国特色社会主义道路,形成了中国特色社会主义理论体系,确立了中国特色社会主义制度,发展了中国特色社会主义文化。其中,道路是实现途径,理论体系是行动指南,制度是根本保障,文化是精神力量,四者统一于中国特色社会主义伟大实践。

(一)新时代坚持和发展中国特色社会主义,必须坚定道路自信、理论自信、制度自信、文化自信

1. 坚定道路自信

坚定道路自信就是坚信中国特色社会主义道路是我国实现社会主义现代化、创造人民美好生活的必由之路,是实现中华民族伟大复兴的必由之路。

2. 坚定理论自信

坚定理论自信就是坚信中国特色社会主义理论体系是指导党和人民实现中华民族伟大复兴的正确理论,是立足时代前沿、与时俱进的科学理论。

3. 坚定制度自信

坚定制度自信就是坚信中国特色社会主义制度是当代中国发展进步的根本制度保障,是具有明显制度优势、强大自我完善能力的先进制度。

4. 坚定文化自信

坚定文化自信就是坚信中国特色社会主义文化积淀着中华民族最深层的精神追求,代表着中华民族独特的精神标识,是激励全党全国各族人民奋勇前进的强大精神力量。

(二)中国特色社会主义道路自信、理论自信、制度自信、文化自信,来源于实践、来源于人民、来源于真理

(三)坚定中国特色社会主义道路自信、理论自信、制度自信、文化自信,中国共产党和中国人民有着深厚的根基和底气

我们要说坚定中国特色社会主义道路自信、理论自信、制度自信,说到底是要坚定文化自信,文化自信是更基础更广泛、更深厚的自信,是一个国家、一个民族发展中最基本、最深沉、最持久的力量。

第二节 中国特色社会主义进入新时代

一、中国特色社会主义新时代的科学内涵★★(识记:易出单选题、多选题)

中国特色社会主义进入新时代,是长期以来特别是党的十八大以来我们党领导人民不懈奋斗的必然结果,是我们党在科学把握形势和实践发展变化基础上作出的重大判断。新时代是我国发展新的历史方位,标志着中国特色社会主义事业进入了新的发展阶段。

1. 内涵

中国特色社会主义新时代,(1)是承前启后、继往开来、在新的历史条件下继续夺取中国特色社会主

义伟大胜利的时代,(2)是决胜全面建成小康社会、进而全面建设社会主义现代化强国的时代,(3)是全国各族人民团结奋斗、不断创造美好生活、逐步实现全体人民共同富裕的时代,(4)是全体中华儿女勠力同心、奋力实现中华民族伟大复兴中国梦的时代,(5)是我国不断为人类作出更大贡献的时代。

2. 意义

中国特色社会主义进入新时代,(1)意味着近代以来久经磨难的中华民族迎来了从站起来、富起来到强起来的伟大飞跃,迎来了实现中华民族伟大复兴的光明前景;(2)意味着科学社会主义在21世纪的中国焕发出强大生机活力,在世界上高高举起了中国特色社会主义伟大旗帜;(3)意味着中国特色社会主义道路、理论、制度、文化不断发展,拓展了发展中国家走向现代化的途径,给世界上那些既希望加快发展又希望保持自身独立性的国家和民族提供了全新选择,为解决人类问题贡献了中国智慧和中国方案。

3. 依据

(1)中国特色社会主义进入新时代,是我国社会主要矛盾发生新变化的反映。社会主要矛盾状况及其变化,是认识把握社会发展阶段性特征的重要依据。(2)中国特色社会主义进入新时代,是党的主要任务发生新变化的反映。(3)中国特色社会主义进入新时代,是中国和世界关系发生新变化的反映。

二、社会主要矛盾的变化★★(识记:易出单选题、多选题)

能否准确认识和把握社会主要矛盾及其变化,关系到党和国家事业能否沿着正确方向前进。根据经济社会发展变化,适时对社会主要矛盾作出科学判断,并在此基础上提出党的中心任务,是推动党和国家事业不断向前发展的宝贵经验。

党的十八大以来,经过科学分析,我们党及时作出**我国社会主要矛盾已经转化为人民日益增长的美好生活需要和不平衡不充分的发展之间的矛盾**的重大战略判断。

新时代我国社会主要矛盾的变化,反映了社会发展的客观实际,明确了解决当代中国发展主要问题的根本着力点。经过长期发展,人民群众的需要呈现多样化、多层次、多方面的特点,再只讲"物质文化需要"已不能真实全面反映人民群众的愿望和要求。同时,发展不平衡不充分问题,成为满足人民日益增长的美好生活需要的主要制约因素。

新时代我国社会主要矛盾的变化,是在社会主义初级阶段中发生的变化,**没有改变对我国社会主义所处历史阶段的判断**:我们既要看到我国社会主要矛盾发生的变化,也要看到**我国仍处于并将长期处于社会主义初级阶段的基本国情没有变,我国是世界最大发展中国家的国际地位没有变**。

三、新时代伟大变革及其里程碑意义★★(识记:易出单选题、多选题)

1. 新时代伟大变革

党的十八大前,党和国家面对的形势是,改革开放和社会主义现代化建设取得巨大成就,党的建设新的伟大工程取得显著成效,为我们继续前进奠定了坚实基础、创造了良好条件、提供了重要保障,同时一系列长期积累及新出现的突出矛盾和问题亟待解决。面对这些突出矛盾和问题,以习近平同志为核心的党中央以伟大的历史主动精神、巨大的政治勇气和强烈的责任担当,果断采取一系列重大战略举措,推进一系列变革性实践,推动新时代中国特色社会主义事业取得一系列突破性进展。

2. 新时代伟大变革的里程碑意义

新时代的伟大变革,在党史、新中国史、改革开放史、社会主义发展史、中华民族发展史上具有里程碑意义。(1)走过百年奋斗历程的中国共产党在革命性锻造中更加坚强有力,党的政治领导力、思想引领力、群众组织力、社会号召力显著增强,党同人民群众始终保持血肉联系,中国共产党在世界形势深刻变化的历史进程中始终走在时代前列,在应对国内外各种风险和考验的历史进程中始终成为全国人民的主心骨,在坚持和发展中国特色社会主义的历史进程中始终成为坚强领导核心。(2)中国人民的前进动力更加强大、奋斗精神更加昂扬、必胜信念更加坚定,焕发出更为强烈的历史自觉和主动精神,中国共产党和中国人民正信心百倍推进中华民族从站起来、富起来到强起来的伟大飞跃。(3)改革开放和社会主义现代化建设深入推进,书写了经济快速发展和社会长期稳定两大奇迹新篇章,我国发展具备了更为坚实的物质基础、更为完善的制度保证,实现中华民族伟大复兴进入了不可逆转的历史进程。(4)科学社会主义在21世纪的中国焕发出新的蓬勃生机,中国式现代化为人类实现现代化提供了新的选择,中国共产党和中国人民为解决人类面临的共同问题提供更多的中国智慧、中国方案、中国力量,为人类和平与发展崇高事业作出更大贡献。

第三节 新时代坚持和发展中国特色社会主义要一以贯之

中国特色社会主义事业是全面发展、全面进步的事业。"五位一体"总体布局和"四个全面"战略布局相互促进、统筹联动,从全局上确立了新时代坚持和发展中国特色社会主义的战略规划和部署。[统筹推进"五位一体"总体布局和协调推进"四个全面"战略布局★★(应用:易出单选题、多选题)]

一、统筹推进"五位一体"总体布局

"五位一体"是中国特色社会主义事业总体布局,是我们党对社会主义建设规律在实践和认识上不断深化的重要成果。"五位一体"各方面相互联系、相互促进、不可分割,共同构筑起中国特色社会主义事业的全局。要按照"五位一体"总体布局的整体性目标要求,坚持以经济建设为中心,努力推动社会主义物质文明、政治文明、精神文明、社会文明、生态文明协调发展,不断推进和拓展中国式现代化,不断丰富和发展人类文明新形态。

二、协调推进"四个全面"战略布局

"四个全面"战略布局是新的时代条件下坚持和发展中国特色社会主义、推进改革开放和社会主义现代化建设的战略抉择。"四个全面"战略布局既有战略目标又有战略举措,每个"全面"之间具有紧密的内在逻辑,是一个整体战略部署的有序展开。**全面建设社会主义现代化国家是战略目标,在"四个全面"中居于引领地位;全面深化改革、全面依法治国、全面从严治党是三大战略举措,为全面建设社会主义现代化国家提供重要保障。**要深刻认识"四个全面"之间的有机联系,将其作为具有内在理论和实践逻辑关系的统一体来把握和推进,努力做到相辅相成、相互促进、相得益彰。

新征程上,统筹推进"五位一体"总体布局,协调推进"四个全面"战略布局,必须紧紧扭住全面建设社会主义现代化国家这个战略目标不动摇,紧紧扭住全面深化改革、全面依法治国、全面从严治党三个战略举措不放松,在推动经济发展的基础上,建设社会主义市场经济、民主政治、先进文化、和谐社会、生态文明,协同推进人民富裕、国家强盛、中国美丽。

巩固练习

一、单项选择题

1. 习近平总书记在党的十九大报告中指出,中国特色社会主义进入新时代,我国社会主要矛盾(　　)。
   A. 已经转化为人民日益增长的美好生活需要和不平衡不充分的发展之间的矛盾
   B. 仍然是无产阶级同资产阶级之间的矛盾
   C. 是官僚资本同民族资本之间的矛盾
   D. 是人民日益增长的物质文化需要同落后的社会生产之间的矛盾

2. 中国特色社会主义的战略布局是(　　)。
A."十个明确"　　　　　　　　　　　　B."十四个坚持"
C."四个全面"　　　　　　　　　　　　D."五位一体"
3. 中国特色社会主义的总体布局是(　　)。
A."三位一体"　　　B."四位一体"　　　C."五位一体"　　　D."六位一体"

二、多项选择题

1. 改革开放以来,我们取得一切成绩和进步的根本原因,就是(　　)。
A. 开辟了中国特色社会主义道路　　　　B. 形成了中国特色社会主义理论体系
C. 确立了中国特色社会主义制度　　　　D. 发展了中国特色社会主义文化
2. 中国特色社会主义新时代,(　　)。
A. 是承前启后、继往开来,在新的历史条件下继续夺取中国特色社会主义伟大胜利的时代
B. 是决胜全面建成小康社会、进而全面建设社会主义现代化强国的时代
C. 是全国各族人民团结奋斗、不断创造美好生活、逐步实现全体人民共同富裕的时代
D. 全体中华儿女勠力同心、奋力实现中华民族伟大复兴中国梦的时代
3. 我国社会主要矛盾的变化(　　)。
A. 没有改变我们对我国社会主义所处历史阶段的判断
B. 我国仍处于并将长期处于社会主义初级阶段的基本国情没有变
C. 我国是世界最大发展中国家的国际地位没有变
D. 证明我国已经进入了社会主义的高级阶段

第二章 以中国式现代化全面推进中华民族伟大复兴

思维导图

以中国式现代化全面推进中华民族伟大复兴
- 中华民族近代以来最伟大的梦想
  - 中国梦的基本内涵
  - 全面建成社会主义现代化强国总的战略安排
- 中国式现代化是强国建设、民族复兴的唯一正确道路
  - 中国式现代化的中国特色和本质要求
  - 中国式现代化创造了人类文明新形态
- 推进中国式现代化行稳致远
  - 推进中国式现代化需要牢牢把握的重大原则
  - 推进中国式现代化需要正确处理的重大关系

核心考点

实现中华民族伟大复兴,是中国共产党的历史使命。新时代新征程中国共产党的中心任务,就是团结带领全国各族人民全面建成社会主义现代化强国、实现第二个百年奋斗目标,以中国式现代化全面推进中华民族伟大复兴。

第一节 中华民族近代以来最伟大的梦想

一、中国梦的基本内涵★★(识记:易出单选题、多选题)

实现中华民族伟大复兴,是近代以来中国人民的共同梦想,是中国共产党矢志不渝的奋斗目标。中国共产党自成立之日起,就肩负起实现中华民族伟大复兴的历史使命。

实现中华民族伟大复兴的中国梦,本质是国家富强、民族振兴、人民幸福。

(1) **国家富强**,就是要在全面建成小康社会基础上,全面建成富强民主文明和谐美丽的社会主义现代化强国;

(2) **民族振兴**,就是要使中华民族更加坚强有力地自立于世界民族之林,为人类作出新的更大的贡献;

(3) **人民幸福**,就是要坚持以人民为中心,增进人民福祉,促进人的全面发展,朝着共同富裕方向稳步前进。

中国梦把国家的追求、民族的向往、人民的期盼融为一体,是国家的梦、民族的梦,也是每一个中国人的梦。中国梦是和平、发展、合作、共赢的梦,中国人民愿意同各国人民在实现各自梦想的过程中相互支持、相互帮助,在推动实现持久和平、共同繁荣世界梦的崇高事业中作出更大贡献。

二、全面建成社会主义现代化强国总的战略安排★★(识记:易出单选题、多选题)

全面建成小康社会不是终点,而是新生活、新奋斗的起点。党的十九大作出了从全面建成小康社会到基本实现社会主义现代化,再到全面建成社会主义现代化强国的战略安排。党的二十大进一步明确,全面建成社会主义现代化强国总的战略安排是分两步走:**从2020年到2035年基本实现社会主义现代化;从2035年到本世纪中叶把我国建成富强民主文明和谐美丽的社会主义现代化强国。**

第一步,基本实现社会主义现代化。到2035年,我国发展的总体目标是:经济实力、科技实力、综合国力大幅跃升,人均国内生产总值迈上新的大台阶,达到中等发达国家水平;实现高水平科技自立自强,进入创新型国家前列;建成现代化经济体系,形成新发展格局,基本实现新型工业化、信息化、城镇化、农业现代化;基本实现国家治理体系和治理能力现代化,全过程人民民主制度更加健全,基本建成法治国家、法治政府、法治社会;建成教育强国、科技强国、人才强国、文化强国、体育强国、健康中国,国家文化软实力显著增强;人民生活更加幸福美好,居民人均可支配收入再上新台阶,中等收入群体比重明显提高,基本公共服务实现均等化,农村基本具备现代生活条件,社会保持长期稳定,人的全面发展、全体人民共同富裕取得更为明显的实质性进展;广泛形成绿色生产生活方式,碳排放达峰后稳中有降,生态环境根本好转,美丽中国目标基本实现;国家安全体系和能力全面加强,基本实现国防和军队现代化。

第二步,在基本实现社会主义现代化的基础上,到本世纪中叶,把我国建设成富强民主文明和谐美丽的社会主义现代化强国。到那时,我国物质文明、政治文明、精神文明、社会文明、生态文明将全面提升,实现国家治理体系和治理能力现代化,成为综合国力和国际影响力领先的国家,全体人民共同富裕基本实现,我国人民将享有更加幸福安康的生活,中华民族将以更加昂扬的姿态屹立于世界民族之林。

全面建成社会主义现代化强国的战略安排,把基本实现社会主义现代化的时间提前了15年,提出了全面建设社会主义现代化强国的时间表,为当前和今后一个历史时期我国发展指明了方向、规划了蓝图。

第二节　中国式现代化是强国建设、民族复兴的唯一正确道路

一、中国式现代化的中国特色和本质要求★★★(识记:易出单选题、多选题、简答题)

(一)中国式现代化的中国特色

习近平指出:"中国式现代化,是中国共产党领导的社会主义现代化,既有各国现代化的共同特征,更有基于自己国情的中国特色。"党的二十大集中概括了中国式现代化五个方面的中国特色,深刻揭示了中国式现代化的科学内涵,这是理论概括,也是实践要求。

1. 中国式现代化是人口规模巨大的现代化

人口规模不同,现代化的任务就不同,其艰巨性和复杂性就不同,发展途径和推进方式也必然有自己的特点。我国全体人民整体迈进现代化,人口规模超过现有发达国家的总和,将极大改变现代化的世界版图。

2. 中国式现代化是全体人民共同富裕的现代化

这是中国式现代化区别于西方现代化的显著标志。西方现代化的最大弊端,就是以资本为中心而不是以人为中心,追求资本利益最大化而不是服务绝大多数人的利益,导致贫富差距大、两极分化严重。中国式现代化坚持以人民为中心,突出现代化方向的人民性,在高质量发展中不断增进人民福祉,扎实

推动全体人民共同富裕。必须把实现人民对美好生活的向往作为现代化建设的出发点和落脚点,在推动高质量发展的同时,解决好地区差距、城乡差距、收入分配差距,着力维护和促进社会公平正义,坚决防止两极分化。

3. 中国式现代化是物质文明和精神文明相协调的现代化

物质贫困不是社会主义,精神贫乏也不是社会主义。物质富足、精神富有是社会主义现代化的根本要求。中国式现代化既要物质财富极大丰富,也要精神财富极大丰富、在思想文化上自信自强。必须坚持两手抓、两手硬,不断厚植现代化的物质基础,不断夯实人民幸福生活的物质条件,同时大力发展社会主义先进文化,加强理想信念教育,传承中华文明,促进物的全面丰富和人的全面发展。

4. 中国式现代化是人与自然和谐共生的现代化

中国式现代化坚持绿色发展,统筹推进经济社会发展和生态环境保护,确保可持续发展。必须牢固树立和践行绿水青山就是金山银山的理念,坚持节约优先、保护优先、自然恢复为主的方针,坚定不移走生产发展、生活富裕、生态良好的文明发展道路,实现中华民族永续发展。

5. 中国式现代化是走和平发展道路的现代化

中国式现代化坚持独立自主、自力更生,依靠全体人民的辛勤劳动和创新创造发展壮大自己。必须始终高举和平、发展、合作、共赢旗帜,奉行互利共赢的开放战略,为广大发展中国家提供力所能及的支持和帮助,以中国新发展为世界提供新机遇。

(二)中国式现代化的本质要求

中国式现代化的本质要求是:坚持中国共产党领导,坚持中国特色社会主义,实现高质量发展,发展全过程人民民主,丰富人民精神世界,实现全体人民共同富裕,促进人与自然和谐共生,推动构建人类命运共同体,创造人类文明新形态。 这一本质要求符合人类现代化的一般规律,阐明了中国式现代化的内在规定性,明确了中国式现代化的领导力量、发展道路和根本方向、总体布局和战略要求,以及对人类文明和世界发展的重大意义,是推进中国式现代化的重要遵循。

中国式现代化是中国共产党领导的社会主义现代化,这是对中国式现代化的定性,是管总、管根本的。

(1)党的领导决定中国式现代化的根本性质,党的性质宗旨、初心使命、信仰信念、政策主张决定了中国式现代化是社会主义现代化而不是别的什么现代化;

(2)党的领导确保中国式现代化锚定奋斗目标行稳致远,党坚持把远大理想和阶段性目标统一起来,保证奋斗目标一以贯之,一代一代地接力推进,不断取得举世瞩目的辉煌业绩;

(3)党的领导激发建设中国式现代化的强劲动力,党勇于改革创新,不断破除各方面体制机制弊端,为中国式现代化注入不竭动力;

(4)党的领导凝聚建设中国式现代化的磅礴力量,党紧紧依靠人民,尊重人民创造精神,汇集全体人民的智慧和力量,推动中国式现代化不断向前发展。

二、中国式现代化创造了人类文明新形态★★★(理解:易出单选题、多选题、简答题)

中国式现代化,深深植根于中华优秀传统文化,体现科学社会主义的先进本质,借鉴吸收一切人类优秀文明成果,代表人类文明进步的发展方向,是一种全新的人类文明形态。

1. 中国式现代化提供了一种全新的现代化模式

实践证明,人类走向现代化并不是只有一条路,西方的现代化暴露出许多问题,并不能奉为圭臬。中国式现代化,打破了"现代化等于西方化"的迷思,展现了不同于西方现代化的新图景。

2. 中国式现代化是对西方式现代化理论和实践的重大超越

中国式现代化作为科学社会主义的最新成果,坚持社会主义目标和方向,摒弃了以资本为中心的、两极分化的、物质主义膨胀的、对外扩张掠夺的西方现代化老路,打破了只有走资本主义道路才能实现现代化的神话,有效避免了西方现代化的矛盾弊端。中国式现代化蕴含的独特世界观、价值观、历史观、文明观、民主观、生态观等及其伟大实践,是对世界现代化理论和实践的重大创新。

3. 中国式现代化为广大发展中国家提供了全新选择

中国式现代化的初步成功和取得的显著成就,新时代以来"东升西降""中治西乱"的鲜明对比,为广大发展中国家独立自主迈向现代化、探索现代化道路的多样性提供了全新选择。

第三节 推进中国式现代化行稳致远

一、推进中国式现代化需要牢牢把握的重大原则★★★(理解:易出单选题、多选题、简答题)

以中国式现代化全面推进中华民族伟大复兴是一次新的长征,前途光明,任重道远。前进道路上,必须牢牢把握以下重大原则。

1. 坚持和加强党的全面领导

推进中国式现代化,必须坚决维护党中央权威和集中统一领导,把党的领导落实到党和国家事业各领域各方面各环节,使党始终成为风雨来袭时全体人民最可靠的主心骨,确保我国社会主义现代化建设正确方向,确保拥有团结奋斗的强大政治凝聚力、发展自信心,集聚起万众一心、共克时艰的磅礴力量。

2. 坚持中国特色社会主义道路

推进中国式现代化,必须坚持以经济建设为中心,坚持四项基本原则,坚持改革开放,坚持独立自主、自力更生,坚持道不变、志不改,既不走封闭僵化的老路,也不走改旗易帜的邪路,始终坚持和发展中国特色社会主义。

3. 坚持以人民为中心的发展思想

推进中国式现代化,必须维护人民根本利益,增进民生福祉,不断实现发展为了人民、发展依靠人民、发展成果由人民共享,让现代化建设成果更多更公平惠及全体人民。

4. 坚持深化改革开放

推进中国式现代化,必须深入推进改革创新,坚定不移扩大开放,着力破解深层次体制机制障碍,不断彰显中国特色社会主义制度优势,不断增强社会主义现代化建设的动力和活力,把我国制度优势更好转化为国家治理效能。

5. 坚持发扬斗争精神

推进中国式现代化,必须增强全党全国各族人民的志气、骨气、底气,不信邪、不怕鬼、不怕压,知难而进、迎难而上,统筹发展和安全,全力战胜前进道路上各种困难和挑战,依靠顽强斗争打开事业发展新天地。

二、推进中国式现代化需要正确处理的重大关系★★★(应用:易出单选题、多选题、简答题、材料分析题、论述题)

推进中国式现代化,需要统筹兼顾、系统谋划、整体推进,正确处理顶层设计与实践探索、战略与策略、守正与创新、效率与公平、活力与秩序、自立自强与对外开放等一系列重大关系。

1. 正确处理顶层设计与实践探索的关系

中国式现代化是分阶段、分领域推进的,实现各个阶段发展目标、落实各个领域发展战略离不开顶层设计。同时,还要在实践中大胆探索,深入推进改革创新,寻求有效解决新矛盾新问题的思路和方法。

2. 正确处理战略与策略的关系

战略和策略是辩证统一的。推进中国式现代化,要增强战略的前瞻性,准确把握事物发展的必然趋势;增强战略的全局性,着眼于解决事关党和国家事业兴衰成败、牵一发而动全身的重大问题;增强战略的稳定性,战略一经形成就要长期坚持、一抓到底、善作善成。要把战略的原则性和策略的灵活性有机结合起来,灵活机动、随机应变、临机决断,在因地制宜、因势而动、顺势而为中把握战略主动。

3. 正确处理守正与创新的关系

要守好中国式现代化的本和源、根和魂,毫不动摇坚持中国式现代化的中国特色、本质要求、重大原则,坚持党的基本理论、基本路线、基本方略,确保中国式现代化的正确方向。要把创新摆在国家发展全局的突出位置,顺应时代发展要求,不断开辟发展新领域新赛道,不断塑造发展新动能新优势。

4. 正确处理效率与公平的关系

中国式现代化既要创造比资本主义更高的效率,又要更有效地维护社会公平,更好实现效率与公平相兼顾、相促进、相统一。要坚持和完善社会主义基本经济制度,构建全国统一大市场,加快建立社会公平保障体系,深入推进司法体制改革,健全基本公共服务体系,推动全体人民共同富裕取得更为明显的实质性进展。

5. 正确处理活力与秩序的关系

中国式现代化应当而且能够实现活而不乱、活跃有序的动态平衡。要激发全社会的创新潜能,充分调动各方面干事创业的积极性;健全国家安全体系,完善社会治理体系,正确处理新形势下人民内部矛盾,确保人民安居乐业。

6. 正确处理自立自强与对外开放的关系

推进中国式现代化,必须坚持独立自主、自立自强,把国家和民族发展放在自己力量的基点上,把中国发展进步的命运牢牢掌握在自己手中;同时坚定扩大对外开放,以开放促改革、促发展,用好国内国际两种资源,拓展中国式现代化的发展空间,在互利共赢中更好地开创未来。

巩固练习

一、单项选择题

1. 中国梦归根到底是( ),必须紧紧依靠人民来实现,必须不断为人民造福。
   A. 国家的梦　　　　B. 人民的梦　　　　C. 民族的梦　　　　D. 世界的梦
2. 从全面建设社会主义现代化国家进程的阶段安排来看,到2035年,我国将( )。
   A. 全面建成小康社会
   B. 实现中华民族伟大复兴的中国梦
   C. 把我国建设成为富强美丽文明和谐的社会主义现代化强国
   D. 基本实现社会主义现代化
3. 全面建成社会主义现代化强国的战略安排,把基本实现社会主义现代化的时间提前了( )年。
   A. 25年　　　　B. 15年　　　　C. 35年　　　　D. 10年

二、多项选择题

1. 中国梦的科学内涵是( )。
   A. 国家富强　　　　B. 社会和谐　　　　C. 民族振兴　　　　D. 人民幸福

2. 党的十九大报告中提出全面建设社会主义现代化国家的进程分两个阶段来安排(　　)。
A. 第一个阶段,从2017年到2037年在全面建成小康社会的基础上,再奋斗15年,基本实现社会主义现代化
B. 第二个阶段,从2037年到本世纪中叶在基本实现现代化的基础上,再奋斗15年,把我国建成富强民主文明和谐美丽的社会主义现代化强国
C. 第一个阶段,从2020年到2035年,在全面建成小康社会的基础上,再奋斗15年,基本实现社会主义现代化
D. 第二个阶段,从2035年到本世纪中叶,在基本实现现代化的基础上,再奋斗15年,把我国建成富强民主文明和谐美丽的社会主义现代化强国

3. 中国式现代化的特征是(　　)。
A. 人口规模巨大的现代化　　　　　　B. 全体人民共同发展的现代化
C. 物质文明和精神文明相协调的现代化　D. 人与自然和谐共生的现代化
E. 走和平发展道路的现代化

4. 推进中国式现代化需要牢牢把握的重大原则是(　　)。
A. 坚持和加强党的全面领导　　　　　B. 坚持中国特色社会主义道路
C. 坚持以人民为中心的发展思想　　　D. 坚持深化改革开放
E. 坚持发扬斗争精神

第三章　坚持党的全面领导

思维导图

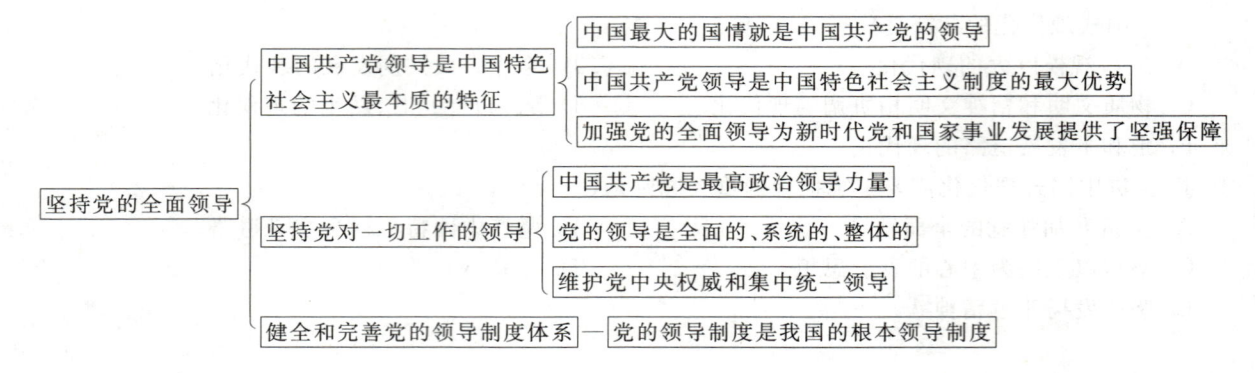

坚持党的全面领导
- 中国共产党领导是中国特色社会主义最本质的特征
  - 中国最大的国情就是中国共产党的领导
  - 中国共产党领导是中国特色社会主义制度的最大优势
  - 加强党的全面领导为新时代党和国家事业发展提供了坚强保障
- 坚持党对一切工作的领导
  - 中国共产党是最高政治领导力量
  - 党的领导是全面的、系统的、整体的
  - 维护党中央权威和集中统一领导
- 健全和完善党的领导制度体系——党的领导制度是我国的根本领导制度

核心考点

第一节　中国共产党领导是中国特色社会主义最本质的特征

中国特色社会主义有很多特点和特征,其中最本质的特征是中国共产党领导。[中国共产党领导是中国特色社会主义最本质的特征★★★★(应用:易出单选题、多选题、简答题、材料分析题、论述题)]

一、中国最大的国情就是中国共产党的领导

中国共产党是中国特色社会主义事业的坚强领导核心。没有中国共产党,就没有新中国,就没有中国特色社会主义。

(1) 中国共产党的领导地位是在历史奋斗中形成的。

(2) 中国共产党领导是人民当家作主的可靠保障。人民当家作主是我们党领导人民长期奋斗的历史成果。

(3) 中国共产党领导关系中国特色社会主义的性质、方向和命运。

(4) 中国共产党领导是实现中华民族伟大复兴的根本保证。只有坚持中国共产党的领导,才能凝聚起全党全国各族人民为实现中华民族伟大复兴攻坚克难、团结奋斗的磅礴伟力,确保中华民族伟大复兴号巨轮劈波斩浪、扬帆远航。

二、中国共产党领导是中国特色社会主义制度的最大优势

我国国家制度和国家治理体系具有多方面的显著优势,其中**最大优势是中国共产党领导**。

(1) 中国共产党以马克思主义作为行动指南,在实践中不断推进马克思主义中国化时代化,为坚持

和完善中国特色社会主义制度提供强大理论优势。

（2）中国共产党的自身优势是中国特色社会主义制度优势的主要来源。只有坚持党的领导，才能使党自身的优势充分彰显，不断转化为中国特色社会主义制度优势和国家治理效能。

（3）中国共产党能够集中全党全国力量、凝聚全民族共同意志，在各项事业中发挥总揽全局、协调各方的作用，确保中国特色社会主义制度的显著优势充分彰显。

三、加强党的全面领导为新时代党和国家事业发展提供了坚强保障

（1）坚持和加强党的全面领导，使党的领导核心作用充分彰显。

（2）坚持和加强党的全面领导，使党的政治领导力、思想引领力、群众组织力、社会号召力显著增强。

（3）坚持和加强党的全面领导，为推进新时代中国特色社会主义事业提供了政治保证，使党成为风雨来袭时中国人民最可靠的主心骨。

第二节　坚持党对一切工作的领导

中国共产党是最高政治领导力量，党的领导是全面的、系统的、整体的，必须坚持党对一切工作的领导，坚决维护党中央权威和集中统一领导，使党的领导落实到国家治理各领域各方面各环节。

一、中国共产党是最高政治领导力量★★（识记：易出单选题、多选题）

（1）中国共产党作为最高政治领导力量不是自封的，而是在历史发展中形成的。

（2）中国共产党作为最高政治领导力量是由我国国家性质和政治制度体系决定的。我国是工人阶级领导的、以工农联盟为基础的人民民主专政的社会主义国家，工人阶级领导是通过其先锋队——中国共产党领导实现的。

（3）中国共产党作为最高政治领导力量是由中华民族伟大复兴事业决定的。坚持党作为最高政治领导力量，是国家和民族兴旺发达的根本所在，是全国各族人民幸福安康的根本所在，对于实现中华民族伟大复兴具有根本性意义。

二、党的领导是全面的、系统的、整体的★★（识记：易出单选题、多选题）

中国共产党作为最高政治领导力量，在党和国家事业发展中居于中心地位。党的领导是全面的、系统的、整体的，必须贯穿到治国理政的方方面面。

（1）党的领导是全面的。

（2）党的领导是系统的。党在推进各项事业发展中发挥着把方向、谋大局、定政策、促改革的作用，通过总揽全局、协调各方，把党的领导落实到国家治理各领域各方面各环节。

（3）党的领导是整体的。党要完整发挥领导功能，无论是党的中央组织还是地方组织、基层组织，都要按照党章的规定发挥各自作用。

党的领导是全面的、系统的、整体的，并不是说党组织包揽包办一切、事无巨细什么都去管，而是在各级各种组织中发挥领导核心作用，既善于总揽全局，又善于协调各方，不断增强党组织的领导统筹能力，充分调动方方面面的工作积极性，使党的领导作用贯穿于工作全过程。

三、维护党中央权威和集中统一领导★★（理解：易出单选题、多选题）

（1）维护党中央权威和集中统一领导，是一个成熟的马克思主义执政党的重大建党原则。

（2）维护党中央权威和集中统一领导，必须坚决贯彻党的理论、路线方针政策和党中央决策部署。这是坚持和加强党中央集中统一领导的必然要求，是各级党组织和全体党员的政治责任和应尽义务。

(3) **维护党中央权威和集中统一领导,最关键的是坚决维护习近平同志党中央的核心、全党的核心地位。**一个国家、一个政党,领导核心至关重要。确立习近平同志党中央的核心、全党的核心地位,是党的十八大以来的重大政治成果和宝贵经验,是历史和人民的共同选择、郑重选择、必然选择。只有坚决维护习近平同志党中央的核心、全党的核心地位,坚决维护党中央权威和集中统一领导,才能更好凝聚全党全国各族人民的共同意志,推动党和国家事业胜利前进。

(4) **维护党中央权威和集中统一领导,同坚持党的民主集中制是完全一致的。**中国共产党是以民主集中制为根本组织原则和领导制度的马克思主义政党。

第三节　健全和完善党的领导制度体系

坚持党的全面领导,必须依靠制度来保障。党的领导制度是我国的根本领导制度,要健全党中央对重大工作的领导体制,健全党的全面领导制度,不断完善总揽全局、协调各方的党的领导制度体系。

党的领导制度是我国的根本领导制度★★★(理解:易出单选题、多选题、材料分析题)

中国共产党领导是国家治理体系的核心,党的领导制度是中国特色社会主义制度建设的关键。完善党的领导制度,事关国家治理的根本。党的领导制度是一个系统完备、内涵丰富的制度体系,主要涵盖六个方面的制度。

(1) 建立不忘初心、牢记使命的制度,形成长效机制,为坚持和完善党的领导制度体系奠定坚实基础;

(2) 完善坚定维护党中央权威和集中统一领导的各项制度,坚决把维护习近平同志党中央的核心、全党的核心地位落到实处,明确这一制度体系必须坚持的最高原则;

(3) 健全党的全面领导制度,确保党在各种组织中发挥领导作用,是这一制度体系的主体内容;

(4) 健全为人民执政、靠人民执政各项制度,巩固党执政的阶级基础,厚植党执政的群众基础,反映这一制度体系的价值追求;

(5) 健全提高党的执政能力和领导水平制度,提高党把方向、谋大局、定政策、促改革的能力,体现这一制度体系的实践要求;

(6) 完善全面从严治党制度,贯彻新时代党的建设总要求,为坚持和完善这一制度体系提供坚强保证。

这六个方面的制度彼此支撑、相互联系,共同构筑了党的领导制度体系大厦,是坚持和加强党对一切工作领导的根本制度保障。党的领导制度是党的领导核心地位的必然反映和内在要求,明确了我国政治生活的领导关系、领导主体、领导对象,是中国特色社会主义制度体系的核心,是国家治理体系和治理能力现代化的关键,发挥着提纲挈领、无可替代的作用。

巩固练习

一、单项选择题

1. 习近平指出:"一定要认清,中国最大的国情就是(　　)。什么是中国特色?这就是中国特色。"
A. 人口 14 亿　　　　　　　　　　　　B. 中国共产党的领导
C. 人均 GDP 世界第二　　　　　　　　D. 吃饭是个大的问题

2. 维护党中央权威和集中统一领导,最关键的是(　　)。
A. 坚决维护习近平同志党中央的核心、全党的核心地位
B. 实行民主集中制
C. 修改党章,加强党中央权力
D. 严明政治纪律

3. 中国共产党是以（　　）为根本组织原则和领导制度。
   A. 群众路线　　　　　　　　　　　B. 民主集中制
   C. 党章　　　　　　　　　　　　　D. 政治纪律
4. （　　）是中国特色社会主义最本质的特征。
   A. 以经济建设为中心　　　　　　　B. 以人为本
   C. "五位一体"总体布局　　　　　　D. 中国共产党的领导

二、多项选择题

1. 确保党始终总揽全局、协调各方，必须增强政治意识、（　　），自觉维护党中央权威和集中统一领导，自觉在思想上政治上行动上同党中央保持高度一致。
   A. 大局意识　　　B. 核心意识　　　C. 中心意识　　　D. 看齐意识
2. 确保党始终总揽全局、协调各方，必须增强政治意识、（　　），自觉维护党中央权威和集中统一领导，自觉在思想上政治上行动上同党中央保持高度一致。
   A. 大局意识　　　B. 核心意识　　　C. 中心意识　　　D. 看齐意识

第四章 坚持以人民为中心

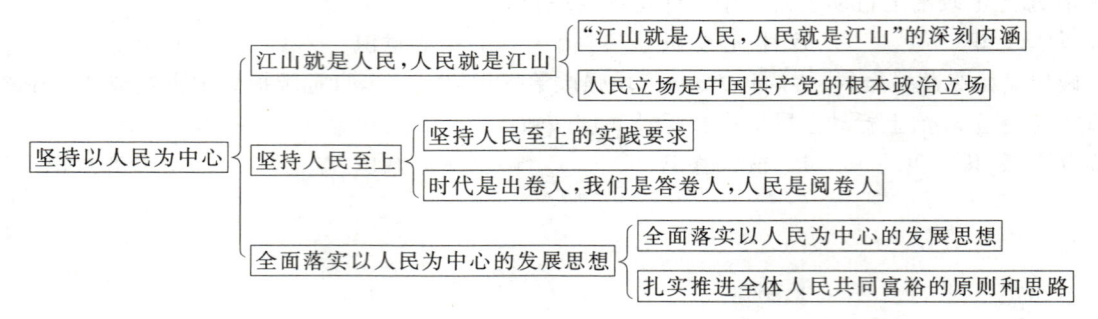

思维导图

```
                    ┌─ 江山就是人民，人民就是江山 ─┬─ "江山就是人民，人民就是江山"的深刻内涵
                    │                            └─ 人民立场是中国共产党的根本政治立场
坚持以人民为中心 ───┼─ 坚持人民至上 ──────────┬─ 坚持人民至上的实践要求
                    │                            └─ 时代是出卷人，我们是答卷人，人民是阅卷人
                    └─ 全面落实以人民为中心的发展思想 ┬─ 全面落实以人民为中心的发展思想
                                                      └─ 扎实推进全体人民共同富裕的原则和思路
```

核心考点

第一节 江山就是人民，人民就是江山

一、"江山就是人民，人民就是江山"的深刻内涵★★（识记：易出单选题、多选题）

1. 人民是历史的创造者，是真正的英雄

人民是创造历史的真正动力，是历史发展和社会进步的主体力量。坚持以人民为中心，体现了历史唯物主义基本原理，是我们党总结历史经验、把握历史规律得出的重要结论。尊重人民历史地位，充分发挥人民主体作用，这是总结党的百年奋斗历史经验得出的重要结论。

2. 打江山、守江山，守的是人民的心

民心是最大的政治，决定事业兴衰成败。中国共产党是人民的党，为人民而生，因人民而兴，既为人民夺取政权打江山，又为人民巩固政权守江山。人民在一个国家的地位是由这个国家的政权性质决定的。江山就是人民，人民就是江山，这是由我们党的性质、宗旨决定的。

3. 人民立场是中国共产党的根本政治立场

二、人民立场是中国共产党的根本政治立场★★（理解：易出单选题、多选题）

政治立场体现了一个政党的根本属性。**人民立场是中国共产党的根本政治立场，是我们党区别于其他政党的显著标志。**

（1）坚持人民立场，就要始终牢记党的初心和使命。为中国人民谋幸福，为中华民族谋复兴，是中国共产党人的初心和使命。

（2）坚持人民立场，就要始终保持党同人民群众的血肉联系。保持党同人民群众的血肉联系关系到党的生死存亡、兴旺发达。**我们党的最大政治优势是密切联系群众,党执政后的最大危险是脱离群众。**

(3)坚持人民立场,就要热爱人民、尊重人民、敬畏人民。

第二节　坚持人民至上

一、坚持人民至上的实践要求★★(识记:易出单选题、多选题)

坚持人民至上,是我们党百年奋斗的宝贵历史经验,也是新时代党治国理政的根本价值取向。要坚持把人民对美好生活的向往作为党的奋斗目标,把人民作为党的工作的最高裁决者和最终评判者,充分调动和激发全体人民的积极性主动性创造性,紧紧依靠人民创造新的历史伟业。

(1)人民对美好生活的向往就是党的奋斗目标。坚持人民至上,必须始终把人民放在心中最高的位置,想人民之所想,行人民之所嘱。

(2)依靠人民创造历史伟业。人民是我们党的生命之根、执政之基、力量之源。一路走来,党紧紧依靠人民赢得胜利、取得成功。面向未来,党永远要依靠人民创造新的历史伟业:① 依靠人民创造历史伟业,**必须尊重人民主体地位**;② 依靠人民创造历史伟业,**必须尊重人民首创精神**。

(3)人民是党的工作的最高裁决者和最终评判者。

二、时代是出卷人,我们是答卷人,人民是阅卷人★★(理解:易出单选题、多选题)

我们党是全心全意为人民服务的党,党的执政水平和执政成效不是由自己说了算,必须而且只能由人民来评判。要始终把人民放在心中最高位置,树立正确的政绩观,以人民满意不满意作为检验工作的最终评判标准。

1. 让群众满意是我们党做好一切工作的价值取向和根本标准

我们党是以辩证唯物主义和历史唯物主义作为世界观和方法论的党,人民在党的理论路线方针政策和一切工作中始终处于最高的地位,这决定了党的工作的最高裁决者和最终评判者只能是人民。

2. 必须牢固树立和践行正确的政绩观

坚持把好事实事做到群众心坎上,真正做到对历史和人民负责,这是党员干部应当始终坚守的态度。

第三节　全面落实以人民为中心的发展思想

全面落实以人民为中心的发展思想,要坚持和贯彻党的群众路线,把为人民造福的事情真心办好办实,推动全体人民共同富裕取得更为明显的实质性进展。

一、全面落实以人民为中心的发展思想★★(应用:易出单选题、多选题)

1. 坚持和贯彻党的群众路线

习近平指出:"群众路线是我们党的生命线和根本工作路线,是我们党永葆青春活力和战斗力的重要传家宝。"(1)**群众路线是我们党始终坚持的根本工作方法**。党的领导工作的正确方法就是将群众意见集中起来形成正确的决策,又到群众中宣传解释,将决策化为群众的行动,并在群众实践中检验这些决策是否正确。**(2)调查研究是获得真知灼见的源头活水,是贯彻群众路线的有效途径。**

2. 把为人民造福的事情真正办好办实

(1)为人民造福,要落实到新时代中国特色社会主义的各项事业、全部工作之中。(2)为人民造福,要着力解决好人民群众最关心最直接最现实的利益问题。(3)为人民造福,要一件事情接着一件事情办,一年接着一年干。

3. 推动全体人民共同富裕取得更为明显的实质性进展

坚持以人民为中心的发展思想,真正做到发展成果由人民共享,就必须落实到扎实推进全体人民共同富裕上,在推动共同富裕过程中促进人的全面发展。(1)实现共同富裕不仅是经济问题,而且是关系党的执政基础的重大政治问题。(2)要从全局角度来把握共同富裕。(3)扎实推进共同富裕,必须坚持正确的原则和科学的思路。(4)推动全体人民共同富裕与促进人的全面发展是高度统一的。

二、扎实推进全体人民共同富裕的原则和思路★★★(识记:易出单选题、多选题、简答题)

促进共同富裕,要把握好鼓励勤劳创新致富、坚持基本经济制度、尽力而为量力而行、坚持循序渐进的原则。总的思路是,坚持以人民为中心的发展思想,在高质量发展中促进共同富裕,正确处理效率和公平的关系,构建初次分配、再分配、三次分配协调配套的基础性制度安排,加大税收社保、转移支付等调节力度并提高精准性,扩大中等收入群体比重,增加低收入群体收入,合理调节高收入,取缔非法收入,形成中间大、两头小的橄榄型分配结构,促进社会公平正义,促进人的全面发展,使全体人民朝着共同富裕目标扎实迈进。

巩固练习

一、单项选择题

1.(　　)始终是党的生命线和根本工作路线,是我们党永葆青春活力和战斗力的重要传家宝。
A. 群众路线　　　　B. 经济路线　　　　C. 人民立场　　　　D. 政治立场

2. 中国共产党区别于其他政党的显著标志是(　　)。
A. 深化改革　　　　B. 人民立场　　　　C. 促进高质量发展　　　　D. 实事求是

3.(　　)是党的工作的最高裁决者和最终评判者。
A. 实践　　　　B. 人民　　　　C. 国务院　　　　D. 党中央

二、多项选择题

1. 坚持人民立场,就要做到(　　)。
A. 满足群众的所有利益需求
B. 始终牢记党的初心和使命
C. 始终保持党同人民群众的血肉联系
D. 热爱人民、尊重人民、敬畏人民

2. 领导干部要树立的政绩观包括(　　)。
A. 以人民满意不满意作为检验工作的最终评判标准
B. 把为民办事、为民造福作为最重要的政绩
C. 把为老百姓办了多少好事实事作为检验政绩的重要标准
D. 以国内生产总值增长率论英雄

第五章 全面深化改革开放

思维导图

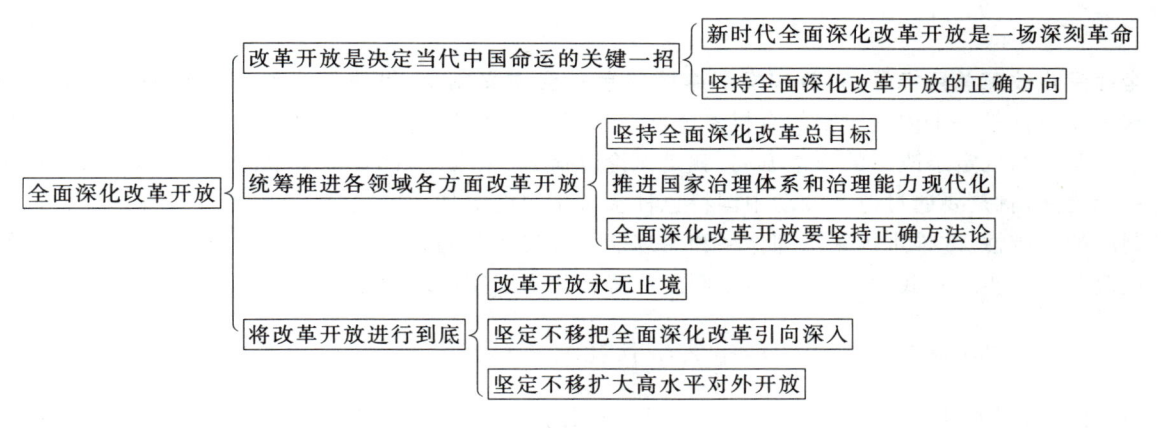

全面深化改革开放
- 改革开放是决定当代中国命运的关键一招
  - 新时代全面深化改革开放是一场深刻革命
  - 坚持全面深化改革开放的正确方向
- 统筹推进各领域各方面改革开放
  - 坚持全面深化改革总目标
  - 推进国家治理体系和治理能力现代化
  - 全面深化改革开放要坚持正确方法论
- 将改革开放进行到底
  - 改革开放永无止境
  - 坚定不移把全面深化改革引向深入
  - 坚定不移扩大高水平对外开放

核心考点

第一节 改革开放是决定当代中国命运的关键一招

一、新时代全面深化改革开放是一场深刻革命★★（应用：易出单选题、多选题）

新时代全面深化改革开放，就其艰巨性、复杂性和系统性来说，是一场深刻的革命。

（1）全面深化改革开放是涉险滩、闯难关的变革。新时代的改革开放既深刻又复杂，各领域改革紧密联系、相互交融，任何一个领域的改革都会牵动其他领域，如果各领域改革不配套，改革和开放不协调，各地各部门改革开放措施相互掣肘，全面深化改革开放就很难推进下去。

（2）全面深化改革开放是一场思想理论的深刻变革、改革组织方式的深刻变革、国家制度和治理体系的深刻变革、人民广泛参与的深刻变革。

（3）全面深化改革开放是在多年改革开放基础上的深化，是一场全面、系统、整体的制度创新。必须着眼改革的关联性、系统性、可行性，全面系统整体推进各方面改革，使社会主义制度的优越性得到更好发挥。

二、坚持全面深化改革开放的正确方向★★（识记：易出单选题、多选题）

习近平强调："我们的改革开放是有方向、有立场、有原则的。"要保持战略定力，牢牢把握全面深化改革开放的正确方向，确保改革不改向、变革不变色。

（1）必须坚持和改善党的全面领导、坚持和完善中国特色社会主义制度。 改革开放是对社会主义生产关系和上层建筑的调整，使之适应生产力和经济基础发展的新要求，是社会主义制度的自我完善和发展,而不是改弦易张。全面深化改革开放必须以是否有利于坚持和改善党的全面领导、坚持和完善中国特色社会主义制度为根本标准。

(2) 必须坚持以人民为中心,促进社会公平正义、增进人民福祉。社会主义改革开放的出发点和落脚点,是为了更好实现和维护人民利益、为了让老百姓过上好日子。

(3) 必须有利于进一步解放思想、进一步解放和发展社会生产力、进一步解放和增强社会活力。

第二节 统筹推进各领域各方面改革开放

一、坚持全面深化改革总目标 ★★（识记：易出单选题、多选题）

全面深化改革总目标是:完善和发展中国特色社会主义制度、推进国家治理体系和治理能力现代化。这一总目标是一个内涵丰富的有机整体,两句话都讲,才是完整的、全面的。"完善和发展中国特色社会主义制度",规定了改革的根本方向,就是无论改什么、怎么改,都要坚持中国共产党领导、坚持中国特色社会主义,就是要通过改革推动中国特色社会主义制度更加成熟更加定型、更好发挥中国特色社会主义制度的优越性。"推进国家治理体系和治理能力现代化",明确了改革的鲜明指向和时代要求,就是要通过改革进一步增强我国制度活力,把制度优势转化为国家治理效能。

二、推进国家治理体系和治理能力现代化 ★★（理解：易出单选题、多选题）

治理国家,制度是起根本性、全局性、长远性作用的。国家治理体系和治理能力现代化,是一个国家现代化的重要标志。

1. 内涵

国家治理体系和治理能力是一个国家制度和制度执行能力的集中体现。(1) 国家治理体系是在党领导下管理国家的制度体系,包括经济、政治、文化、社会、生态文明和党的建设等各领域体制机制、法律法规安排,是一整套紧密相连、相互协调的国家制度;(2) 国家治理能力则是运用国家制度管理社会各方面事务的能力,包括改革发展稳定、内政外交国防、治党治国治军等各个方面。国家治理体系和治理能力是一个有机整体,相辅相成,有了好的国家治理体系才能提高国家治理能力,提高国家治理能力才能充分发挥国家治理体系的效能。

2. 怎么做

(1) 推进国家治理体系和治理能力现代化,必须坚定中国特色社会主义制度自信。(2) 推进国家治理体系和治理能力现代化,必须更好发挥中国特色社会主义制度优势。(3) 推进国家治理体系和治理能力现代化,必须把中国特色社会主义制度优势转化为国家治理效能。

三、全面深化改革开放要坚持正确方法论 ★★（识记：易出单选题、多选题）

全面深化改革开放是一个复杂系统工程,正确的方法对于改革顺利推进、取得成功至关重要。

(1) 增强全面深化改革的系统性、整体性、协同性。

(2) 加强顶层设计和摸着石头过河相结合。

(3) 统筹改革发展稳定。改革发展稳定是我国社会主义现代化建设的三个重要支点。**改革是经济社会发展的强大动力,发展是解决一切经济社会问题的关键,稳定是改革发展的前提。**

(4) 胆子要大,步子要稳。胆子要大,就是改革再难也要向前推进,敢于担当,敢于啃硬骨头,敢于涉险滩。步子要稳,就是方向一定要准,行驶一定要稳,尤其不能犯颠覆性错误。

(5) 坚持重大改革于法有据。

第三节　将改革开放进行到底

中国特色社会主义制度的成熟定型是一个在改革中不断推进的过程。改革开放只有进行时,没有完成时,停顿和倒退没有出路。[将改革开放进行到底★★(应用:易出单选题、多选题)]

一、改革开放永无止境

全面深化改革开放,是新时代坚持和发展中国特色社会主义的根本动力。(1)改革开放永无止境是社会基本矛盾运动规律的深刻反映。改革开放说到底,就是要不断破除制约生产力发展、制约社会进步的障碍,推动经济社会更好更快发展。(2)改革开放永无止境是总结世界社会主义实践经验得出的重要结论。(3)改革开放永无止境是推进党和人民事业发展的必然要求。

二、坚定不移把全面深化改革引向深入

新时代全面深化改革取得了巨大成就,但仍然需要持续推进。必须适应时代和实践发展变化,坚定信心决心、坚持问题导向,把全面深化改革不断引向深入。(1)在全面建设社会主义现代化国家新征程上,根本动力仍然是改革开放,要继续用足用好改革开放这个关键一招。(2)把全面深化改革不断引向深入,要聚焦全面建设社会主义现代化国家中的重大问题,注重统筹全局、把握重点,抓好重大改革任务攻坚克难。

三、坚定不移扩大高水平对外开放

开放也是改革。以开放促改革、促发展是我国发展不断取得新成就的宝贵经验。改革不停顿、开放不止步。(1)开放合作仍然是历史潮流,经济全球化的历史大势不可逆转,顺应大势才能赢得优势。(2)继续扩大对外开放,构建更高水平开放型经济新体制。(3)中国的发展离不开世界,世界的繁荣也需要中国。

巩固练习

一、单项选择题

1. 习近平强调:"(　　)是决定当代中国命运的关键一招,也是决定实现'两个一百年'奋斗目标、实现中华民族伟大复兴的关键一招。"

　A. 高质量发展　　　　　B. 改革开放　　　　C. 全面依法治国　　　D. 文化自信

2. 全面深化改革的总目标是(　　)。

　A. 推进国家治理体系和治理能力现代化

　B. 完善和发展中国特色社会主义制度,推进国家治理体系和治理能力现代化

　C. 进一步解放思想、发展社会生产力

　D. 赋予社会主义新的生机活力,推进国家治理体系和治理能力现代化

3. (　　)作出了全面深化改革的决定。

　A. 党的十八大　　　　　　　　　　　　B. 党的十八届三中全会

　C. 党的十九大　　　　　　　　　　　　D. 党的十九届六中全会

二、多项选择题

1. 改革开放是有方向、有立场、有原则的，必须（　　）。
   A. 有利于进一步解放思想、进一步解放和发展社会生产力、进一步解放和增强社会活力
   B. 坚持以人民为中心，促进社会公平正义、增进人民福祉
   C. 坚持和改善党的全面领导、坚持和完善中国特色社会主义制度
   D. 逆全球化，中国优先

2. 下面（　　）是全面深化改革开放必须坚持的正确方法。
   A. 增强全面深化改革的系统性、整体性、协同性
   B. 加强顶层设计和摸着石头过河相结合
   C. 统筹改革发展稳定
   D. 胆子要大，步子要稳
   E. 凡属重大改革都要于法有据

3. 全面深化改革的总目标是（　　）。
   A. 实现两个百年目标
   B. 实现中国梦
   C. 完善和发展中国特色社会主义制度
   D. 推进国家治理体系和治理能力现代化

第六章　推动高质量发展

思维导图

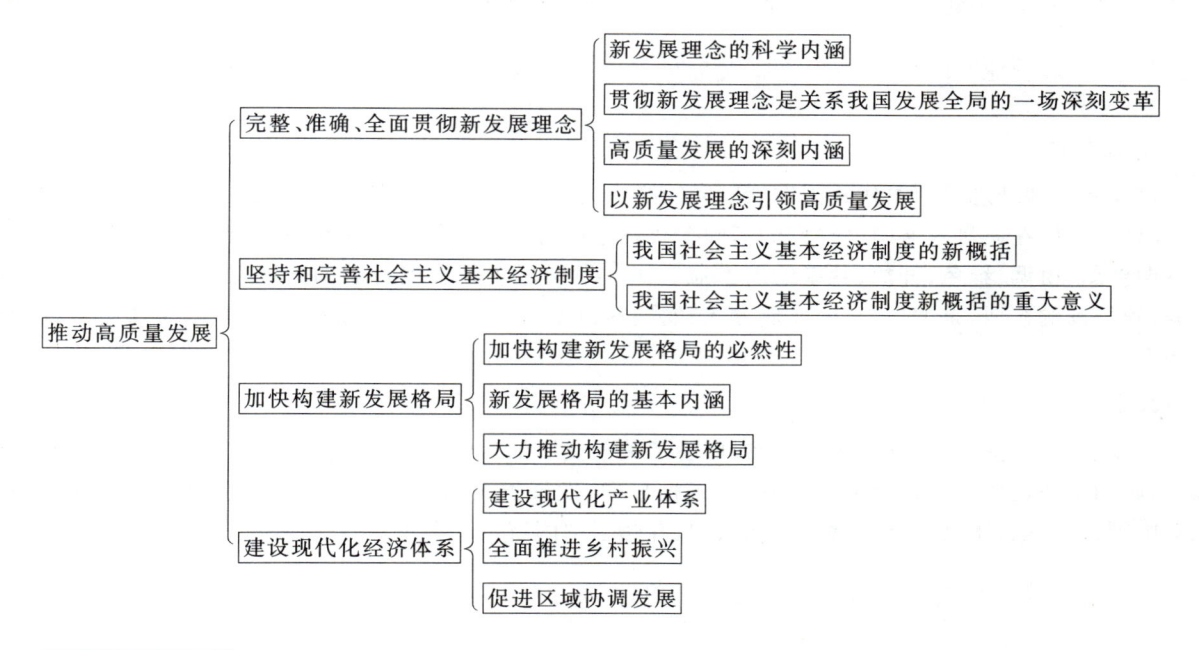

推动高质量发展
- 完整、准确、全面贯彻新发展理念
  - 新发展理念的科学内涵
  - 贯彻新发展理念是关系我国发展全局的一场深刻变革
  - 高质量发展的深刻内涵
  - 以新发展理念引领高质量发展
- 坚持和完善社会主义基本经济制度
  - 我国社会主义基本经济制度的新概括
  - 我国社会主义基本经济制度新概括的重大意义
- 加快构建新发展格局
  - 加快构建新发展格局的必然性
  - 新发展格局的基本内涵
  - 大力推动构建新发展格局
- 建设现代化经济体系
  - 建设现代化产业体系
  - 全面推进乡村振兴
  - 促进区域协调发展

核心考点

高质量发展是新时代我国经济社会发展的鲜明主题，是全面建设社会主义现代化国家的首要任务。 习近平经济思想，为推动高质量发展提供了根本遵循。必须把握新发展阶段，贯彻新发展理念，坚持和完善社会主义基本经济制度，加快构建新发展格局，建设现代化经济体系，以高质量发展推进中国式现代化。

第一节　完整、准确、全面贯彻新发展理念

发展是解决我国一切问题的基础和关键。新时代新阶段的发展必须贯彻新发展理念，必须是高质量发展。

一、新发展理念的科学内涵★★★（识记：易出单选题、多选题、简答题）

新发展理念具有丰富的科学内涵和具体的实践要求。

（1）创新是引领发展的第一动力，创新发展注重的是解决发展动力问题，必须坚持创新在我国现代化建设全局中的核心地位，让创新贯穿党和国家一切工作，全面提升创新能力和效率，把创新发展主动权牢牢掌握在自己手中。

（2）协调是持续健康发展的内在要求，协调发展注重的是解决发展不平衡问题，必须正确处理局部和全局、当前和长远、重点和非重点的关系，在发展中促进相对平衡，不断增强发展的整体性。

（3）绿色是永续发展的必要条件和人民对美好生活追求的重要体现，绿色发展注重的是解决人与自然和谐共生问题，必须实现经济社会发展和生态环境保护协同共进，加快发展方式绿色转型，推动形成绿色低碳的生产方式和生活方式。

（4）开放是国家繁荣发展的必由之路，开放发展注重的是解决发展内外联动问题，必须推动形成更大范围、更宽领域、更深层次对外开放格局，不断增强我国国际经济合作和竞争新优势。

（5）共享是中国特色社会主义的本质要求，共享发展注重的是解决社会公平正义问题，必须坚持全民共享、全面共享、共建共享、渐进共享，不断推进全体人民共同富裕。

二、贯彻新发展理念是关系我国发展全局的一场深刻变革★★（理解：易出单选题、多选题）

1. 重要性

贯彻新发展理念是新时代我国发展壮大的必由之路，进入新发展阶段，必须把发展质量问题摆在更为突出的位置，在质量效益明显提升的基础上实现经济持续健康发展。必须更加突出发展理念，坚定不移贯彻**创新、协调、绿色、开放、共享的新发展理念**。发展理念是发展行动的先导，是管全局、管根本、管方向、管长远的东西，是发展思路、发展方式、发展着力点的集中体现。发展理念从根本上决定着发展成效乃至成败。

2. 评价

新发展理念是一个系统的理论体系，回答了关于发展的目的、动力、方式、路径等一系列理论和实践问题，阐明了我们党关于发展的政治立场、价值导向、发展模式、发展道路等重大政治问题，深化了我们党对中国特色社会主义经济发展规律的认识，开拓了中国特色社会主义政治经济学新境界。

三、高质量发展的深刻内涵★★★（识记：易出单选题、多选题、简答题）

高质量发展，是能够很好满足人民日益增长的美好生活需要的发展，是体现新发展理念的发展，是创新成为第一动力、协调成为内生特点、绿色成为普遍形态、开放成为必由之路、共享成为根本目的的发展。 更明确地说，高质量发展，就是从"有没有"转向"好不好"。

四、以新发展理念引领高质量发展★★（理解：易出单选题、多选题）

高质量发展是全面建设社会主义现代化国家的首要任务，是遵循经济规律发展的必然要求。推动高质量发展，必须以新发展理念为引领，深入推进发展方式、发展动力、发展领域、发展质量变革，实现更高质量、更有效率、更加公平、更可持续、更为安全的发展。

1. 意义

高质量发展关系我国社会主义现代化建设全局，具有重大战略意义。

第一，高质量发展为全面建设社会主义现代化国家提供更为坚实的物质基础。第二，高质量发展是不断满足人民对美好生活需要的重要保证。第三，高质量发展是维护国家长治久安的必然要求。

2. 怎么做

（1）推动高质量发展，要更好统筹质的有效提升和量的合理增长，始终坚持质量第一、效益优先，以效率变革、动力变革促进质量变革，加快形成可持续的高质量发展体制机制，不断增强经济竞争力、创新力、抗风险能力。（2）要保持经济社会发展稳定性，坚持稳中求进工作总基调，实行宏观政策要稳、产业政策要准、微观政策要活、改革政策要实、社会政策要托底的政策框架，以深化供给侧结构性改革为主线,以改革创新为根本动力,把实施扩大内需战略同深化供给侧结构性改革有机结合起来,加快构建新发展格局。

第二节　坚持和完善社会主义基本经济制度

一、我国社会主义基本经济制度的新概括★★★(理解:易出单选题、多选题、简答题)

党的十八大以来,以习近平同志为核心的党中央着眼于更好发挥社会主义制度优越性、推动高质量发展,对社会主义基本经济制度作出新概括,**将公有制为主体、多种所有制经济共同发展,按劳分配为主体、多种分配方式并存,社会主义市场经济体制等共同作为社会主义基本经济制度。**

二、我国社会主义基本经济制度新概括的重大意义★★(理解:易出单选题、多选题)

(1)对社会主义基本经济制度的新概括,充分体现了我们党对我国经济发展规律的深刻认识和科学把握。

(2)所有制结构是基本经济制度的基础,决定分配方式和资源配置方式;合理有效的分配方式和资源配置方式有利于进一步完善所有制结构。

(3)将按劳分配为主体、多种分配方式并存,社会主义市场经济体制上升为基本经济制度,是着眼于新的实践和发展需要作出的概括,具有科学的理论基础、广泛的实践基础和深厚的群众基础,对国家治理体系和治理能力现代化具有系统性影响。

第三节　加快构建新发展格局

构建以国内大循环为主体、国内国际双循环相互促进的新发展格局,是根据我国发展阶段、发展环境、条件变化,特别是基于我国比较优势变化,审时度势作出的重大决策,是推动高质量发展的战略基点,是关系我国发展全局的重大战略任务。

一、加快构建新发展格局的必然性★★(理解:易出单选题、多选题)

构建新发展格局是事关全局的系统性、深层次变革,是立足当前、着眼长远的战略谋划,是适应我国发展新阶段要求、塑造国际合作和竞争新优势的必然选择。

(1)改革开放以来特别是加入世界贸易组织后,我国深度参与国际分工,融入国际大循环,形成市场和资源"两头在外"的发展格局,对我们抓住经济全球化机遇快速提升经济实力、改善人民生活发挥了重要作用。我国作为一个人口众多和超大市场规模的社会主义国家,在迈向现代化的历史进程中,必然要承受其他国家都不曾遇到的各种压力和严峻挑战。在这种情况下,必须进一步把发展立足点放在国内,更多依靠国内市场实现经济发展。我们党提出构建新发展格局,是对我国客观经济规律和发展趋势的自觉把握。

(2)构建新发展格局是把握未来发展主动权的先手棋,不是被迫之举和权宜之计。

(3)构建新发展格局是开放的国内国际双循环,不是封闭的国内单循环。

(4)构建新发展格局是以全国统一大市场基础上的国内大循环为主体,不是各地都搞自我小循环。

二、新发展格局的基本内涵★★(识记:易出单选题、多选题)

新发展格局就是以国内大循环为主体、国内国际双循环相互促进的新发展格局。

(1)构建新发展格局必须具备强大的国内经济循环体系和稳固的基本盘,保持国内经济持续健康发展,巩固和发展我国经济的强大竞争力。

(2)构建新发展格局必须发挥比较优势,以国内大循环吸引全球资源要素。

(3)构建新发展格局必须保证经济循环的畅通无阻,实现生产、分配、流通、消费各环节有机衔接。

三、大力推动构建新发展格局★★(应用:易出单选题、多选题)

全面建成新发展格局任重道远,必须坚持问题导向和系统观念,着力破除制约加快构建新发展格局的主要矛盾和问题,不断扬优势、补短板、强弱项。

(1)着力推动实施扩大内需战略同深化供给侧结构性改革有机结合。要坚持深化供给侧结构性改革这条主线,发挥创新第一动力作用,持续推动科技创新、制度创新,着力突破供给约束堵点,以自主可控、优质有效的供给满足和创造需求。

(2)着力发展实体经济。实体经济是一国经济的立身之本、财富之源,是构筑未来发展战略优势的重要支撑。

(3)着力加快科技自立自强。构建新发展格局最本质的特征是实现高水平的自立自强。

(4)着力推动产业链供应链优化升级。建立稳定的产业链供应链,是稳固国内大循环主体地位、增强在国际大循环中带动能力的迫切需要。

第四节 建设现代化经济体系

建设现代化经济体系是我国发展的战略目标,是推动高质量发展、全面提高经济整体竞争力的必然要求。

建设现代化经济体系,就要建设创新引领、协同发展的产业体系,建设统一开放、竞争有序的市场体系,建设体现效率、促进公平的收入分配体系,建设彰显优势、协调联动的城乡区域发展体系,建设资源节约、环境友好的绿色发展体系,建设多元平衡、安全高效的全面开放体系,建设充分发挥市场作用、更好发挥政府作用的经济体制。[建设现代化经济体系的基本要求★★★(应用:易出单选题、多选题、简答题)]

一、建设现代化产业体系

现代化产业体系是国家经济现代化的重要标志。建设现代化产业体系需要:(1)巩固优势产业领先地位;(2)大力发展战略性新兴产业;(3)构建优质高效的服务业新体系;(4)发展现代流通产业;(5)加快发展数字经济;(6)构建现代化基础设施体系。

二、全面推进乡村振兴

实施乡村振兴战略,农业农村现代化是总目标,坚持农业农村优先发展是总方针,产业兴旺、生态宜居、乡风文明、治理有效、生活富裕是总要求,建立健全城乡融合发展体制机制和政策体系是制度保障。

三、促进区域协调发展

巩固练习

一、单项选择题

1.( )是引领发展的第一动力。
A. 劳动力　　　　　　B. 资本　　　　　　C. 科技　　　　　　D. 创新

2. (　　)是发展行动的先导。
   A. 发展理念　　　　　B. 发展格局　　　　　C. 发展方向　　　　　D. 发展策略
3. (　　)的发展理念,相互贯通、相互促进,是具有内在联系的集合体,要统一贯彻,不能顾此失彼,也不能相互替代。
   A. 改革、和谐、绿色、开放、共享　　　　　B. 创新、协调、和谐、开放、共赢
   C. 创新、和谐、绿色、开放、发展　　　　　D. 创新、协调、绿色、开放、共享
4. (　　)是根据我国发展阶段、环境、条件变化提出来的,是重塑我国国际合作和竞争新优势的战略抉择。
   A. 新发展理念　　　　B. 新发展格局　　　　C. 新发展阶段　　　　D. 新发展时期

二、多项选择题

1. 新发展理念具有丰富的科学内涵和具体的实践要求:(　　)。
   A. 创新是引领发展的第一动力,创新发展注重的是解决发展动力问题
   B. 协调是持续健康发展的内在要求,协调发展注重的是解决发展不平衡问题
   C. 绿色是永续发展的必要条件和人民对美好生活追求的重要体现,绿色发展注重的是解决人与自然和谐共生问题
   D. 开放是国家繁荣发展的必由之路,开放发展注重的是解决发展内外联动问题
   E. 共享是中国特色社会主义的本质要求,共享发展注重的是解决社会公平正义问题
2. 大力推动构建新发展格局,必须(　　)。
   A. 着力推动产业链供应链优化升级
   B. 着力加快科技自立自强
   C. 着力发展实体经济
   D. 着力推动实施扩大内需战略同深化供给侧结构性改革有机结合
3. 社会主义基本经济制度包括(　　)。
   A. 公有制为主体、多种所有制经济共同发展　　　　B. 按劳分配为主体、多种分配方式并存
   C. 社会主义市场经济体制　　　　　　　　　　　　D. 人民代表大会制度

第七章 社会主义现代化建设的教育、科技、人才战略

思维导图

- 社会主义现代化建设的教育、科技、人才战略
  - 全面建设社会主义现代化国家的基础性、战略性支撑
    - 教育、科技、人才是全面建设社会主义现代化国家的基础性、战略性支撑
    - 建设教育强国、科技强国、人才强国的内在一致性和相互支撑性
    - 深入实施科教兴国战略、人才强国战略、创新驱动发展战略
    - 坚持教育优先发展、科技自立自强、人才引领驱动
  - 加快建设教育强国——落实立德树人根本任务
  - 加快建设科技强国——实现高水平科技自立自强的重大意义
  - 加快建设人才强国
    - 培养人才是国家和民族长远发展大计
    - 培养造就大批德才兼备的高素质人才
    - 把各方面优秀人才集聚到党和国家事业中来

核心考点

第一节 全面建设社会主义现代化国家的基础性、战略性支撑

一、教育、科技、人才是全面建设社会主义现代化国家的基础性、战略性支撑★★（识记：易出单选题、多选题）

教育、科技、人才是全面建设社会主义现代化国家的基础性、战略性支撑。全面建设社会主义现代化国家，**教育是根本，科技是关键，人才是基础**。必须坚持科技是第一生产力、人才是第一资源、创新是第一动力，坚持**教育优先发展、科技自立自强、人才引领驱动**，加快教育强国、科技强国、人才强国建设。

二、建设教育强国、科技强国、人才强国的内在一致性和相互支撑性★★（理解：易出单选题、多选题）

建设教育强国、科技强国、人才强国具有内在一致性和相互支撑性。我国已进入全面建设社会主义

现代化国家新征程,比以往任何时候都更加需要加快推进教育现代化,需要大幅提升科技整体水平,需要建设世界重要人才中心和创新高地。在全面建设社会主义现代化国家进程中,必须坚持教育、科技、人才的基础性、战略性地位,一体推进教育强国、科技强国、人才强国建设,把我国建设成为教育发达、科技进步、人才济济的现代化国家。

三、深入实施科教兴国战略、人才强国战略、创新驱动发展战略★★(识记:易出单选题、多选题)

实施科教兴国战略、人才强国战略、创新驱动发展战略,是增强综合国力、满足人民群众美好生活需要的必然要求,是建设教育强国、科技强国、人才强国的重大举措,对于全面建设社会主义现代化国家具有重要战略意义。

1. 科教兴国战略

科教兴国战略就是要全面落实科学技术是第一生产力的思想,坚持教育优先发展,把科技和教育作为经济社会发展的重中之重,促进教育同经济、科技的密切结合,把经济建设转到依靠科技进步和提高劳动者素质的轨道上来,为实现经济发展提供科技支撑和人才保障。

2. 人才强国战略

人才强国战略就是要牢固树立人才资源是第一资源的理念,把人才队伍建设提升到国家战略的高度,营造良好人才创新生态环境,充分发挥各类人才的积极性、主动性和创造性,开创人才辈出、人尽其才的新局面,把我国由人口大国转化为人才资源强国。

3. 创新驱动发展战略

创新驱动发展战略就是要坚持创新是第一动力,把创新驱动落实到现代化建设整个进程和各个方面,以创新推动经济转型发展,全面提升创新能力和效率,把创新发展主动权牢牢掌握在自己手中。创新在国家发展全局中居于核心位置。

四、坚持教育优先发展、科技自立自强、人才引领驱动★★(理解:易出单选题、多选题)

推进教育、科技、人才事业发展,要紧紧围绕全面建设社会主义现代化国家战略需求,尊重教育、科技、人才事业发展客观规律,坚持教育优先发展、科技自立自强、人才引领驱动。

1. 坚持教育优先发展

教育优先发展是推动党和国家各项事业发展的重要先手棋。

2. 坚持科技自立自强

科技自立自强是决定我国生存和发展的基础能力,对于更好掌握全球经济科技竞争先机具有战略意义。

3. 坚持人才引领驱动

人才引领驱动是经济社会发展和国家现代化的基本规律,对于应对激烈国际竞争、发挥我国发展潜在力量和后发优势具有基础性战略意义。

第二节 加快建设教育强国

育人的根本在于立德。落实立德树人根本任务,**必须着力解决好培养什么人、怎样培养人、为谁培养人的问题,这是教育的根本问题**,也是建设教育强国的核心课题。要坚持不懈抓好马克思主义理论教育,用习近平新时代中国特色社会主义思想铸魂育人,加强共产主义远大理想和中国特色社会主义共同理想教育,加强社会主义核心价值观宣传教育,深化爱国主义、集体主义、社会主义教育。[落实立德树人根本任务★★(识记:易出单选题、多选题)]

第三节　加快建设科技强国

科技自立自强是国家强盛之基、安全之要。加快建设科技强国,必须坚持走中国特色自主创新道路,发挥新型举国体制优势,完善国家创新体系,加快关键核心技术攻关,实现高水平科技自立自强。科技兴则民族兴,科技强则国家强。[实现高水平科技自立自强的重大意义★★★★(应用:易出单选题、多选题、简答题、材料分析题、论述题)]

实现高水平科技自立自强具有重大意义:

(1) 实现高水平科技自立自强是国家强盛和民族复兴的战略基石。纵观人类发展史,创新始终是一个国家、一个民族发展的不竭动力。当今世界正经历百年未有之大变局,科技创新是其中一个关键变量。

(2) 实现高水平科技自立自强是应对风险挑战和维护国家利益的必然选择。

(3) 实现高水平科技自立自强是构建新发展格局、推动高质量发展、满足人民美好生活需要的内在要求。

第四节　加快建设人才强国

人才是实现民族振兴、赢得国际竞争主动的战略资源。[加快建设人才强国★★(应用:易出单选题、多选题)]

一、培养人才是国家和民族长远发展大计

实施人才强国战略,建设规模宏大、结构合理、素质优良的人才队伍,是我国社会主义现代化建设的必然选择。(1)人才是人力资源中能力和素质较高的劳动者,在国家发展中具有重要战略地位。(2)加快人才队伍建设是推动国家发展、实现民族复兴的必然要求。

二、培养造就大批德才兼备的高素质人才

同新形势新任务相比,我国人才队伍建设还存在很多不适应的地方,迫切需要加快人才培养步伐。(1)走好人才自主培养之路。(2)加快建设世界重要人才中心和创新高地。

三、把各方面优秀人才集聚到党和国家事业中来

建设人才强国,要坚持人才引领发展的战略地位,深化人才发展体制机制改革,营造识才爱才敬才用才的环境,把各方面优秀人才集聚到党和国家事业中来。(1)坚持党对人才工作的全面领导是做好人才工作的根本保证。(2)坚持深化人才发展体制机制改革是做好人才工作的重要保障。(3)坚持营造识才爱才敬才用才的环境是做好人才工作的社会条件。

巩固练习

一、单项选择题

1. 必须坚持(　　)是第一生产力。
A. 人才　　　　　　B. 资源　　　　　　C. 科技　　　　　　D. 环境

2. (　　)是发展第一动力。
   A. 科技　　　　　　B. 人才　　　　　　C. 创新　　　　　　D. 党的领导
3. (　　)是国家强盛之基、安全之要。
   A. 科技自立自强　　B. 人才引进　　　　C. 共同富裕　　　　D. 改革开放
4. 必须坚持教育优先发展,把(　　)作为教育的根本任务,办好人民满意的教育。
   A. 立德树人　　　　B. 社会实践　　　　C. 创新拔尖　　　　D. 专业技术

二、多项选择题

1. 全面建设社会主义现代化国家,(　　)。
   A. 教育是根本　　　B. 科技是关键　　　C. 人才是基础　　　D. 改革是保证
2. 落实立德树人根本任务,必须着力解决好(　　)的问题,这是教育的根本问题,也是建设教育强国的核心课题。
   A. 培养什么人　　　　　　　　　　　　B. 怎样培养人
   C. 为谁培养人　　　　　　　　　　　　D. 建设教育强国
3. 实现高水平科技自立自强是(　　)。
   A. 应对风险挑战和维护国家利益的必然选择　　B. 构建新发展格局的内在要求
   C. 推动高质量发展的内在要求　　　　　　　　D. 满足人民美好生活需要的内在要求

第八章　发展全过程人民民主

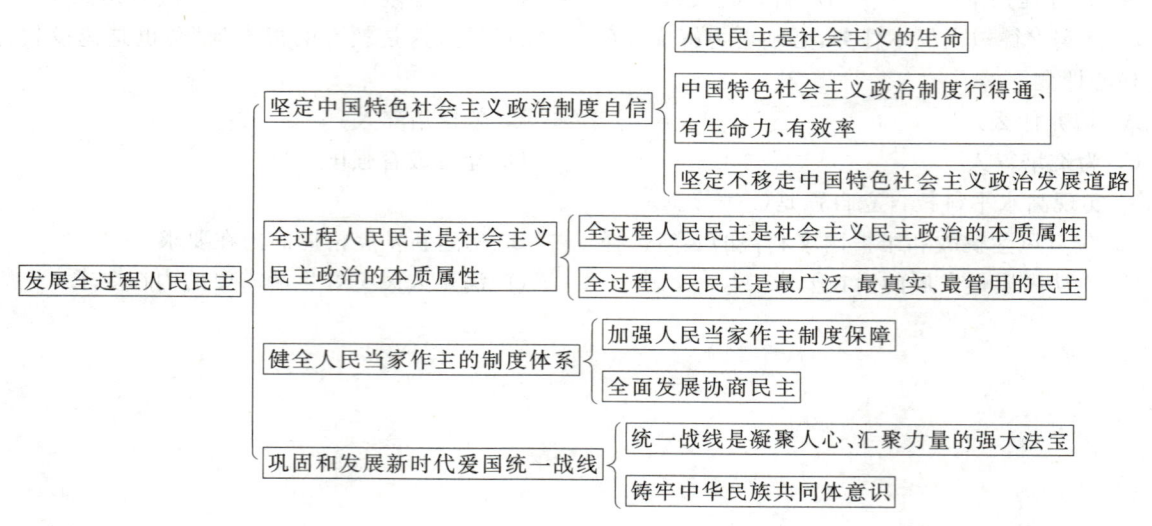

思维导图

```
                        ┌─ 坚定中国特色社会主义政治制度自信 ─┬─ 人民民主是社会主义的生命
                        │                                  ├─ 中国特色社会主义政治制度行得通、
                        │                                  │  有生命力、有效率
                        │                                  └─ 坚定不移走中国特色社会主义政治发展道路
                        │
                        ├─ 全过程人民民主是社会主义 ──────┬─ 全过程人民民主是社会主义民主政治的本质属性
发展全过程人民民主 ─────┤   民主政治的本质属性              └─ 全过程人民民主是最广泛、最真实、最管用的民主
                        │
                        ├─ 健全人民当家作主的制度体系 ────┬─ 加强人民当家作主制度保障
                        │                                  └─ 全面发展协商民主
                        │
                        └─ 巩固和发展新时代爱国统一战线 ──┬─ 统一战线是凝聚人心、汇聚力量的强大法宝
                                                           └─ 铸牢中华民族共同体意识
```

核心考点

第一节　坚定中国特色社会主义政治制度自信

人民民主是社会主义的生命，全过程人民民主是社会主义民主政治的本质属性。

一、坚定中国特色社会主义政治制度自信★★（应用：易出单选题、多选题）

1. 人民民主是社会主义的生命

历史和实践证明，人民民主是社会主义的生命，没有民主就没有社会主义，就没有社会主义的现代化，就没有中华民族伟大复兴。

2. 中国特色社会主义政治制度行得通、有生命力、有效率

中国特色社会主义政治制度是中国共产党带领中国人民在革命、建设、改革的长期实践中形成的，集中体现了我国人民民主的本质属性，是保证人民当家作主科学有效的制度安排。

3. 坚定不移走中国特色社会主义政治发展道路

中国社会主义民主政治具有强大生命力，中国特色社会主义政治发展道路是符合中国国情、保证人民当家作主的正确道路。

二、人民民主是社会主义的生命★★★（理解：易出单选题、多选题、简答题）

1. 民主是全人类的共同价值，是人类政治文明发展的成果

民主是具体的，一个国家实行什么样的民主制度，走什么样的民主发展道路，必须与这个国家的国情相适应。

2. 民主是中国共产党和中国人民始终不渝坚持的重要理念

习近平指出："我们党自成立之日起就致力于建设人民当家作主的新社会，提出了关于未来国家制度的主张，并领导人民为之进行斗争。"

3. 人民民主建立在社会主义经济基础之上，体现了社会主义国家的性质，反映了社会主义制度的本质要求，是一种新型的社会主义民主

在我国，国家一切权力属于人民，体现在国家根本性质即国体上，就是工人阶级领导的、以工农联盟为基础的人民民主专政的社会主义国家；体现在国家政权组织形式即政体上，就是人民通过各级人民代表大会行使国家权力。

4. 人民民主是全面建设社会主义现代化国家的应有之义

发展社会主义民主政治，是全面建设社会主义现代化国家的内在要求和重要目标。民主的发展与国家治理的现代化相伴相生，相互作用，相互促进。

三、坚定不移走中国特色社会主义政治发展道路★★（识记：易出单选题、多选题）

中国特色社会主义政治发展道路，是近代以来中国人民长期奋斗历史逻辑、理论逻辑、实践逻辑的必然结果，是坚持党的本质属性、践行党的根本宗旨的必然要求。事实充分证明，中国社会主义民主政治具有强大生命力，中国特色社会主义政治发展道路是符合中国国情、保证人民当家作主的正确道路。

（1）**走中国特色社会主义政治发展道路，必须坚持党的领导、人民当家作主、依法治国有机统一。**党的领导是人民当家作主和依法治国的根本保证，人民当家作主是社会主义民主政治的本质特征，依法治国是党领导人民治理国家的基本方式，三者统一于我国社会主义民主政治伟大实践。

（2）**走中国特色社会主义政治发展道路，必须积极稳妥推进政治体制改革。**

（3）**走中国特色社会主义政治发展道路，必须始终保持政治定力。**世界上不存在完全相同的政治制度，也不存在适用于一切国家的政治制度模式。

第二节 全过程人民民主是社会主义民主政治的本质属性

一、全过程人民民主是社会主义民主政治的本质属性★★（识记：易出单选题、多选题）

全过程人民民主，是中国共产党团结带领人民追求民主、发展民主、实现民主的伟大创造，是党不断推进中国民主理论创新、制度创新、实践创新的经验结晶。**全过程人民民主是社会主义民主政治的本质属性**，是最广泛、最真实、最管用的民主。

（1）全过程人民民主是社会主义民主政治的伟大创造。

（2）全过程人民民主是全链条、全方位、全覆盖的民主。

（3）全过程人民民主是最广泛、最真实、最管用的民主。

二、全过程人民民主是最广泛、最真实、最管用的民主 ★★（理解：易出单选题、多选题）

评判一种民主形式好不好，实践最有说服力，人民最有发言权。全过程人民民主既能确保人民充分享有各方面权利，又能有效促进国家治理高效和社会和谐稳定，维护和保障人民群众的根本利益，是最广泛、最真实、最管用的民主。

1. 全过程人民民主是最广泛的民主

全过程人民民主是全体人民共同持续参与，各个民族共同平等享有，不同地域、不同领域、不同层级、不同群体均实现全面覆盖的民主体系，是最广泛的民主。

2. 全过程人民民主是最真实的民主

全过程人民民主把党的主张、国家意志、人民意愿紧密融合在一起，充分彰显了人民的主体地位，彰显了人民民主的真实性。全过程人民民主是真真切切落实到国家政治生活和社会生活各方面、为全体人民真真切切感知和认同的民主体系，是最真实的民主。

3. 全过程人民民主是最管用的民主

全过程人民民主具有显著的实践优越性，是最管用的民主。

第三节　健全人民当家作主的制度体系

一、加强人民当家作主制度保障 ★★（识记：易出单选题、多选题）

人民当家作主必须通过一定的制度予以保障。加强人民当家作主制度保障，要不断坚持和完善我国根本政治制度、基本政治制度、重要政治制度，构建多样、畅通、有序的民主渠道，有效保证党的主张、国家意志、人民意愿相统一。

（1）**人民代表大会制度是我国的根本政治制度**，是符合我国国情和实际、体现社会主义国家性质、保证人民当家作主、保障实现中华民族伟大复兴的好制度，是我们党领导人民在人类政治制度史上的伟大创造。

（2）**中国共产党领导的多党合作和政治协商制度、民族区域自治制度、基层群众自治制度构成了我国的基本政治制度**，反映了我国社会主义民主政治的独特优势，是保障各政党、各阶层、各民族和基层人民群众当家作主的重要基础。

（3）民族区域自治制度是中国特色解决民族问题的正确道路的重要内容和制度保障。

（4）重要政治制度是建立在我国根本政治制度和基本政治制度基础上的、由根本政治制度和基本政治制度派生而来，体现在国家治理各领域各方面各环节的具体政治制度，与我国根本政治制度、基本政治制度相衔接，保障人民当家作主制度体系有效运行。

制度成熟定型是一个动态过程。当前，我们的民主制度建设还存在一些不足。要在坚持我国根本政治制度、基本政治制度、重要政治制度的基础上，着力固根基、扬优势、补短板、强弱项，不断拓展民主渠道、丰富民主形式，实现民主发展与政治稳定、社会进步的良性互动。

二、全面发展协商民主 ★★（理解：易出单选题、多选题）

1. 含义

社会主义协商民主，是在中国共产党领导下，人民内部各方面围绕改革发展稳定重大问题和涉及群众切身利益的实际问题，在决策之前和决策实施之中开展广泛协商，努力形成共识的重要民主形式。

2. 地位

(1)协商民主是实践全过程人民民主的重要形式。(2)协商民主是中国社会主义民主政治中独特的、独有的、独到的民主形式。

3. 如何做

(1)全面发展协商民主,要不断完善协商民主体系,统筹推进政党协商、人大协商、政府协商、政协协商、人民团体协商、基层协商以及社会组织协商,健全各种制度化协商平台,推进协商民主广泛多层制度化发展。(2)要坚持和完善中国共产党领导的多党合作和政治协商制度,坚持党的领导、统一战线、协商民主有机结合,发挥人民政协作为专门协商机构的作用,加强制度化、规范化、程序化等功能建设。(3)要提高深度协商互动、意见充分表达、广泛凝聚共识水平,完善人民政协民主监督和委员联系界别群众制度机制。

第四节　巩固和发展新时代爱国统一战线

一、统一战线是凝聚人心、汇聚力量的强大法宝★★(应用:易出单选题、多选题)

统一战线是中国共产党夺取革命、建设、改革事业胜利的重要法宝,也是实现中华民族伟大复兴的重要法宝。

(1)**统战工作的本质要求是大团结大联合,解决的就是人心和力量问题。**

(2)**统战工作的关键是坚持求同存异**,发扬"团结—批评—团结"的优良传统,在尊重多样性中寻求一致性,找到最大公约数、画出最大同心圆。

(3)统一战线是做人的工作,搞统一战线是为了壮大共同奋斗的力量。

(4)统一战线是党领导的统一战线。党的领导是统一战线最鲜明的特征,**坚持党的领导是统一战线最核心最根本的问题。**

二、铸牢中华民族共同体意识★★(识记:易出单选题、多选题)

民族团结是我国各族人民的生命线,中华民族共同体意识是民族团结之本。(1)铸牢中华民族共同体意识,就是要引导各族人民**牢固树立休戚与共、荣辱与共、生死与共、命运与共的共同体理念**。(2)宗教工作在党和国家工作全局中具有特殊重要性。

巩固练习

一、单项选择题

1. 我国是工人阶级领导的、以工农联盟为基础的(　　)的社会主义国家,国家一切权力属于人民。
A. 人民民主专政　　B. 人民当家作主　　C. 中国共产党领导　　D. 民主专政

2. (　　)是统一战线最核心、最根本的问题。
A. 大团结大联合　　B. 广交朋友　　C. 凝聚人心　　D. 坚持党的领导

3. 统战工作的关键是(　　)。
A. 坚持求同存异　　B. 坚持党的领导　　C. 坚持同一性　　D. 坚持多样性

4. (　　)是社会主义的生命,没有民主就没有社会主义。
A. 人民民主　　　　　　　　　　B. 人民当家作主
C. 以人民为中心　　　　　　　　D. 坚持人民的主体地位

5. （　　）是人民当家作主和依法治国的根本保证。
A. 人民民主　　　　　　B. 党的领导　　　　　　C. 宪法　　　　　　D. 全过程民主

二、多项选择题

1. （　　）构成我国的基本政治制度。
A. 中国共产党领导的多党合作和政治协商制度　　B. 民族区域自治制度
C. 基层群众自治制度　　　　　　　　　　　　　D. 人民代表大会制度

2. 统一战线工作的本质要求是（　　）。
A. 大团结大联合　　　　　　　　　　B. 解决的就是人心和力量问题
C. 推进国家统一　　　　　　　　　　D. 实现中华民族伟大复兴

3. 走中国特色社会主义政治发展道路，必须坚持（　　）有机统一。
A. 推进国家治理体系和治理能力现代化　　B. 巩固和发展最广泛的爱国统一战线
C. 党的领导　　　　　　　　　　　　　　D. 人民当家作主，依法治国

第九章　全面依法治国

思维导图

全面依法治国
- 坚持中国特色社会主义法治道路
  - 全面依法治国是国家治理的一场深刻革命
  - 中国特色社会主义法治道路是全面依法治国的唯一正确道路
  - 中国特色社会主义法治道路的核心要义和基本原则
- 建设中国特色社会主义法治体系——全面推进依法治国的总抓手
- 加快建设法治中国
  - 法治中国建设的总体目标和工作布局
  - 建设更高水平的法治中国

核心考点

第一节　坚持中国特色社会主义法治道路

一、全面依法治国是国家治理的一场深刻革命★★（理解：易出单选题、多选题）

（1）历史和现实告诉我们，法治兴则国兴，法治强则国强。我们党越来越深刻认识到，法治是治国理政不可或缺的重要手段。

（2）全面依法治国，是完善和发展中国特色社会主义制度、推进国家治理体系和治理能力现代化的重要方面，是坚持和发展中国特色社会主义的本质要求和重要保障。

（3）党的十八大以来，以习近平同志为核心的党中央从坚持和发展中国特色社会主义的全局和战略高度定位法治、布局法治、厉行法治，把全面依法治国纳入"四个全面"战略布局，推动社会主义法治国家建设取得历史性成就。

二、中国特色社会主义法治道路是全面依法治国的唯一正确道路★★（理解：易出单选题、多选题）

我们党领导人民长期探索走出的中国特色社会主义法治道路，是全面依法治国的唯一正确道路。这条道路是由我国社会主义国家性质所决定的，本质上是中国特色社会主义道路在法治领域的具体体现。在坚持和拓展中国特色社会主义法治道路这个根本问题上，必须树立自信、保持定力。

三、中国特色社会主义法治道路的核心要义和基本原则★★★（识记：易出单选题、多选题、简答题）

1. 中国特色社会主义法治道路的核心要义

就是要坚持党的领导，坚持中国特色社会主义制度，贯彻中国特色社会主义法治理论。党的领导是中国特色社会主义最本质的特征,是社会主义法治最根本的保证。中国特色社会主义制度是中国特色社会主义法治体系的根本制度基础,是全面推进依法治国的根本制度保障。中国特色社会主义法治理论是中国特色社会主义法治体系的理论指导和学理支撑,是全面推进依法治国的行动指南。

2. 中国特色社会主义法治道路的基本原则

（1）坚持中国共产党的领导。党的领导是中国特色社会主义法治之魂,是我们的法治同西方资本主义国家的法治最大的区别。

（2）坚持以人民为中心。推进全面依法治国,根本目的是依法保障人民权益。

（3）坚持法律面前人人平等。平等是社会主义法律的基本属性。

（4）坚持依法治国和以德治国相结合。

（5）坚持从中国实际出发。

第二节　建设中国特色社会主义法治体系

全面依法治国的总抓手就是建设中国特色社会主义法治体系。〔全面推进依法治国的总抓手★★（识记：易出单选题、多选题）〕

（1）建设中国特色社会主义法治体系、建设社会主义法治国家,是坚持和发展中国特色社会主义的内在要求。

（2）中国特色社会主义法治体系,本质上是中国特色社会主义制度的法律表现形式。

第三节　加快建设法治中国

一、法治中国建设的总体目标和工作布局★★（识记：易出单选题、多选题）

1. 建设法治中国的总体目标

实现法律规范科学完备统一,执法司法公平高效权威,权力运行受到有效制约监督,人民合法权益得到充分尊重保障,法治信仰普遍确立,法治国家、法治政府、法治社会全面建成。

2. 法治中国建设的工作布局

加快建设法治中国,必须坚持统筹兼顾、把握重点、整体谋划,更加注重系统性、整体性、协同性。

（1）**坚持依法治国、依法执政、依法行政共同推进。**依法治国是党领导人民治理国家的基本方式,依法执政是新的历史条件下我们党执政的基本方式,依法行政是法治状态下政府行为的基本原则和基本方式。

（2）**坚持法治国家、法治政府、法治社会一体建设。法治国家是法治建设的目标。法治政府建设是全面依法治国的重点任务和主体工程。**全面依法治国需要全社会共同参与,建设信仰法治、公平正义、保障权利、守法诚信、充满活力、和谐有序的社会主义法治社会。

（3）坚持统筹推进国内法治和涉外法治。

二、建设更高水平的法治中国★★★（应用：易出单选题、多选题、简答题、材料分析题、论述题）

加快建设法治中国,必须适应全面建设社会主义现代化国家的要求,牢牢把握经济社会发展和人民群众对法治建设的需要,坚持系统观念,全面推进科学立法、严格执法、公正司法、全民守法。

1. 完善以宪法为核心的中国特色社会主义法律体系

要全面发挥宪法在立法中的核心地位功能。

2. 扎实推进依法行政

构建职责明确、依法行政的政府治理体系,各级行政机关必须依法履行职责,实现政府各项工作法治化。

3. 严格公正司法

公正司法是维护社会公平正义的最后一道防线。

4. 加快建设法治社会

巩固练习

一、单项选择题

1. 全面依法治国的总抓手是(　　)。
 A. 建设中国特色社会主义法治体系,建设社会主义法治国家
 B. 建设中国特色社会主义法治体系
 C. 建设社会主义法治国家
 D. 坚持中国共产党的领导

2. 全面依法治国,总目标是(　　)。
 A. 建设中国特色社会主义法治体系
 B. 建设中国特色社会主义法治体系,建设社会主义法治国家
 C. 建设社会主义法治国家
 D. 有法可依、有法必依、违法必究、执法必严

二、多项选择题

1. 走中国特色社会主义法治道路,必须长期坚持以下(　　)基本原则。
 A. 坚持中国共产党的领导　　　　　　B. 坚持人民主体地位
 C. 坚持法律面前人人平等　　　　　　D. 坚持依法治国与以德治国相结合
 E. 从中国实际出发

2. 法治中国建设的工作布局是(　　)。
 A. 坚持依法治国、依法执政、依法行政共同推进
 B. 坚持法治国家、法治政府、法治社会一体建设
 C. 坚持统筹推进国内法治和涉外法治
 D. 协商民主和法制宣传一体推进

3. 建设更高水平的法治中国,必须(　　)。
 A. 完善以宪法为核心的中国特色社会主义法律体系
 B. 扎实推进依法行政
 C. 严格公正司法
 D. 加快建设法治社会

第十章 建设社会主义文化强国

思维导图

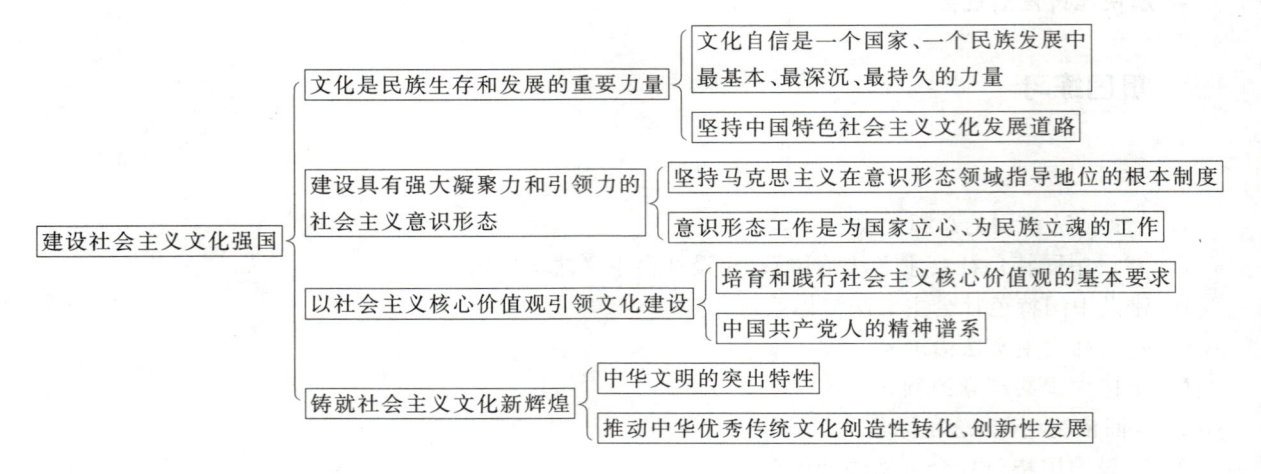

建设社会主义文化强国
- 文化是民族生存和发展的重要力量
  - 文化自信是一个国家、一个民族发展中最基本、最深沉、最持久的力量
  - 坚持中国特色社会主义文化发展道路
- 建设具有强大凝聚力和引领力的社会主义意识形态
  - 坚持马克思主义在意识形态领域指导地位的根本制度
  - 意识形态工作是为国家立心、为民族立魂的工作
- 以社会主义核心价值观引领文化建设
  - 培育和践行社会主义核心价值观的基本要求
  - 中国共产党人的精神谱系
- 铸就社会主义文化新辉煌
  - 中华文明的突出特性
  - 推动中华优秀传统文化创造性转化、创新性发展

核心考点

第一节 文化是民族生存和发展的重要力量

一、文化自信是一个国家、一个民族发展中最基本、最深沉、最持久的力量★★（理解：易出单选题、多选题）

文化自信是更基础、更广泛、更深厚的自信，是一个国家、一个民族发展中最基本、最深沉、最持久的力量。 建设社会主义文化强国、推动社会主义文化繁荣兴盛，**关键在于坚定中国特色社会主义文化自信。**

（1）中华优秀传统文化是我们坚定文化自信的深厚基础。

（2）党带领人民在伟大斗争中孕育的革命文化和社会主义先进文化是我们坚定文化自信的坚强基石。

（3）中国特色社会主义伟大实践是我们坚定文化自信的现实基础。坚定文化自信，首要任务就是立足中华民族伟大历史实践和当代实践，用中国道理总结好中国经验，把中国经验提升为中国理论，既不盲从各种教条，也不照搬外国理论，实现精神上的独立自主。

二、坚持中国特色社会主义文化发展道路★★（应用：易出单选题、多选题）

全面建设社会主义现代化国家，必须坚持中国特色社会主义文化发展道路，增强文化自信，围绕举旗帜、聚民心、育新人、兴文化、展形象建设社会主义文化强国，发展面向现代化、面向世界、面向未来的，民族的科学的大众的社会主义文化,激发全民族文化创新创造活力,增强实现中华民族伟大复兴的精神力量。

(1)坚持举旗帜、聚民心、育新人、兴文化、展形象。

(2)坚持"二为"方向、"双百"方针。**坚持为人民服务、为社会主义服务的根本方向,是决定社会主义文化事业前途命运的关键。坚持百花齐放、百家争鸣,是繁荣发展社会主义文化的重要方针。**

(3)激发全民族文化创新创造活力。**创新创造是文化的生命所在,是文化的本质特征。**

第二节　建设具有强大凝聚力和引领力的社会主义意识形态

意识形态关乎旗帜、关乎道路、关乎国家政治安全,决定文化前进方向和发展道路。

一、坚持马克思主义在意识形态领域指导地位的根本制度★★(识记:易出单选题、多选题)

马克思主义是我们立党立国、兴党兴国的根本指导思想。坚持马克思主义在意识形态领域指导地位的制度是中国特色社会主义制度体系的一项根本制度,是坚持和加强党对宣传思想文化工作全面领导的本质要求,是发展社会主义先进文化的有力保障。

(1)坚持马克思主义在意识形态领域指导地位的根本制度是历史的结论。

(2)坚持马克思主义在意识形态领域指导地位的根本制度,是坚持和巩固我国社会主义制度、保证我国文化建设正确方向的必然要求。

二、意识形态工作是为国家立心、为民族立魂的工作★★(理解:易出单选题、多选题)

建设社会主义文化强国,推动社会主义文化繁荣兴盛,必须坚持马克思主义在意识形态领域指导地位的根本制度,大力加强马克思主义理论建设,塑造主流舆论新格局,建设具有强大凝聚力和引领力的社会主义意识形态。

(1)**坚持马克思主义在意识形态领域指导地位的根本制度。**

(2)大力加强马克思主义理论建设。加强马克思主义理论建设,是不断巩固马克思主义在意识形态领域的指导地位、不断巩固全党全国人民团结奋斗的共同思想基础的必然要求。

(3)积极塑造主流舆论新格局。新闻舆论工作处在意识形态斗争前沿,是治国理政、定国安邦的大事。

第三节　以社会主义核心价值观引领文化建设

一、培育和践行社会主义核心价值观的基本要求★★(识记:易出单选题、多选题)

核心价值观,承载着一个民族、一个国家的精神追求,体现着一个社会评判是非曲直的价值标准。以富强、民主、文明、和谐,自由、平等、公正、法治,爱国、敬业、诚信、友善为基本内容的社会主义核心价值观,把涉及国家、社会、公民的价值要求融为一体,回答了我们要建设什么样的国家、建设什么样的社会、培育什么样的公民的重大问题。

二、中国共产党人的精神谱系★★(识记:易出单选题、多选题)

以伟大建党精神为源头的中国共产党人的精神谱系,是党带领人民战胜艰难险阻、取得一个又一个伟大胜利的精神丰碑,是中华民族的宝贵精神财富。

(1)在百余年接续奋斗中,一代又一代中国共产党人弘扬伟大建党精神,展现出伟大的历史主动精神,锤炼出鲜明的政治品格,铸就了一系列伟大精神,构筑起中国共产党人的精神谱系。

(2)党的伟大精神和光荣传统跨越时空、历久弥新,是激励我们奋勇前进的强大精神动力。

第四节 铸就社会主义文化新辉煌

一、中华文明的突出特性★★(识记:易出单选题、多选题)

中华优秀传统文化有很多重要元素,共同塑造出**中华文明连续性、创新性、统一性、包容性、和平性的突出特性。**

中华文明是世界上唯一绵延不断且以国家形态发展至今的伟大文明,连续性从根本上决定了中华民族必然走自己的路。

中华文明强调苟日新日日新又日新、变革鼎新、与时俱进的思想,创新性从根本上决定了中华民族守正不守旧、尊古不复古的进取精神,决定了中华民族不惧新挑战、勇于接受新事物的无畏品格。

中华文明在长期历史演进中形成多元一体的格局,统一性从根本上决定了中华民族各民族文化融为一体,即使遭遇重大挫折也牢固凝聚;决定了国土不可分、国家不可乱、民族不可散、文明不可断的共同信念;决定了国家统一永远是中国核心利益的核心;决定了一个坚强统一的国家是各族人民的命运所系。

中华文明是由多元文化汇聚成的共同文化,具有无与伦比的包容性和吸纳力,包容性从根本上决定了中华民族交往交流交融的历史取向,决定了中国各宗教信仰多元并存的和谐格局,决定了中华文化对世界文明兼收并蓄的开放胸怀。

中华文明历来崇尚"以和邦国""和而不同""以和为贵",中华民族的血液中没有侵略他人、称王称霸的基因,和平性从根本上决定了中国始终是世界和平的建设者、全球发展的贡献者、国际秩序的维护者,决定了中国不断追求文明交流互鉴而不搞文化霸权,决定了中国不会把自己的价值观念与政治体制强加于人,决定了中国坚持合作、不搞对抗,决不搞"党同伐异"的小圈子。

二、推动中华优秀传统文化创造性转化、创新性发展★★★(应用:易出单选题、多选题、简答题、材料分析题)

对历史最好的继承,就是创造新的历史。**要坚持马克思主义的立场观点方法,坚持古为今用、推陈出新,有鉴别地加以对待,有扬弃地予以继承。**创造性转化,就是要按照时代特点和要求,对那些至今仍有借鉴价值的内涵和陈旧的表现形式加以改造,赋予其新的时代内涵和现代表达形式,激活其生命力。创新性发展,就是要按照时代的新进步新发展,对中华优秀传统文化的内涵加以补充、拓展、完善,增强其影响力和感召力。**要通过创造性转化和创新性发展,使中华民族最基本的文化基因同当代中国相适应、同现代社会相协调、同现实文化相融通。**要以更加博大的胸怀,更加广泛地开展同各国的文化交流,取长补短、择善而从,在不断汲取各种文明养分中丰富和发展中华文化。

巩固练习

一、单项选择题

1. 建设社会主义文化强国、推动社会主义文化繁荣兴盛,关键在于( )。

A. 坚定中国特色社会主义文化自信 B. 高质量发展

C. 提高综合国力 D. 贯彻新发展理念

2. (　　)是更基础、更广泛、更深厚的自信,是一个国家、一个民族发展中最基本、最深沉、最持久的力量。

A. 文化自信　　　　　　　　　　B. 文化自觉

C. 文化软实力　　　　　　　　　D. 中国特色社会主义文化

二、多项选择题

1. 坚定中国特色社会主义文化自信的底气来自(　　)。

A. 中华优秀传统文化,这是我们坚定文化自信的深厚基础

B. 党带领人民在伟大斗争中孕育的革命文化和社会主义先进文化

C. 中国特色社会主义的伟大实践,这是我们坚定文化自信的不竭源泉

D. 世界各国文明的交流互鉴

2. 坚持中国特色社会主义文化建设的"二为"方向,"二为"是(　　)。

A. 为中国共产党治国理政服务　　B. 为建设社会主义现代化国家

C. 为人民服务　　　　　　　　　D. 为社会主义服务

3. 社会主义核心价值观涉及国家、社会、公民三个层面的价值要求,具体表达为(　　)。

A. 富强、民主、文明、和谐　　　B. 自由、民主、公正、法治

C. 爱国、敬业、诚信、友善　　　D. 自由、平等、公正、法治

第十一章　以保障和改善民生为重点加强社会建设

思维导图

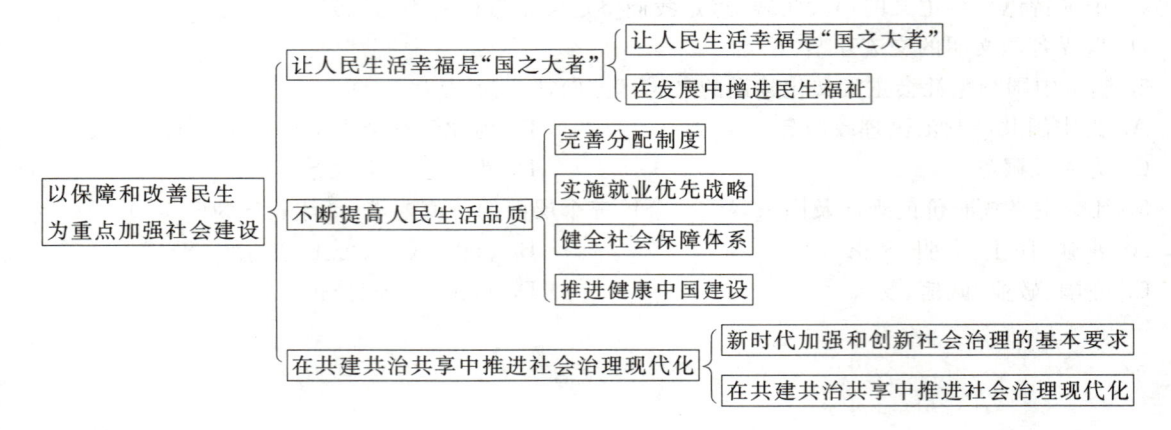

```
                          ┌─ 让人民生活幸福是"国之大者" ─┬─ 让人民生活幸福是"国之大者"
                          │                              └─ 在发展中增进民生福祉
以保障和改善民生           │                              ┌─ 完善分配制度
为重点加强社会建设 ───────┼─ 不断提高人民生活品质 ───────┼─ 实施就业优先战略
                          │                              ├─ 健全社会保障体系
                          │                              └─ 推进健康中国建设
                          └─ 在共建共治共享中推进社会治理现代化 ┬─ 新时代加强和创新社会治理的基本要求
                                                                 └─ 在共建共治共享中推进社会治理现代化
```

核心考点

第一节　让人民生活幸福是"国之大者"

一、让人民生活幸福是"国之大者"★★（理解：易出单选题、多选题）

全面建设社会主义现代化国家，出发点和落脚点是让人民生活越过越好。

1. 民生是人民幸福之基

（1）**增进民生福祉是坚持立党为公、执政为民的本质要求**。中国共产党是人民的党，任何时候都把群众利益放在第一位。（2）**增进民生福祉是社会主义生产的根本目的**。社会主义社会是人民当家作主的社会，这就决定了社会主义生产要以增进民生福祉为根本目的。（3）**增进民生福祉是全面建设社会主义现代化国家的应有之义**。中国式现代化是造福人民的现代化，要求把不断增进民生福祉放在更加突出的位置。

2. 人民获得感幸福感安全感更加充实、更有保障、更可持续

民生工作离老百姓最近，同老百姓生活最密切，解决发展问题、改善民生是我们的第一要务。

3. 坚持在发展中增进民生福祉

二、在发展中增进民生福祉★★（识记：易出单选题、多选题）

发展是解决民生问题的"总钥匙"，民生是发展的"指南针"。

（1）正确把握民生和发展的关系，是保障和改善民生的重要前提。发展是改善民生的物质基础，离开发展谈改善民生是无源之水、无本之木。

(2) 坚守底线、突出重点、完善制度、引导预期，是保障和改善民生的工作思路。

(3) 解决人民群众最关心最直接最现实的利益问题，是保障和改善民生的重中之重。

(4) 坚持尽力而为、量力而行，是保障和改善民生的重要方针。

(5) 坚持人人尽责、人人享有，让所有劳动者在推动发展中分享发展成果，是保障和改善民生的重要原则。

第二节　不断提高人民生活品质

不断提高人民生活品质，要着力于完善分配制度，实施就业优先策略，健全社会保障体系，推进健康中国建设。[提高人民生活品质的主要着力点★★（识记：易出单选题、多选题）]

一、完善分配制度

收入分配是民生之源，是改善民生、实现发展成果由人民共享最重要最直接的方式。**分配制度是促进共同富裕的基础性制度。**

二、实施就业优先战略

就业是最基本的民生，是劳动者赖以生存和发展的基础、共享经济发展成果的基本条件，关系到亿万劳动者及其家庭的切身利益。

三、健全社会保障体系

社会保障是保障和改善民生、维护社会公平、增进人民福祉的基本制度保障，是促进经济社会发展、实现广大人民群众共享改革发展成果的重要制度安排，**发挥着民生保障安全网、收入分配调节器、经济运行减震器的作用，**是治国安邦的大问题。

四、推进健康中国建设

人民健康是社会文明进步的基础，是民族昌盛和国家富强的重要标志，是促进人的全面发展的必然要求。习近平指出，人民健康是社会主义现代化的重要标志。

第三节　在共建共治共享中推进社会治理现代化

一、新时代加强和创新社会治理的基本要求★★（识记：易出单选题、多选题）

新时代加强和创新社会治理，**要求坚持系统治理、依法治理、综合治理、源头治理，**探索一条符合中国社会发展实际、更可持续的中国特色社会主义社会治理之路。

二、在共建共治共享中推进社会治理现代化★★（应用：易出单选题、多选题）

社会治理是国家治理的重要领域，推进社会治理现代化是推进国家治理体系和治理能力现代化的重要内容。

1. 加强和创新社会治理

加强和创新社会治理，就是要在党的领导下，以政府为主导，以社会多元主体参与为基础，以维护人

民群众根本利益为核心,通过合作、对话、协商、沟通等方式,依法对社会事务、社会组织和社会生活进行引导和规范,协调社会利益,化解社会矛盾,促进社会公平,推动社会稳定有序发展。

2. 完善社会治理体系

社会治理体系是进行社会治理的基础,也是提高社会治理效能的保障。(1)理念是完善社会治理体系的先导,必须**坚持共建共治共享的社会治理理念**。(2)制度是完善社会治理体系的保障,必须健全社会治理制度,提升社会治理效能。

3. 加强城乡社区治理

基层治理是国家治理的基石,城乡社区是社会治理最基本的单元,是党和政府联系、服务居民群众的"最后一公里"。(1)健全党组织领导的城乡基层治理体系,实现政府治理和社会调节、居民自治良性互动。(2)坚持和发展新时代"枫桥经验""浦江经验",完善正确处理新形势下人民内部矛盾机制。(3)加快推进市域社会治理现代化,提高市域社会治理能力。

巩固练习

一、单项选择题

1.（　　）是我们坚持立党为公、执政为民的本质要求。
   A. 增进民生福祉　　　　　　　　　　　　B. 建立强大的国防
   C. 全面依法治国　　　　　　　　　　　　D. 思想政治教育

2.（　　）是政府联系群众的"最后一公里"。
   A. 乡村人民政府　　B. 居委会　　　　C. 基层党支部　　　D. 城乡社区

3.（　　）是最大的民生工程、民心工程、根基工程,是社会稳定的重要保障。
   A. 生产　　　　　　B. 共同富裕　　　C. 就业　　　　　　D. 生活水平

二、多项选择题

1. 增进民生福祉是（　　）。
   A. 坚持立党为公、执政为民的本质要求　　　B. 社会主义生产的根本目的
   C. 全面建设社会主义现代化国家的应有之义　 D. 社会主义和资本主义是一样的

2. 加强和创新社会治理,就是（　　）。
   A. 在党的领导下,以政府为主导,以社会多元主体参与为基础
   B. 以维护人民群众根本利益为核心
   C. 通过合作、对话、协商、沟通等方式,依法对社会事务、社会组织和社会生活进行引导和规范,化解社会矛盾
   D. 促进社会公平,推动社会稳定有序发展

第十二章　建设社会主义生态文明

思维导图

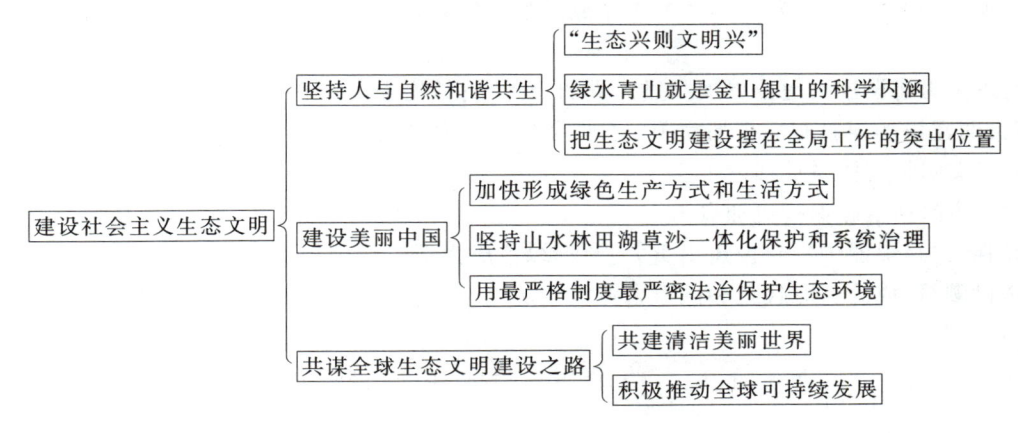

```
建设社会主义生态文明
├── 坚持人与自然和谐共生
│   ├── "生态兴则文明兴"
│   ├── 绿水青山就是金山银山的科学内涵
│   └── 把生态文明建设摆在全局工作的突出位置
├── 建设美丽中国
│   ├── 加快形成绿色生产方式和生活方式
│   ├── 坚持山水林田湖草沙一体化保护和系统治理
│   └── 用最严格制度最严密法治保护生态环境
└── 共谋全球生态文明建设之路
    ├── 共建清洁美丽世界
    └── 积极推动全球可持续发展
```

核心考点

第一节　坚持人与自然和谐共生

生态环境是人类生存最为基础的条件,生态文明建设是关系中华民族永续发展的根本大计。大自然是人类赖以生存发展的基本条件,尊重自然、顺应自然、保护自然是全面建设社会主义现代化国家的内在要求。

一、"生态兴则文明兴"★★（理解：易出单选题、多选题）

(1) 自然是生命之母,人与自然是生命共同体。人来源于自然,依赖于自然,在同自然的互动中生产、生活与发展。

(2) 生态环境变化直接影响文明的兴衰演替。历史表明,人类文明的发展离不开良好生态环境这个根本基础。

(3) 生态文明是人类文明发展的历史趋势。生态文明是工业文明发展到一定阶段的产物,是人类社会进步的重大成果。

(4) 中华民族向来尊重自然、热爱自然,绵延5000多年的中华文明孕育着丰富的生态文化。

二、绿水青山就是金山银山的科学内涵★★（识记：易出单选题、多选题）

生态环境问题归根到底是经济发展方式和生活方式问题。绿水青山就是金山银山,这是重要的发展理念,也是推进现代化建设的重大原则。这一理念,阐明了经济发展与生态环境保护之间的关系,揭示了保护生态环境就是保护生产力、改善生态环境就是发展生产力的道理,指明了实现发展和保护协同共生的新路径。

(1)生态环境保护和经济发展二者是辩证统一、相辅相成的关系。(2)绿水青山既是自然财富、生态财富,又是社会财富、经济财富。坚持生态优先、绿色发展,把生态环境优势转化为生态农业、生态工业、生态旅游等生态经济优势,绿水青山就变成了金山银山。(3)**处理好绿水青山和金山银山的关系,关键在人,关键在思路**。新时代,我国经济已由高速增长阶段转向高质量发展阶段,生态环境的支撑作用越来越明显。

三、把生态文明建设摆在全局工作的突出位置★★(理解:易出单选题、多选题)

生态文明建设是重大经济问题,也是关系党的使命宗旨的重大政治问题、关系民生福祉的重大社会问题。

(1)生态文明建设战略地位更加凸显。党的十九大把"增强绿水青山就是金山银山的意识"等写入党章,生态文明建设的谋篇布局更加完善、更加系统,也更加成熟。

(2)生态文明制度体系更加健全。

(3)污染防治和生态保护更加有力。

经过顽强努力,美丽中国建设迈出重大步伐,绿色成为新时代中国的鲜明底色。新时代生态文明建设的成就举世瞩目,成为新时代党和国家事业取得历史性成就、发生历史性变革的显著标志。

第二节 建设美丽中国

建设美丽中国,是全面建设社会主义现代化国家的重要目标,也是满足人民日益增长的优美生态环境需要的必然要求。建设美丽中国,需要做到以下三方面。[建设美丽中国的主要任务★★★(应用:易出单选题、多选题、简答题、材料分析题、论述题)]

一、加快形成绿色生产方式和生活方式

习近平指出:"绿色发展,就其要义来讲,是要解决好人与自然和谐共生问题。"

(1)加快推动产业结构、能源结构、交通运输结构等调整优化。(2)推进各类资源节约集约利用。(3)积极稳妥推进碳达峰碳中和。(4)健全绿色发展的保障体系。(5)坚持把建设美丽中国转化为全体人民自觉行动。

二、坚持山水林田湖草沙一体化保护和系统治理

山水林田湖草沙是一个生命共同体,是不可分割的生态系统。要坚持系统观念,按照生态系统的整体性、系统性及其内在规律维护生态平衡,提升生态系统多样性、稳定性、持续性。

(1)加快实施重要生态系统保护和修复重大工程。(2)推进自然保护地体系建设。(3)科学推进荒漠化、石漠化、水土流失综合治理,持续开展大规模国土绿化行动。(4)实施生物多样性保护重大工程。(5)推行草原森林河流湖泊湿地休养生息。

三、用最严格制度最严密法治保护生态环境

保护生态环境必须依靠制度、依靠法治。必须把制度建设作为生态文明建设的重中之重,构建产权清晰、多元参与、激励约束并重、系统完整的生态文明制度体系,把生态文明建设纳入制度化、法治化轨道。

(1)实行最严格的生态环境保护制度。(2)全面建立资源高效利用制度。(3)严明生态环境保护责任制度。

第三节　共谋全球生态文明建设之路

一、共建清洁美丽世界★★（识记：易出单选题、多选题）

建设人与自然和谐共生的地球家园，要顺应世界各国人民对美好生态环境的需要，以绿色转型为驱动，坚持多边主义，推动全球环境治理体系更加公平合理，携手共建清洁美丽世界。

（1）坚持以人为本。

（2）坚持科学治理。要加深对自然规律的认识，自觉以对规律的认识指导行动。

（3）坚持多边主义。应对生态环境挑战，必须摒弃"单边主义""极端利己主义""甩锅推责"，打造多元共治的全球生态治理体系。

（4）坚持共同但有区别的责任原则。必须充分考虑历史责任、各国国情和生态治理能力，坚持各尽所能、国家自主决定贡献的制度安排；必须充分肯定发展中国家应对气候变化所作的贡献，照顾其特殊困难和关切。

二、积极推动全球可持续发展★★（应用：易出单选题、多选题）

中国作为世界上最大的发展中国家，深度参与全球气候治理，同世界各国共同推进全球生物多样性治理，积极共建绿色"一带一路"，承担大国责任，展现大国担当。

1. 积极参与全球气候治理

中国重信守诺，已经将应对气候变化全面融入国家经济社会发展战略，实施一系列应对气候变化的战略、措施和行动，倡议各方携手应对气候变化挑战，努力推动构建公平合理、合作共赢的全球气候治理体系。

2. 积极推进全球生物多样性治理

3. 积极打造绿色"一带一路"

通过共建"一带一路"生态环保大数据服务平台，继续实施绿色丝路使者计划，推动"一带一路"绿色投资，为"一带一路"沿线国家和地区绿色发展提供有力支撑，让绿色切实成为共建"一带一路"的底色。

继续促进可持续发展，需要国际社会加强合作，秉持生态文明理念，以绿色转型为驱动，以人民福祉为中心，以国际法为基础，共建地球生命共同体，共建清洁美丽世界，书写人与自然和谐共生的美好画卷。

巩固练习

一、单项选择题

1.（　　）是工业文明发展到一定阶段的产物。
  A. 农业文明　　　　B. 中华文明　　　　C. 生态文明　　　　D. 文明交流

2. 处理好绿水青山和金山银山的关系，关键在人，关键在（　　）。
  A. 效益　　　　　　B. 钱　　　　　　　C. 思路　　　　　　D. 高质量发展

3.（　　）是全面建设社会主义现代化国家的重要目标，也是满足人民日益增长的优美生态环境需要的必然要求。
  A. 依法治国　　　　B. 建设美丽中国　　C. 共同富裕　　　　D. 建设文化强国

4. 要树立尊重自然、顺应自然、保护自然的生态文明理念,增强(　　)的意识。
   A. 金山银山不如绿水青山　　　　　　B. 绿水青山就是金山银山
   C. 金山银山就是绿水青山　　　　　　D. 绿水青山胜过金山银山

二、多项选择题

1. 对"绿水青山就是金山银山"的理解,正确的观点是(　　)。
   A. 这是重要的发展理念
   B. 也是推进现代化建设的重大原则
   C. 阐明了经济发展与生态环境保护之间的关系
   D. 揭示了保护生态环境就是保护生产力、改善生态环境就是发展生产力的道理
2. 加快形成绿色生产方式和生活方式,要(　　)。
   A. 加快推动产业结构、能源结构、交通运输结构等调整优化
   B. 推进各类资源节约集约利用
   C. 积极稳妥推进碳达峰碳中和
   D. 健全绿色发展的保障体系
   E. 把建设美丽中国转化为全体人民的自觉行动
3. 共建清洁美丽世界,必须(　　)。
   A. 坚持以人为本　　　　　　　　　　B. 坚持多边主义
   C. 坚持共同但有区别的责任原则　　　D. 坚持科学治理
4. 推动全球可持续发展,我国必须(　　)。
   A. 积极参与全球气候治理　　　　　　B. 积极推进全球生物多样性治理
   C. 积极打造绿色"一带一路"　　　　　D. 以上说法都对

第十三章 维护和塑造国家安全

思维导图

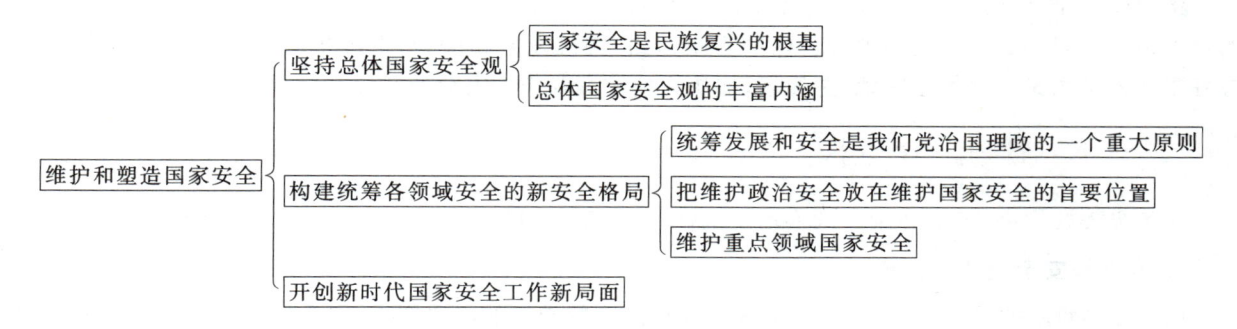

```
                    ┌─ 坚持总体国家安全观 ─┬─ 国家安全是民族复兴的根基
                    │                    └─ 总体国家安全观的丰富内涵
维护和塑造国家安全 ──┼─ 构建统筹各领域安全的新安全格局 ─┬─ 统筹发展和安全是我们党治国理政的一个重大原则
                    │                                 ├─ 把维护政治安全放在维护国家安全的首要位置
                    │                                 └─ 维护重点领域国家安全
                    └─ 开创新时代国家安全工作新局面
```

核心考点

第一节 坚持总体国家安全观

一、国家安全是民族复兴的根基★★（理解：易出单选题、多选题）

国家安全是指国家政权、主权、统一和领土完整、人民福祉、经济社会可持续发展和国家其他重大利益相对处于没有危险和不受内外威胁的状态，以及保障持续安全状态的能力。

（1）国家安全是民族复兴的根基，社会稳定是国家强盛的前提。

（2）进入新时代，我国面临更为严峻复杂的国家安全形势，各类风险成因多样、彼此交织。面对新形势新挑战，维护国家安全和社会安定对实现中华民族伟大复兴具有十分紧要的意义。

二、总体国家安全观的丰富内涵★★★（识记：易出单选题、多选题）

2014年4月15日，习近平在中央国家安全委员会第一次会议上首次提出总体国家安全观，强调必须坚持总体国家安全观，走出一条中国特色国家安全道路。

总体国家安全观以人民安全为宗旨，坚持国家安全一切为了人民、一切依靠人民，始终把保护人民安全放在最重要的位置，充分发挥广大人民群众积极性、主动性、创造性，汇聚起维护国家安全的强大力量；**以政治安全为根本**，坚持把政治安全放在首要位置，完善政治安全工作体系，提高防范化解政治安全风险的能力和水平，实现政治安全、人民安全、国家利益至上有机统一；**以经济安全为基础**，加强经济安全风险预警、防控机制和能力建设，实现重要产业、基础设施、战略资源、重大科技等关键领域安全可控，不断增强经济实力、科技实力、综合国力，运用发展成果夯实国家安全的实力基础；**以军事、科技、文化、社会安全为保障**，积极适应军事、科技、文化、社会领域面临的新情况新问题，遵循不同领域的特点规律，建立完善强基固本、化险为夷的各项对策措施，为维护国家安全提供硬实力和软实力保障；**以促进国际**

安全为依托，推动树立共同、综合、合作、可持续的全球安全观，加强国际安全合作，完善全球安全治理体系，共同构建普遍安全的人类命运共同体，积极营造我国现代化建设的良好外部安全环境。

国家安全观的关键是"总体"，强调"大安全"理念，涵盖诸多领域，并且随着社会发展不断调整。

第二节　构建统筹各领域安全的新安全格局

一、构建统筹各领域安全的新安全格局★★（应用：易出单选题、多选题）

构建新安全格局是应对国家安全形势新变化新趋势的战略选择，是全面贯彻落实总体国家安全观的重大举措。要坚定不移走中国特色国家安全道路，**统筹发展和安全，把维护政治安全放在首要位置，守好重点领域国家安全的主阵地、主战场**，加快构建统筹各领域安全的新安全格局。

二、统筹发展和安全是我们党治国理政的一个重大原则★★（理解：易出单选题、多选题）

统筹发展和安全，是党和国家的一项基础性工作，是我们党治国理政的一个重大原则。

1. 发展和安全是两件大事

（1）**发展解决的是动力问题，是推动国家和民族赓续绵延的根本支撑；安全解决的是保障问题**，是确保国家和民族行稳致远的坚强柱石。（2）发展具有基础性、根本性，是解决安全问题的总钥匙，发展就是最大的安全。安全是发展的条件和保障。（3）发展和安全是一体之两翼、驱动之双轮，必须同步推进。

2. 以新安全格局保障新发展格局

（1）只有以新安全格局保障新发展格局，把国家发展建立在更加安全更为可靠的基础之上，才能夯实我国经济发展的根基、增强发展的安全性稳定性，才能在各种可以预见和难以预见的风险挑战中增强我国的生存力、竞争力、发展力、持续力，确保中华民族伟大复兴进程不被迟滞甚至中断，胜利实现全面建成社会主义现代化强国目标。（2）新安全格局保障新发展格局，必须统筹维护国家安全各类要素、各个领域、各方资源、各种手段，主动塑造于我有利的外部安全环境，推动发展和安全深度融合，实现高质量发展和高水平安全的良性互动。

三、把维护政治安全放在维护国家安全的首要位置★★（应用：易出单选题、多选题）

构建统筹各领域安全的新安全格局，必须把维护政治安全作为应对各领域安全风险挑战的首要任务。政治安全是国家安全的根本。政治安全涉及国家主权、政权、制度和意识形态的稳固，是一个国家最根本的需求，是一切国家生存和发展的基础条件。政治安全决定和影响着国家的经济安全、军事安全、社会安全等各个领域的安全。

1. 维护政权安全，就是要毫不动摇坚持和巩固党的领导和长期执政地位

党的领导是做好党和国家各项工作的根本保证，是我国政治稳定、经济发展、民族团结、社会稳定的根本点。

2. 维护制度安全，就是要毫不动摇坚持和完善中国特色社会主义制度

制度稳则国家稳，社会主义制度是我国的根本制度，中国特色社会主义制度所具有的显著优势是抵御风险挑战、维护国家安全的根本保证。

3. 维护意识形态安全，就是要毫不动摇坚持和巩固马克思主义在意识形态领域的指导地位，不断巩固全党全国人民团结奋斗的共同思想基础

要把维护意识形态安全摆在极端重要位置，落实意识形态工作责任制，把意识形态工作的领导权、管理权、话语权牢牢掌握在党的手中。

政治安全与人民安全、国家利益至上是有机统一的。政治安全是维护人民安全和国家利益的根本保证;人民安全居于中心地位,国家安全归根到底是保障人民利益;国家利益至上是实现政治安全和人民安全的要求和原则。

四、维护重点领域国家安全★★(识记:易出单选题、多选题)

构建统筹各领域安全的新安全格局,维护重点领域国家安全是主阵地、主战场。要聚焦重点、抓纲带目,统筹推进各重点领域国家安全工作:(1)维护国土安全;(2)维护经济安全;(3)维护社会安全;(4)维护网络、人工智能、数据安全;(5)维护生物安全和公共卫生安全;(6)维护外部安全。

第三节　开创新时代国家安全工作新局面

国家安全体系和能力是国家安全制度及其执行能力的集中体现。推进国家安全体系和能力现代化,是新时代维护国家安全的迫切要求,也是推进国家治理体系和治理能力现代化的重要工程。必须坚持以改革创新为动力,全面构建系统完备、科学规范、运行有效的国家安全制度体系,切实增强维护和塑造国家安全的能力。[推进国家安全体系和能力现代化★★(识记:易出单选题、多选题)]

推进国家安全体系和能力现代化,要:

(1)健全完善国家安全体系。健全国家安全体系、加强国家安全制度建设,是保障国家安全的治本之策,是维护和塑造国家安全的重要支撑。

(2)增强维护国家安全能力。

巩固练习

一、单项选择题

1. 总体国家安全观以(　　)为宗旨,坚持国家安全一切为了人民。
A. 人民安全　　　　　B. 政治安全　　　　　C. 国内安全　　　　　D. 国际安全
2. 总体国家安全观以(　　)为基础,加强经济安全风险预警、防控机制和能力建设。
A. 国土安全　　　　　B. 经济安全　　　　　C. 国内安全　　　　　D. 国际安全
3. (　　)是应对国家安全形势新变化新趋势的战略选择,是全面贯彻落实总体国家安全观的重大举措。
A. 统筹稳定和发展　　　　　　　　　　　　B. 构建新发展格局
C. 构建新安全格局　　　　　　　　　　　　D. 建立强大的军队

二、多项选择题

1. 对发展和安全的理解,正确的观点是(　　)。
A. 发展解决的是动力问题,是推动国家和民族赓续绵延的根本支撑
B. 安全解决的是保障问题,是确保国家和民族行稳致远的坚强柱石
C. 发展具有基础性、根本性,是解决安全问题的总钥匙
D. 发展和安全是一体之两翼、驱动之双轮,必须同步推进
2. 2018年4月,习近平进一步阐述了总体国家安全观,提出坚持(　　)至上的有机统一,坚持维护和塑造国家安全等重大判断。
A. 人民安全　　　　　B. 政治安全　　　　　C. 国家利益　　　　　D. 经济发展

第十四章 建设巩固国防和强大人民军队

思维导图

```
                          ┌─ 强国必须强军,军强才能国安 ┬─ 强国必须强军,军强才能国安
                          │                          └─ 新时代人民军队使命任务
建设巩固国防和强大人民军队 ─┼─ 实现党在新时代的强军目标 ┬─ 强军目标的科学内涵
                          │                          └─ 全面推进国防和军队现代化的战略安排
                          └─ 加快推进国防和军队现代化 ┬─ 坚持党对人民军队的绝对领导
                                                    └─ 坚持政治建军、改革强军、科技强军、人才强军、依法治军
```

核心考点

第一节 强国必须强军,军强才能国安

一、强国必须强军,军强才能国安 ★★（理解：易出单选题、多选题）

建设同我国国际地位相称、同国家安全和发展利益相适应的巩固国防和强大人民军队,是新时代党和国家事业发展的必然要求。国防和军队建设是捍卫国家主权、安全、发展利益的坚强后盾。

（1）国无防不立,民无兵不安。没有一支强大的军队,就不可能有强大的祖国。

（2）中国越发展壮大,遇到的阻力和压力就会越大,面临的风险就会越多。只有以强大军事实力为后盾,政治安全、国土安全等其他安全才能托底,国家的总体安全和人民的幸福生活才有保障,实现国家繁荣富强的主动权才能牢牢掌握在自己手中。

（3）当今世界,和平与发展仍然是时代主题,但并不太平。

二、新时代人民军队使命任务 ★★（识记：易出单选题、多选题）

人民军队是执行党的政治任务的武装集团,党和人民所需就是军队使命任务所系。人民军队自成立起,就始终为争取民族独立、人民解放和实现国家富强、人民幸福而英勇奋斗。党中央着眼实现中华民族伟大复兴这个国家和民族最高利益,对人民军队使命任务作出新定位、提出新要求,概括起来就是"四个战略支撑"。

（1）为巩固中国共产党领导和我国社会主义制度提供战略支撑。人民军队必须坚定站在党的旗帜下,坚决听党指挥,坚决保卫社会主义制度,坚决维护国家政权安全,坚决维护政治社会大局稳定。

（2）为捍卫国家主权、统一和领土完整提供战略支撑。

（3）为维护我国海外利益提供战略支撑。有效维护海外中国公民、组织和机构的安全和正当权益,

是人民军队担负的重要任务。

（4）为促进世界和平与发展提供战略支撑。

第二节　实现党在新时代的强军目标

一、强军目标的科学内涵★★★（识记：易出单选题、多选题）

党的十九大明确提出，党在新时代的强军目标是建设一支听党指挥、能打胜仗、作风优良的人民军队，把人民军队建设成为世界一流军队。

（1）**听党指挥是灵魂**，决定军队建设的政治方向。坚持党对人民军队的绝对领导是人民军队永远不变的军魂。

（2）**能打胜仗是核心**，反映军队的根本职能和军队建设的根本指向。能打仗、打胜仗是军队的根本价值所在。

（3）**作风优良是保证**，关系军队的性质、宗旨、本色。在长期实践中，人民军队形成了一整套光荣传统和优良作风，这是人民军队的鲜明特色和政治优势，也是人民军队战无不胜、攻无不克的重要保证。

二、全面推进国防和军队现代化的战略安排★★（识记：易出单选题、多选题）

党的十九届五中全会进一步充实了国防和军队现代化的目标任务和发展步骤，明确提出确保2027年实现建军一百年奋斗目标，这形成了**国防和军队现代化新"三步走"战略安排**。(1)到2027年实现建军一百年奋斗目标。(2)到2035年基本实现国防和军队现代化。(3)到本世纪中叶把人民军队全面建成世界一流军队。

第三节　加快推进国防和军队现代化

一、坚持党对人民军队的绝对领导★★（理解：易出单选题、多选题）

1. 原因

（1）坚持党对人民军队的绝对领导，是马克思主义建党建军的一条基本原则。（2）党对人民军队的绝对领导，是建军之本、强军之魂。

2. 措施

（1）坚持党对人民军队的绝对领导必须有一整套制度作保证。这些制度是人民军队完全区别于一切旧军队的政治特质和根本优势。（2）**军委主席负责制是坚持党对人民军队绝对领导的根本制度和根本实现形式**，在党领导军队的一整套制度体系中处于最高层次、居于统领地位。

二、坚持政治建军、改革强军、科技强军、人才强军、依法治军★★（应用：易出单选题、多选题）

新的征程上，开创国防和军队现代化新局面，必须全面推进政治建军、改革强军、科技强军、人才强军、依法治军，加快把人民军队建设成为世界一流军队，以更强大的能力、更可靠的手段捍卫国家主权、安全、发展利益。

（1）政治建军是人民军队的立军之本。抓军队建设首先要从政治上看，坚持从思想上政治上建设和掌握部队,强化政治意识、大局意识、核心意识、看齐意识,确保枪杆子永远掌握在忠于党的可靠的人手中。

(2) 改革是决定人民军队发展壮大、制胜未来的关键一招。

(3) 科技是核心战斗力,是军事发展中最活跃、最具革命性的因素。军事科技的每一次突破,都极大提升了军队的作战能力。

(4) 强军之道,要在得人。人才是推动人民军队高质量发展、赢得军事竞争和未来战争主动的关键因素,必须实施新时代人才强军战略,锻造德才兼备的高素质、专业化新型军事人才。

(5) 依法治军是我们党建军治军的基本方式。

全面加强军事治理是治军理念和方式的一场深刻变革,必须着力构建现代军事治理体系,以高水平治理推动我军高质量发展。

巩固练习

一、单项选择题

1. 习近平强军思想明确(　　)是人民军队建军之本、强军之魂。
   A. 政治工作　　　　　　　　　　B. 党对人民军队的绝对领导
   C. 练兵备战　　　　　　　　　　D. 先进科技

2. 在新时代的强军目标中,(　　)是核心。
   A. 听党指挥　　　　　　　　　　B. 能打胜仗
   C. 作风优良　　　　　　　　　　D. 全面建成世界一流军队

3. (　　)是人民军队的鲜明特色和政治优势,也是人民军队战无不胜、攻无不克的重要保证。
   A. 能打胜仗　　　B. 军民情谊　　　C. 听党指挥　　　D. 作风优良

4. (　　),是决定军队建设的政治方向。
   A. 军民融合是关键　　B. 能打胜仗是核心　　C. 听党指挥是灵魂　　D. 作风优良是保证

二、多项选择题

1. 新时代人民军队的使命任务是(　　)。
   A. 为巩固中国共产党领导和我国社会主义制度提供战略支撑
   B. 为捍卫国家主权、统一和领土完整提供战略支撑
   C. 为维护我国海外利益提供战略支撑
   D. 为促进世界和平与发展提供战略支撑

2. 党在新时代的强军目标是建设一支(　　)的人民军队。
   A. 听党指挥　　　B. 能打胜仗　　　C. 作风优良　　　D. 敢于创新

3. 我国国防和军队建设新"三步走"战略安排是(　　)。
   A. 到2027年,实现建军一百年奋斗目标
   B. 到2035年,基本实现国防和军队现代化
   C. 到本世纪中叶,把人民军队全面建成世界一流军队
   D. 到2050年,全面实现军事作战无人化、智能化

4. 党在新时代的强军目标的科学内涵是(　　)。
   A. 听党指挥是灵魂,决定军队建设的政治方向
   B. 能打胜仗是核心,反映军队的根本职能和军队建设的根本指向
   C. 作风优良是保证,关系军队的性质、宗旨、本色
   D. 以上说法都不对

第十五章　坚持"一国两制"和推进祖国完全统一

思维导图

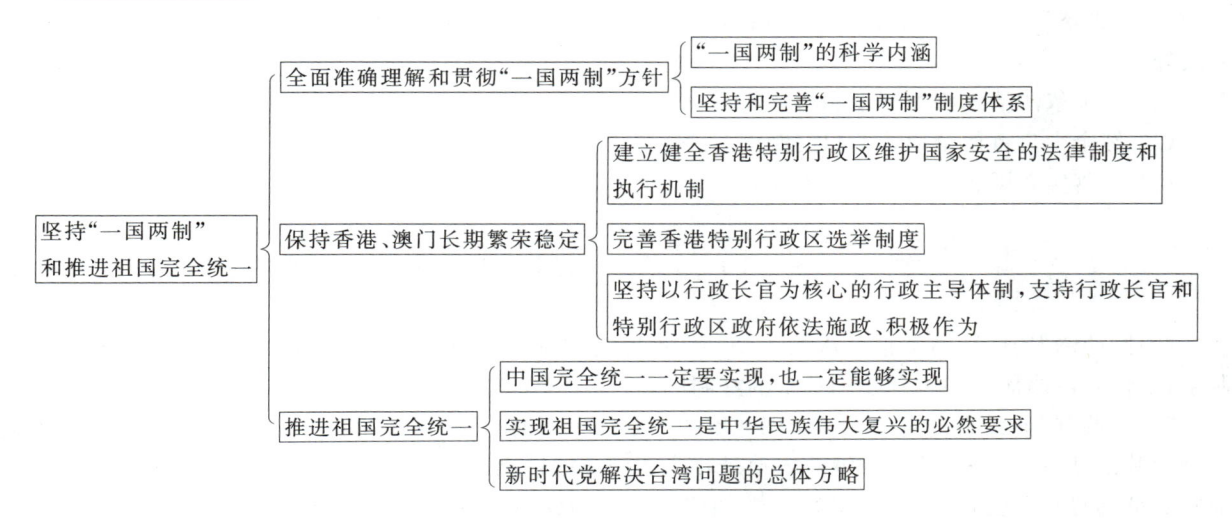

```
                          ┌─ 全面准确理解和贯彻"一国两制"方针 ─┬─ "一国两制"的科学内涵
                          │                                    └─ 坚持和完善"一国两制"制度体系
                          │
                          │                                    ┌─ 建立健全香港特别行政区维护国家安全的法律制度和
坚持"一国两制"            │                                    │   执行机制
和推进祖国完全统一 ───────┼─ 保持香港、澳门长期繁荣稳定 ──────┼─ 完善香港特别行政区选举制度
                          │                                    └─ 坚持以行政长官为核心的行政主导体制，支持行政长官和
                          │                                        特别行政区政府依法施政、积极作为
                          │
                          │                                    ┌─ 中国完全统一一定要实现，也一定能够实现
                          └─ 推进祖国完全统一 ─────────────────┼─ 实现祖国完全统一是中华民族伟大复兴的必然要求
                                                               └─ 新时代党解决台湾问题的总体方略
```

核心考点

第一节　全面准确理解和贯彻"一国两制"方针

一、"一国两制"的科学内涵 ★★（识记：易出单选题、多选题）

"一国两制"是党领导人民实现祖国和平统一的一项重要制度，是国家的一项基本国策。"一国两制"是中国特色社会主义制度创新的重要成果。作为一项基本国策，"一国两制"是指在统一的国家之内，国家主体实行社会主义制度，个别地区依法实行资本主义制度。"一国两制"是中国共产党领导人民实现祖国和平统一的伟大构想。**"一国两制"伟大构想，最早是针对台湾问题提出来的，首先运用于解决香港和澳门问题。**"一国两制"为国际社会解决类似问题提供了新思路新方案。

1. 牢牢把握"一国两制"的根本宗旨

"一国两制"的根本宗旨是维护国家主权、安全、发展利益，保持香港、澳门长期繁荣稳定。

2. 准确把握"一国"和"两制"的关系

"一国两制"方针是一个完整的体系。维护国家主权、安全、发展利益是"一国两制"方针的最高原则，在这个前提下，香港、澳门保持原有的资本主义制度长期不变，享有高度自治权。**"一国"是实行"两制"的前提和基础，"两制"从属和派生于"一国"，并统一于"一国"之内。**

3. 坚持中央全面管治权和保障特别行政区高度自治权相统一

全面管治权与高度自治权在本质上是统一的。**全面管治权是授权特别行政区高度自治的前提和基础**，高度自治权是中央行使全面管治权的体现。

4. 坚定落实"爱国者治港""爱国者治澳"原则

政权必须掌握在爱国者手中，这是世界通行的政治法则。

5. 坚持依法治港治澳

依法治理是最可靠、最稳定的治理。

二、坚持和完善"一国两制"制度体系★★（识记：易出单选题、多选题）

"一国两制"作为党和国家的大政方针，必须通过具体的制度体系、制度安排、制度规则呈现出来、落到实处。

（1）加强依法治理相关制度和机制建设。
（2）健全中央行使全面管治权的制度。
（3）为落实爱国者治理提供制度保障。

第二节　保持香港、澳门长期繁荣稳定

"一国两制"实践取得举世公认的成功。实践充分证明，"一国两制"是保持港澳长期繁荣稳定的好制度，是保障港澳居民根本利益和福祉的好制度。

"一国两制"的提出首先是为了实现和维护国家统一，任何危害国家主权安全、挑战中央权力和香港特别行政区基本法权威、利用香港对内地进行渗透破坏的活动，都是对底线的触碰，都是绝不能允许的。面对香港局势动荡变化，党中央审时度势，采取一系列标本兼治的举措，坚决维护以宪法和基本法为基础的特别行政区宪制秩序，推动香港局势实现由乱到治的重大转折。［推动香港进入由乱到治走向由治及兴的新阶段★★（理解：易出单选题、多选题）］

一、建立健全香港特别行政区维护国家安全的法律制度和执行机制

中央政府对香港特别行政区有关的国家安全事务负有根本责任，香港特别行政区负有维护国家安全的宪制责任。2020年5月，十三届全国人大三次会议通过《全国人民代表大会关于建立健全香港特别行政区维护国家安全的法律制度和执行机制的决定》。同年6月，十三届全国人大常委会第二十次会议通过《中华人民共和国香港特别行政区维护国家安全法》，为香港特别行政区行政、立法和司法机构依法防范、制止和惩治危害国家安全的行为和活动提供了有力制度保障，筑牢了在香港特别行政区防控国家安全风险的制度屏障，成为维护香港稳定的"定海神针"。

二、完善香港特别行政区选举制度

全面贯彻并落实"爱国者治港"原则，形成一套符合香港法律地位和实际情况的选举制度。2021年3月，十三届全国人大四次会议通过《全国人民代表大会关于完善香港特别行政区选举制度的决定》。2023年7月，《2023年区议会（修订）条例》刊宪并实施，这是香港特别行政区全面落实"爱国者治港"的重要举措，对完善地区选举和治理工作具有重要意义。

三、坚持以行政长官为核心的行政主导体制，支持行政长官和特别行政区政府依法施政、积极作为

在中央政府、香港特别行政区政府和社会各界的共同努力下，香港已实现由乱到治的重大转折，正处在由治及兴的关键时期。

第三节 推进祖国完全统一

一、中国完全统一一定要实现，也一定能够实现★★（应用：易出单选题、多选题）

解决台湾问题、实现祖国完全统一，是党矢志不渝的历史任务，是全体中华儿女的共同愿望，是实现中华民族伟大复兴的必然要求。

（1）实现祖国完全统一是中华民族伟大复兴的必然要求。
（2）坚持贯彻新时代党解决台湾问题的总体方略。
（3）牢牢把握两岸关系主导权和主动权。①"和平统一、一国两制"方针是实现两岸统一的最佳方式；② 促进两岸经济文化交流合作，深化两岸各领域融合发展；③ 坚持以最大诚意、尽最大努力争取和平统一的前景，但决不承诺放弃使用武力。

国家统一、民族复兴的历史车轮滚滚向前，只要我们团结一心、共同奋斗，就一定能够完成祖国统一大业，就一定能够共创中华民族伟大复兴美好未来！

二、实现祖国完全统一是中华民族伟大复兴的必然要求★★（理解：易出单选题、多选题）

实现祖国完全统一是由中华民族伟大复兴的时和势决定的，是不可阻挡的历史潮流。

（1）民族复兴、国家统一是大势所趋、大义所在、民心所向。中华文明具有突出的统一性，国家统一永远是中国核心利益的核心。台湾问题因民族弱乱而产生，必将随着民族复兴而解决。
（2）台湾前途在于国家统一，台湾同胞福祉系于民族复兴。两岸关系和平发展是维护两岸和平、促进两岸共同发展、造福两岸同胞的正确道路。
（3）统一是历史大势，是正道；"台独"是历史逆流，是绝路。"台独"分裂是祖国统一的最大障碍，是民族复兴的严重隐患。

三、新时代党解决台湾问题的总体方略★★（识记：易出单选题、多选题）

新时代党解决台湾问题的总体方略内涵丰富、逻辑严密、系统完备，深刻回答了推进祖国统一的一系列重大理论和实践问题，是我们党对台大政方针的继承发展和集大成。

（1）坚持党中央对对台工作的集中统一领导，这是统一的根本保证。
（2）坚持在中华民族伟大复兴进程中推进祖国统一，这是统一的历史方位；坚持在祖国大陆发展进步基础上解决台湾问题，这是统一的战略思路。
（3）坚持"和平统一、一国两制"基本方针，这是统一的大政方针。
（4）坚持一个中国原则和"九二共识"，这是统一的政治基础。
（5）坚持推动两岸关系和平发展、融合发展，这是统一的实践途径。
（6）坚持团结台湾同胞、争取台湾民心，这是统一的根本动力。
（7）坚持粉碎"台独"分裂图谋，这是统一的必然要求。
（8）坚持反对外部势力干涉，这是统一的外部条件。

(9) 坚持决不承诺放弃使用武力,这是统一的战略支撑。

巩固练习

一、单项选择题

1. "一国两制"的根本宗旨是（　　）。
   A. 保持香港、澳门长期繁荣稳定
   B. 解决台湾问题
   C. 维护国家主权、安全、发展利益,保持香港、澳门长期繁荣稳定
   D. 实现中华民族伟大复兴

2. "一国两制"是一个完整的概念。"一国"是实行"两制"的（　　）,"两制"从属和派生于"一国"并统一于"一国"之内。
   A. 目标和原则　　　B. 前提和基础　　　C. 方向和路径　　　D. 结果和目标

3. 中央政府对特别行政区拥有（　　）,这是特别行政区高度自治权的源头。
   A. 自主选择权　　　B. 全面管治权　　　C. 高度管理权　　　D. 立法管治权

4. （　　）,这是实现祖国统一的战略支撑。
   A. 坚持党中央对对台工作的集中统一领导　　　B. 坚持反对外部势力干涉
   C. 坚持团结台湾同胞、争取台湾民心　　　　　D. 坚持决不承诺放弃使用武力

5. "一国两制"伟大构想,最早是针对（　　）提出来的。
   A. 香港问题　　　B. 澳门问题　　　C. 金门问题　　　D. 台湾问题

6. （　　）是两岸关系的政治基础。
   A. 继续推进两岸"三通"　　　　　　　　　B. 促进两岸人文交流
   C. 协商解决两岸同胞关心的问题　　　　　D. 一个中国原则

二、多项选择题

1. 坚持和完善"一国两制"制度体系,要（　　）。
   A. 加强依法治理相关制度和机制建设　　　B. 健全中央行使全面管治权的制度
   C. 为落实爱国者治理提供制度保障　　　　D. 坚持并保留英国之前在香港的各种制度

2. 牢牢把握两岸关系主导权和主动权,要做到（　　）。
   A. 坚持"和平统一、一国两制"方针,探索"两制"台湾方案
   B. 坚持以最大诚意、尽最大努力争取和平统一的前景
   C. 促进两岸经济文化交流合作,深化两岸各领域融合发展
   D. 承诺放弃使用武力

3. 以下关于"一国"和"两制"的关系,正确的是（　　）。
   A. "一国两制"是一个完整的概念
   B. "一国"是实行"两制"的前提和基础
   C. "两制"从属和派生于"一国",并统一于"一国"之内
   D. 国家的主体必须实行社会主义制度,特别行政区所有居民应该自觉尊重和维护国家的根本制度

第十六章 中国特色大国外交和推动构建人类命运共同体

思维导图

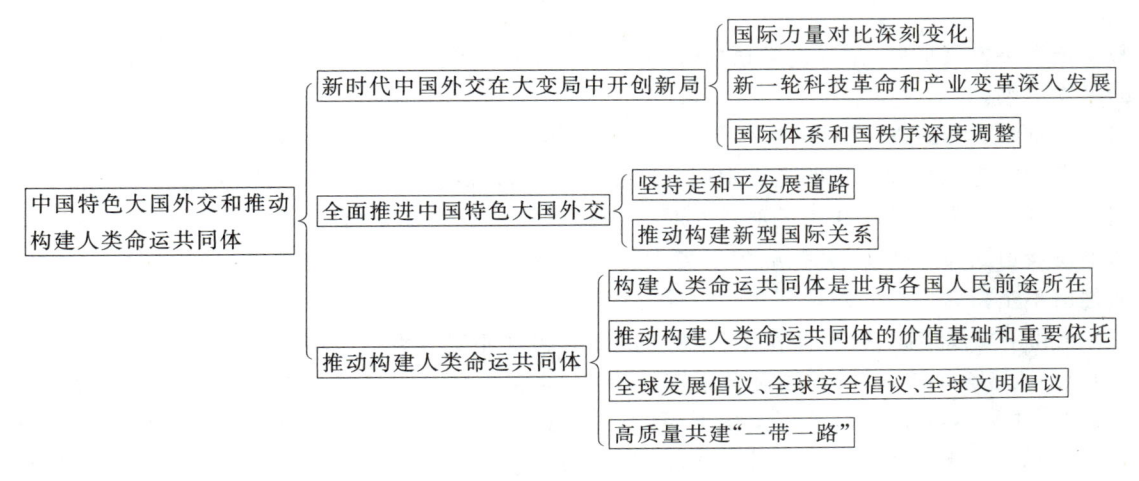

中国特色大国外交和推动构建人类命运共同体
- 新时代中国外交在大变局中开创新局
  - 国际力量对比深刻变化
  - 新一轮科技革命和产业变革深入发展
  - 国际体系和国际秩序深度调整
- 全面推进中国特色大国外交
  - 坚持走和平发展道路
  - 推动构建新型国际关系
- 推动构建人类命运共同体
  - 构建人类命运共同体是世界各国人民前途所在
  - 推动构建人类命运共同体的价值基础和重要依托
  - 全球发展倡议、全球安全倡议、全球文明倡议
  - 高质量共建"一带一路"

核心考点

第一节 新时代中国外交在大变局中开创新局

一方面,世界多极化、经济全球化、社会信息化、文化多样化深入发展,和平、发展、合作、共赢的历史潮流不可阻挡;另一方面,世界面临的不稳定性不确定性突出,全球性问题加剧,人类处在一个危机交织叠加、风险日益增多的时代。当今世界正经历百年未有之大变局,主要体现在以下三方面。[当今世界正经历百年未有之大变局★★★(理解:易出单选题、多选题、简答题)]

一、国际力量对比深刻变化

新兴市场国家和发展中国家群体性崛起,自身实力、自主发展能力、国际影响力不断增强,正在改变全球政治经济版图。

二、新一轮科技革命和产业变革深入发展

科学技术从来没有像今天这样深刻影响着各国前途命运,从来没有像今天这样深刻改变人类社会生产生活方式和思维方式。

三、国际体系和国际秩序深度调整

西方发达国家主导的国际政治经济秩序越来越难以为继,发展中国家在国际事务中的代表性和发言权不断扩大。

当前,世界之变、时代之变、历史之变正以前所未有的方式展开,世界百年未有之大变局加速演进,世界进入新的动荡变革期。人类社会面临前所未有的挑战。

第二节　全面推进中国特色大国外交

一、坚持走和平发展道路★★(识记:易出单选题、多选题)

坚持**走和平发展道路**,是我们党根据时代发展潮流和我国根本利益作出的战略抉择,**是新时代中国外交的基本原则。**

(1)走和平发展道路,是对国际社会关注中国发展走向的回应,更是中国人民对实现自身发展目标的自信和自觉。走和平发展道路是由中国共产党性质宗旨和我国社会主义制度决定的。走和平发展道路是基于中国历史文化传统作出的必然选择。中华民族是爱好和平的民族,中华文明具有突出的和平性。和平发展道路符合历史潮流、顺应世界大势。和平发展道路对中国有利、对世界有利,我们想不出有任何理由不坚持这条被实践证明是走得通的道路。

(2)**走和平发展道路,就要坚定奉行独立自主的和平外交政策。**中国始终根据事情本身的是非曲直决定自己的立场和政策,维护国际关系基本准则,维护国际公平正义。中国尊重各国主权和领土完整,坚持国家不分大小、强弱、贫富一律平等,尊重各国人民选择的发展道路和社会制度,坚决反对一切形式的霸权主义和强权政治,反对冷战思维,反对干涉别国内政,反对搞双重标准。中国奉行防御性的国防政策,中国的发展是世界和平力量的增长,无论发展到什么程度,中国永远不称霸、永远不搞扩张。

(3)走和平发展道路,既要通过维护世界和平发展自己,又要通过自身发展维护世界和平。

二、推动构建新型国际关系★★★★(应用:易出单选题、多选题、简答题、材料分析题、论述题)

推动构建新型国际关系,就是要秉持相互尊重、公平正义、合作共赢原则,走出一条对话而不对抗、结伴而不结盟的国与国交往新路;中国坚持在和平共处五项原则基础上同各国发展友好合作,深化拓展平等、开放、合作的全球伙伴关系。

(1)推进大国协调合作,构建和平共处、总体稳定、均衡发展的大国关系格局,是中国对外关系的重要内容。

(2)坚持亲诚惠容和与邻为善、以邻为伴周边外交方针,深化同周边国家友好互信和利益融合。周边是我国安身立命之所、发展繁荣之基。

(3)秉持真实亲诚理念和正确义利观,加强同发展中国家团结合作。中国是世界上最大的发展中国家,广大发展中国家是我国在国际事务中的天然同盟军。

(4)秉持求同存异、相互尊重、互学互鉴理念,构建新型政党关系。中国共产党愿在独立自主、完全平等、互相尊重、互不干涉内部事务原则基础上加强同各国政党和政治组织交流合作,探索建立求同存异、相互尊重、互学互鉴的新型政党关系。

第三节　推动构建人类命运共同体

一、构建人类命运共同体是世界各国人民前途所在★★★（理解：易出单选题、多选题、简答题）

人类命运共同体，顾名思义，就是每个民族、每个国家的前途命运都紧紧联系在一起，应该风雨同舟、荣辱与共，努力把我们生于斯、长于斯的这个星球建成一个和睦的大家庭，把世界各国人民对美好生活的向往变成现实。**构建人类命运共同体，就是要携手世界各国人民共同建设持久和平、普遍安全、共同繁荣、开放包容、清洁美丽的世界。**

（1）建设持久和平的世界，就要坚持国家之间的对话协商，坚持大国小国一律平等，构建对话不对抗、结伴不结盟的伙伴关系，尊重彼此核心利益和重大关切，管控矛盾分歧，努力形成相互尊重、公平正义、合作共赢的新型国际关系。

（2）建设普遍安全的世界，就要树立共同、综合、合作、可持续的安全观，统筹应对传统和非传统安全威胁，反对一切形式的恐怖主义，营造公道正义、共建共享的安全格局。

（3）建设共同繁荣的世界，就要坚持你好我好大家好的理念，推进开放、包容、普惠、平衡、共赢的经济全球化，创造全人类共同发展的良好条件，共同推动世界各国发展繁荣，让发展成果惠及世界各国。

（4）建设开放包容的世界，就要坚持交流互鉴，促进和而不同、兼收并蓄的文明交流，不同文明之间要对话不要对立，要交流不要取代，要包容不要冲突，推动人类文明实现创造性发展。

（5）建设清洁美丽的世界，就要倡导绿色、低碳、循环、可持续的生产生活方式，采取行动应对气候变化，构筑尊崇自然、绿色发展的生态体系，促进人与自然和谐共生，共建地球生命共同体。

二、推动构建人类命运共同体的价值基础和重要依托★★（识记：易出单选题、多选题）

推动构建人类命运共同体，要弘扬全人类共同价值，落实全球发展倡议、全球安全倡议、全球文明倡议，广泛凝聚共识、汇聚力量，携手建设合作共赢的美好世界。

（1）**推动构建人类命运共同体，必须弘扬全人类共同价值**。2015年9月，习近平在出席第七十届联合国大会一般性辩论时明确指出："**和平、发展、公平、正义、民主、自由，是全人类的共同价值**，也是联合国的崇高目标。"全人类共同价值包含当今时代人类价值观优秀成果，和平与发展是人类的共同事业，公平正义是人类的共同理想，民主自由是人类的共同追求。全人类共同价值与各国各民族价值观既相区别又相联系，它是从世界各国、各民族价值观中提炼出来的，同时又契合了时代发展的需要。**全人类共同价值与西方所谓的"普世价值"是两个不同的概念**，两者存在根本区别。前者反映了全人类的共同利益，体现了不同文明的价值共识，后者仅代表部分西方国家的利益，依靠霸权强行输出。

（2）**发展是人类社会的永恒主题**，各国人民热切期盼通过发展实现对美好生活的向往。

（3）**安全是发展的前提**，是人类最基本最普遍的愿望，是各国人民根本利益所在。

（4）**文明多样性是世界的基本特征**，也是人类进步的源泉。

三、全球发展倡议、全球安全倡议、全球文明倡议★★（识记：易出单选题、多选题）

1. 全球发展倡议

倡导各国坚持发展优先，坚持以人民为中心，坚持普惠包容，坚持创新驱动，坚持人与自然和谐共生，坚持行动导向，共同推动全球发展迈向平衡协调包容新阶段。

2. 全球安全倡议

倡导各国坚持共同、综合、合作、可持续的安全观,坚持尊重各国主权和领土完整、不干涉别国内政,坚持遵守联合国宪章宗旨和原则,坚持重视各国合理安全关切,坚持通过对话协商以和平方式解决国家间的分歧和争端,坚持统筹维护传统领域和非传统领域安全。

3. 全球文明倡议

倡导尊重世界文明多样性,倡导弘扬全人类共同价值,倡导重视文明传承和创新,倡导加强国际人文交流合作。

四、高质量共建"一带一路"★★(应用:易出单选题、多选题)

共建"一带一路"是对中国与世界实现开放共赢路径的顶层设计,是推动构建人类命运共同体的实践平台。要顺应时代要求和各国加快发展的愿望,积极推动高质量共建"一带一路",使各国人民共享世界发展成果。

1. "一带一路"倡议根植历史,更面向未来,源于中国,更属于世界

(1)这一倡议的核心内涵,是促进基础设施建设和互联互通,加强经济政策协调和发展战略对接,促进协同联动发展,实现共同繁荣。(2)这一倡议的最高目标,是在"一带一路"建设国际合作框架内,各方携手应对世界经济面临的挑战,开创发展新机遇,谋求发展新动力,拓展发展新空间,实现优势互补、互利共赢,不断朝着人类命运共同体方向迈进。

2. 共建"一带一路"追求的是发展,崇尚的是共赢,传递的是希望

3. 共建"一带一路"是造福沿线各国人民的大事业

经过中国和沿线国家的持续努力,"一带一路"倡议从夯基垒台、立柱架梁到落地生根、持久发展,给沿线国家和地区带来了实实在在的利益。

巩固练习

一、单项选择题

1. (　　)是构建人类命运共同体的重要思想基础,凝聚了人类不同文明的价值共识。
   A. 人类理想追求　　　　　　　　B. 全人类共同价值
   C. 全球经济发展　　　　　　　　D. 世界一体化建设

2. 构建人类命运共同体思想,核心是"建设持久和平、普遍安全、共同繁荣、(　　)的世界"。
   A. 合作共赢、持续发展　　　　　B. 开放包容、合作共赢
   C. 合作共赢、清洁美丽　　　　　D. 开放包容、清洁美丽

3. (　　),是全人类的共同价值,也是联合国的崇高目标。目标远未完成,我们仍须努力。
   A. 经济、安全、公平、正义、合作、共赢　　B. 和平、发展、公平、正义、民主、自由
   C. 和平、发展、合作、开放、民主、自由　　D. 经济、发展、合作、包容、民主、共赢

二、多项选择题

1. 当今世界正经历百年未有之大变局,具体表现在(　　)。
   A. 和平与发展是世界的主题
   B. 国际力量对比深刻变化
   C. 新一轮科技革命和产业变革深入发展
   D. 国际体系和国际秩序深度调整

2. 对共建"一带一路"的正确理解是(　　)。
A. 共建"一带一路"是推动构建人类命运共同体的实践平台
B. "一带一路"倡议根植历史,更面向未来,源于中国,更属于世界
C. 共建"一带一路"追求的是发展,崇尚的是共赢,传递的是希望
D. 共建"一带一路"是造福沿线各国人民的大事业
3. 构建人类命运共同体,其核心就是建设持久和平、(　　)的世界。
A. 清洁美丽　　　　B. 普遍安全　　　　C. 共同繁荣　　　　D. 开放包容
4. 新型国际关系的原则是(　　)。
A. 相互尊重　　　　B. 公平正义　　　　C. 合作共赢　　　　D. 和平共处

第十七章 全面从严治党

思维导图

全面从严治党
- 全面从严治党是新时代党的建设的鲜明主题
  - 打铁必须自身硬
  - 坚定不移全面从严治党
  - 全面从严治党取得历史性开创性成就
- 以政治建设为统领深入推进党的建设
  - 把党的政治建设摆在首位
  - 思想建设是党的基础性建设
- 坚定不移推进反腐败斗争
- 建设长期执政的马克思主义政党
  - 党的自我革命是跳出历史周期率的第二个答案
  - 时刻保持解决大党独有难题的清醒和坚定
  - 以伟大自我革命引领伟大社会革命

核心考点

第一节 全面从严治党是新时代党的建设的鲜明主题

一、全面从严治党是新时代党的建设的鲜明主题 ★★（识记：易出单选题、多选题）

党要管党、全面从严治党，是党的建设的一贯要求和根本方针。**全面从严治党是党永葆生机活力、走好新的赶考之路的必由之路，是新时代党的建设的鲜明主题。**

1. 打铁必须自身硬

（1）加强党的自身建设是新形势下推进伟大事业、进行伟大斗争、实现伟大梦想的必然要求。（2）加强党的自身建设是把党锻造成坚强有力的马克思主义政党的迫切需要。

2. 坚定不移全面从严治党

（1）**全面从严治党，核心是加强党的领导，基础在全面，关键在严，要害在治。**党的领导是中国特色社会主义制度的最大优势，是党和国家各项事业发展的根本政治保证。（2）全面从严治党是一项管党治党的系统工程，客观上需要一个布局合理、内容科学、要素齐备、统一高效的全面从严治党体系。

3. 全面从严治党取得历史性开创性成就

二、全面从严治党取得历史性开创性成就 ★★（识记：易出单选题、多选题）

党的十八大以来，以习近平同志为核心的党中央把全面从严治党贯穿中国特色社会主义事业全过程和党的建设各方面,以真抓的实劲、敢抓的狠劲、善抓的巧劲、常抓的韧劲,采取一系列战略举措,持续推进全面从严治党。

(1) 党中央从制定和落实中央八项规定破题,牢牢抓住"关键少数",坚持从中央做起,从领导干部抓起,以上率下,展现了我们党管党治党的决心,推动全面从严治党不断深入。

(2) 在推进全面从严治党的实践中,我们党不断深化对管党治党规律的认识,形成了一系列重要经验。一是坚持思想建党和制度治党相统一,既要解决思想问题,也要解决制度问题,把坚定理想信念作为根本任务,把制度建设贯穿到党的各项建设之中。二是坚持使命引领和问题导向相统一,既要立足当前、直面问题,在解决人民群众最不满意的问题上下功夫;又要着眼未来、登高望远,在加强统筹谋划、强化顶层设计上着力。三是坚持抓"关键少数"和管"绝大多数"相统一,既对广大党员提出普遍性要求,又对"关键少数"特别是高级干部提出更高更严的标准,进行更严的管理和监督。四是坚持行使权力和担当责任相统一,真正把落实管党治党政治责任作为最根本的政治担当,紧紧咬住"责任"二字,抓住"问责"这个要害。五是坚持严格管理和关心信任相统一,坚持真管真严、敢管敢严、长管长严,贯彻惩前毖后、治病救人的一贯方针,抓早抓小、防微杜渐,最大限度防止干部出问题,最大限度激发干部积极性。六是坚持党内监督和群众监督相统一,以党内监督带动其他监督,积极畅通人民群众建言献策和批评监督渠道,充分发挥群众监督、舆论监督作用。

全面从严治党取得的成就来之不易,但还远未到大功告成的时候。必须始终坚持问题导向,保持战略定力,一以贯之、持之以恒。

第二节 以政治建设为统领深入推进党的建设

一、把党的政治建设摆在首位★★★(应用:易出单选题、多选题、简答题)

党的政治建设是党的根本性建设。 把政治建设纳入党的建设总体布局并摆在首位,是新时代我们党对马克思主义党建理论的重大创新,体现了我们党对共产党执政规律的深刻认识,有着充分的理论和实践依据。

1. 旗帜鲜明讲政治是我们党作为马克思主义政党的根本要求

马克思主义政党坚持以无产阶级和全人类的解放为己任,具有崇高政治理想、高尚政治追求、纯洁政治品质、严明政治纪律。

2. 保证全党服务党中央,维护党中央权威和集中统一领导,是党的政治建设的首要任务

要坚决维护习近平同志党中央的核心、全党的核心地位,坚决维护党中央权威和集中统一领导,始终在思想上政治上行动上同党中央保持高度一致。

3. 发挥党的政治建设的统领性作用,必须把准政治方向、站稳政治立场、营造良好政治生态、提高政治能力

政治方向是党生存发展第一位的问题,必须发挥政治指南针作用,引导全党把智慧和力量凝聚到新时代坚持和发展中国特色社会主义事业中。政治立场事关党的政治建设根本,必须始终坚定马克思主义立场,坚决站稳党性立场和人民立场。在领导干部的能力中,政治能力是第一位的。

二、思想建设是党的基础性建设★★★(应用:易出单选题、多选题、简答题)

深入推进全面从严治党,必须把思想建设作为基础性建设,教育引导党员干部用习近平新时代中国特色社会主义思想凝心铸魂。

1. 加强思想建设是坚守理想信念、坚定革命意志的前提

理想信念的坚定,来自思想理论的坚定。

2. 加强思想建设是保证政治上清醒坚定、行动上团结统一的要求

要坚持用习近平新时代中国特色社会主义思想武装头脑，把全党全国各族人民的思想进一步统一起来、意志进一步凝聚起来，促进学习成果转化为增强"四个意识"、坚定"四个自信"、做到"两个维护"的政治自觉和行动自觉。

3. 加强思想建设是贯彻党的理论和路线方针政策、推进党和国家事业发展的重要保障

党的思想建设从来都是与革命、建设、改革实践和人民群众的斗争密切联系在一起的。

第三节　坚定不移推进反腐败斗争

腐败是危害党的生命力和战斗力的最大毒瘤，是党长期执政面临的最大威胁。 反腐败是最彻底的自我革命，是全面从严治党的"必答题"。

不敢腐、不能腐、不想腐是相互依存、相互促进的有机整体。"**不敢**"**是前提**，要以严格的执纪执法增强制度刚性，让党员、干部从害怕被查处的"不敢"走向敬畏党和人民、敬畏党纪国法的"不敢"；"**不能**"**是关键**，要科学配置权力，加强重点领域监督机制改革和制度建设，推动形成不断完备的制度体系、严格有效的监督体系；"**不想**"**是根本**，要靠加强理想信念教育、提高党性觉悟、涵养廉洁文化。筑牢拒腐防变的思想道德防线，夯实不忘初心、牢记使命的思想根基。一体推进不敢腐、不能腐、不想腐，必须三者同时发力、同向发力、综合发力，把不敢腐的强大震慑效能、不能腐的刚性制度约束、不想腐的思想教育优势融于一体。在新的历史条件下，要继续在不敢腐上持续加压，始终保持零容忍震慑不变、高压惩治力量常在；在不能腐上深化拓展，前移反腐关口，深化源头治理；在不想腐上巩固提升，更加注重正本清源、固本培元。[一体推进不敢腐、不能腐、不想腐★★（理解：易出单选题、多选题）]

第四节　建设长期执政的马克思主义政党

一、党的自我革命是跳出历史周期率的第二个答案★★（理解：易出单选题、多选题）

跳出历史周期率问题，是关系党千秋伟业的一个重大问题。**毛泽东在延安的窑洞里给出了第一个答案，这就是"让人民来监督政府"**。经过百年奋斗特别是党的十八大以来新的实践，党又给出了第二个答案，这就是自我革命。

1. 勇于自我革命，是中国共产党区别于其他政党的显著标志，也是我们党最大的优势、最鲜明的品格

我们党之所以勇于自我革命，是因为我们党除了国家、民族、人民的利益，没有任何自己的特殊利益，这是我们党自我革命的勇气之源、底气所在；是因为我们党有高度的自信，从不讳疾忌医，敢于直面问题，勇于坚持真理、修正错误；是因为我们党立志于中华民族千秋伟业，始终坚守初心使命，需要在革命性锻造中永葆青春活力，给党和人民事业发展注入源源不断的强大力量。

2. 勇于自我革命就要同一切影响党的先进性、弱化党的纯洁性的问题作坚决斗争，实现自我净化、自我完善、自我革新、自我提高

自我净化，就是要坚定理想信念宗旨，自觉抵御各种腐朽思想侵蚀，提高政治免疫力，清除一切侵蚀党的健康肌体的病毒。**自我完善**，就是要着力补短板、强弱项、固根本，不断构建系统完备、科学规范、运行有效的制度体系，完善决策科学、执行坚决、监督有力的权力运行机制。提升党的长期执政能力。**自我革新**，就是要善于调动全党积极性、主动性、创造性，坚决破除一切不合时宜的思想观念和体制机制弊端，通过改革和制度创新压缩腐败现象生存空间和滋生土壤，营造风清气正的政治生态。**自我提高**，就是要永不僵化、永不停滞，在学习实践中砥砺品格、增长才干，全面增强执政本领，不断提升政治境界、思想境界、道德境界,永葆党的生机活力。"四个自我"形成了依靠党自身力量发现问题、纠正偏差、推动创新、实现执政能力整体性提升的良性循环,**是实现伟大自我革命的重要途径。**

我们党自成立以来,外靠发展人民民主、接受人民监督,内靠全面从严治党、推进自我革命,保证了党长盛不衰、不断发展壮大。进入新时代,我们党全面从严治党,形成了一整套党自我净化、自我完善、自我革新、自我提高的制度规范体系。

二、时刻保持解决大党独有难题的清醒和坚定★★(识记:易出单选题、多选题)

全面从严治党永远在路上,党的自我革命永远在路上。我们党在世界上人口最多的国家长期执政,历史久、人数多、规模大,既有办大事、建伟业的巨大优势,也面临治党治国的特殊难题。解决大党独有难题,是一个长期而艰巨的过程,要以清醒的自觉、持续的定力破解难题。时刻保持解决大党独有难题的清醒和坚定,展现了我们党历经百年沧桑依然风华正茂的精神状态。

三、以伟大自我革命引领伟大社会革命★★(应用:易出单选题、多选题)

伟大的马克思主义政党不是天生的,而是在长期社会实践中锻造而成的,是在不断自我革命中淬炼而成。

1. 中国共产党的不懈奋斗史,就是一部伟大自我革命和伟大社会革命相互促进的历史

实践充分证明,中国共产党能够带领人民进行伟大的社会革命,也能够进行伟大的自我革命。

2. 以伟大自我革命引领伟大社会革命是新时代中国特色社会主义发展的显著特点

新时代坚持和发展中国特色社会主义,是一场艰巨而伟大的社会革命,这就要求我们党以更清醒的自觉、更坚定的决心、更高的标准进行伟大自我革命。

党的伟大事业是一代一代接续推进的,党的自我革命永远在路上。我们必须不忘初心、牢记使命,大力弘扬伟大建党精神,以伟大自我革命引领伟大社会革命,确保承载着中国人民伟大梦想的航船破浪前进,胜利驶向光辉的未来。

巩固练习

一、单项选择题

1. 坚持党要管党、全面从严治党,以党的(　　)为统领。
  A. 政治建设　　　　　　　　　　B. 思想建设
  C. 组织建设　　　　　　　　　　D. 作风建设

2. 经过不懈努力,党找到了(　　)这一跳出治乱兴衰历史周期率的第二个答案,确保党永远不变质、不变色、不变味。
  A. 新发展理念　　　　　　　　　B. 自我革命
  C. 自我完善　　　　　　　　　　D. 总体国家安全观

3. (　　)是党的政治建设的首要任务。
  A. 增强"四个意识"
  B. 贯彻"四个全面"
  C. 学习贯彻习近平新时代中国特色社会主义思想
  D. 保证全党服从中央,维护党中央权威和集中统一领导

4. (　　)是党的基础性建设。
  A. 政治建设　　　B. 思想建设　　　C. 制度建设　　　D. 作风建设

二、多项选择题

1. 党的二十大报告指出,中国共产党立志于中华民族千秋伟业,致力于人类和平与发展崇高事业,全党同志要始终牢记"三个务必",这"三个务必"是(　　)。
   A. 务必不忘初心、牢记使命　　　　　　B. 务必谦虚谨慎、艰苦奋斗
   C. 务必贯彻好群众路线　　　　　　　　D. 务必敢于斗争、善于斗争

2. 党的十九大报告中提出新时代党的建设总要求,要坚持和加强党的全面领导,坚持党要管党、全面从严治党,以加强党的(　　)为主线。
   A. 长期执政能力建设　　　　　　　　　B. 先进性建设
   C. 纯洁性建设　　　　　　　　　　　　D. 制度性建设

福建省普通高校专升本考试"思想政治理论"考试说明

（2023年修订）

普通高校专升本考试（以下简称"专升本考试"）是普通高校全日制高职应届毕业生升入普通高校全日制本科的选拔性考试，其目的是科学、公平、有效地测试考生在高职阶段相关专业知识、基本理论与方法的掌握水平和分析问题、解决问题的能力，以利于各普通本科院校择优选拔，确保招生质量。专升本考试贯彻党的教育方针，落实立德树人根本任务，促进高素质技术技能人才成长，培养德智体美劳全面发展的社会主义建设者和接班人。

"思想政治理论"作为专升本考试的公共基础课，其考试说明编制的依据：以中共中央办公厅、国务院办公厅《关于深化新时代学校思想政治理论课改革创新的若干意见》，教育部《新时代高校思想政治理论课教学工作基本要求》，教育部党组《"新时代高校思想政治理论课创优行动"工作方案》等文件精神为指导，教材选用马克思主义理论研究和建设工程重点教材《思想道德与法治》《毛泽东思想和中国特色社会主义理论体系概论》（2023年修订版，高等教育出版社）、《习近平新时代中国特色社会主义思想概论》（高等教育出版社、人民出版社）、《时事报告（大学生版）》（高校"形势与政策"课专用，中共中央宣传部时事报告杂志社）等。注重考查考生在高职阶段应知应会的思想政治理论基础知识、基本素养和实践应用能力。

一、考核目标与要求

本科目考核立足基础，突出应用，考查考生在高职阶段对于思想政治理论基础知识、基本素养和实践应用能力的掌握程度，主要包括思想道德与法治、毛泽东思想和中国特色社会主义理论体系概论、习近平新时代中国特色社会主义思想概论、形势与政策等内容。具体要求如下：

（一）思想道德与法治

以正确的世界观、人生观、价值观和道德观、法治观教育为主要内容，把社会主义核心价值观贯穿教学的全过程，通过理论学习和实践体验，帮助学生形成崇高的理想信念，弘扬伟大的爱国精神，确立正确的人生观和价值观，加强思想品德修养，增强学法、用法的自觉性，全面提高大学生的思想道德素质、行为修养和法治素养。

（二）毛泽东思想和中国特色社会主义理论体系概论

正确认识确立毛泽东思想、邓小平理论、"三个代表"重要思想、科学发展观指导地位的重大意义，掌握其精髓和基本内容，增强走中国特色社会主义道路的信心和自觉性。

（三）习近平新时代中国特色社会主义思想概论

正确认识确立习近平新时代中国特色社会主义思想指导地位的重大意义，掌握其精髓和基本内容，增强建设和发展中国特色社会主义的信心和自觉性。

（四）形势与政策内容

考试前一年（1月－12月）至当年考试前一个月中共中央宣传部时事报告杂志社出版的《时事报告（大学生版）》教学要点及国内外重大时政事件，结合大学生的思想实际，考查学生对党的路线、方针和政策的理解。

二、考试内容与要求

本科目考试内容包括思想道德与法治、毛泽东思想和中国特色社会主义理论体系概论、习近平新时代中国特色社会主义思想概论、形势与政策等内容共四个部分。主要考查考生识记、理解和应用三个层次能力。具体考试内容与要求如下：

（一）思想道德与法治（约30分）

1. 担当复兴大任 成就时代新人

（1）识记

中国特色社会主义新时代的基本内涵。

（2）理解

中国特色社会主义进入新时代的历史意义。

（3）应用

① 新时代呼唤担当民族复兴大任的时代新人；

② 提升新时代大学生的思想道德素质和法治素养。

2. 领悟人生真谛 把握人生方向

（1）识记

① 人生观、世界观和价值观的科学内涵；

② 人生观的主要内容；

③ 人生目的、人生态度和人生价值的内涵及相互关系。

（2）理解

① 马克思主义关于人的本质的认识；

② 个人与社会的辩证关系；

③ 高尚的人生追求；

④ 积极进取的人生态度；

⑤ 人生价值的评价与实现。

（3）应用

① 正确对待人生矛盾；

② 反对错误人生观，成就出彩人生。

3. 追求远大理想 坚定崇高信念

（1）识记

理想、信念的内涵与特征。

（2）理解

① 理想信念是精神之"钙"；

② 增强对马克思主义、共产主义的信仰，对中国特色社会主义的信念，对实现中华民族伟大复兴的信心；

③ 马克思主义的科学性、人民性、实践性和开放性；
④ 理想与现实的辩证统一；
⑤ 个人理想与社会理想的有机结合。
(3) 应用
为实现中国梦注入青春能量。

4. 继承优良传统 弘扬中国精神

(1) 识记
① 中国精神的丰富内涵；
② 民族精神和时代精神的核心；
③ 爱国主义的基本内涵。

(2) 理解
① 崇尚精神是中华民族的优秀传统；
② 中国共产党是中国精神的忠实继承者和坚定弘扬者；
③ 实现中国梦必须弘扬中国精神；
④ 爱国爱党爱社会主义的统一；
⑤ 维护祖国统一与民族团结；
⑥ 经济全球化背景下需要弘扬爱国主义；
⑦ 反对历史虚无主义；
⑧ 改革创新是新时代的迫切要求。

(3) 应用
① 传承中华优秀传统文化；
② 做新时代的忠诚爱国者；
③ 做改革创新的生力军。

5. 明确价值要求 践行价值准则

(1) 识记
① 价值、价值观和核心价值观的含义；
② 社会主义核心价值观的主要内容。

(2) 理解
① 当代中国发展进步的精神指引；
② 社会主义核心价值观的显著特征；
③ 认清西方"普世价值"的实质。

(3) 应用
培育和践行社会主义核心价值观。

6. 遵守道德规范 锤炼道德品质

(1) 识记
① 道德的含义；
② 社会主义道德的核心和原则；
③ 中华传统美德的基本精神；
④ 中国革命道德的主要内容；
⑤ 公共生活中的道德规范；
⑥ 职业生活中的道德规范；

⑦ 恋爱、婚姻家庭中的道德规范；
⑧ 个人品德。
(2) 理解
① 道德的起源与本质；
② 道德的功能与作用；
③ 社会主义道德的先进性；
④ 坚持集体主义原则；
⑤ 坚持以为人民服务为核心；
⑥ 网络生活中的道德要求；
⑦ 中华传统美德的创造性转化和创新性发展；
⑧ 中国革命道德的当代价值；
⑨ 正确的恋爱观与婚姻观。
(3) 应用
崇德向善的道德实践，提升自身道德修养。

7. 学习法治思想 提升法治素养

(1) 识记
① 法律及其历史发展；
② 我国社会主义法律的本质特征；
③ 我国社会主义法律的运行；
④ 全面依法治国的根本遵循；
⑤ 习近平法治思想的主要内容；
⑥ 我国宪法的地位和基本原则；
⑦ 我国宪法法律规定的权利和义务；
⑧ 法律权利与法律义务。
(2) 理解
① 我国社会主义法律是党的主张和人民意志的统一；
② 习近平法治思想的意义；
③ 走中国特色社会主义法治道路；
④ 建设法治中国；
⑤ 加强宪法实施与监督；
⑥ 社会主义法治思维。
(3) 应用
① 依法行使法律权利和依法履行法律义务；
② 新时代大学生要不断提升法治素养。

(二) 毛泽东思想和中国特色社会主义理论体系概论（约 30 分）

1. 导论 马克思主义中国化时代化的历史进程与理论成果

(1) 识记
① 马克思主义中国化时代化的提出；
② 马克思主义中国化时代化的理论成果。
(2) 理解
① 马克思主义中国化时代化的历史进程；

② 马克思主义中国化时代化的科学内涵。

2. 毛泽东思想及其历史地位

（1）识记

① 毛泽东思想形成发展的过程；

② 毛泽东思想的主要内容。

（2）理解

① 毛泽东思想形成发展的历史条件；

② 毛泽东思想活的灵魂。

（3）应用

毛泽东思想的历史地位。

3. 新民主主义革命理论

（1）识记

① 近代中国的社会性质和主要矛盾；

② 近代中国革命的时代特征；

③ 新民主主义革命的总路线；

④ 新民主主义革命的基本纲领；

⑤ 新民主主义革命的性质和前途。

（2）理解

① 新民主主义革命道路的提出、内容和重大意义；

② 新民主主义革命道路形成的必然性；

③ 新民主主义革命理论的实践基础；

④ 新民主主义革命的三大法宝。

（3）应用

新民主主义革命的基本经验。

4. 社会主义改造理论

（1）识记

① 新民主主义社会的性质；

② 新民主主义社会的五种经济成分；

③ 党在过渡时期的总路线；

④ 适合中国特点的社会主义改造道路和历史经验。

（2）理解

① 走适合我国国情的社会主义工业化的历史必然性；

② 党在过渡时期的总路线提出的依据；

③ 我国社会主义基本制度的确立及其理论依据。

（3）应用

我国确立社会主义基本制度的重大意义。

5. 社会主义建设道路初步探索的理论成果

（1）识记

①《论十大关系》的主要内容、基本方针及标志意义；

②《关于正确处理人民内部矛盾的问题》提出的历史背景；

③ 社会主义改造完成后我国社会的主要矛盾、根本任务和处理社会矛盾的基本方法；

④ "三个主体,三个补充"的设想。
(2) 理解
① 社会主义建设道路初步探索的重要理论成果；
② 走中国工业化道路的思想；
③ 党对社会主义建设道路初步探索的意义。
(3) 应用
党对社会主义建设道路初步探索的经验教训。

6. 中国特色社会主义理论体系的形成发展

(1) 识记
① 中国特色社会主义理论体系形成发展的国际背景；
② 中国特色社会主义理论体系形成发展的历史条件；
③ 中国特色社会主义理论体系的形成；
④ 中国特色社会主义理论体系的跨世纪发展。
(2) 理解
① 中国特色社会主义理论体系形成发展的实践基础；
② 中国特色社会主义理论体系在新世纪新阶段的新发展；
③ 中国特色社会主义理论体系在新时代的新篇章。

7. 邓小平理论

(1) 识记
① 邓小平理论首要的基本的理论问题；
② 邓小平理论的主要内容。
(2) 理解
① 社会主义初级阶段理论和党的基本路线；
② 社会主义根本任务和发展战略理论；
③ 社会主义改革开放理论和社会主义市场经济理论；
④ "一国两制"与祖国统一；
⑤ 党的建设理论。
(3) 应用
① 邓小平理论的精髓；
② 邓小平理论的历史地位。

8. "三个代表"重要思想

(1) 识记
① "三个代表"重要思想的核心观点；
② "三个代表"重要思想的主要内容。
(2) 理解
发展是党执政兴国的第一要务。
(3) 应用
"三个代表"重要思想的历史地位。

9. 科学发展观

(1) 识记
① 科学发展观的科学内涵；

② 科学发展观的主要内容。

(2) 理解

① 推动经济社会发展是科学发展观的第一要义；

② 全面协调可持续是科学发展观的基本要求；

③ 构建社会主义和谐社会；

④ 推进生态文明建设。

(3) 应用

科学发展观的历史地位。

(三) 习近平新时代中国特色社会主义思想概论(约 30 分)

1. 导论

(1) 识记

① 习近平新时代中国特色社会主义思想科学回答的时代课题；

② 习近平新时代中国特色社会主义思想的主要内容；

③ "两个确立"的基本内涵。

(2) 理解

① 习近平新时代中国特色社会主义思想创立的时代背景；

② 习近平新时代中国特色社会主义思想是"两个结合"的重大成果。

(3) 应用

习近平新时代中国特色社会主义思想的历史地位。

2. 新时代坚持和发展中国特色社会主义

(1) 识记

① 中国特色社会主义新时代的科学内涵；

② 社会主要矛盾的变化；

③ 新时代伟大变革及其里程碑意义。

(2) 理解

① 中国特色社会主义是历史和人民的选择；

② 坚定中国特色社会主义道路自信、理论自信、制度自信、文化自信。

(3) 应用

统筹推进"五位一体"总体布局和协调推进"四个全面"战略布局的重要意义。

3. 以中国式现代化全面推进中华民族伟大复兴

(1) 识记

① 中国梦的基本内涵；

② 全面建成社会主义现代化强国总的战略安排；

③ 中国式现代化的中国特色和本质要求。

(2) 理解

① 中国式现代化创造了人类文明新形态；

② 推进中国式现代化需要牢牢把握的重大原则。

(3) 应用

推进中国式现代化需要正确处理的重大关系。

4. 坚持党的全面领导

(1) 识记

① 中国共产党是最高政治领导力量；

② 党的领导是全面的、系统的、整体的。

(2) 理解

① 维护党中央权威和集中统一领导的重大意义和实践要求；

② 党的领导制度是我国的根本领导制度。

(3) 应用

中国共产党领导是中国特色社会主义最本质的特征。

5. 坚持以人民为中心

(1) 识记

① "江山就是人民，人民就是江山"的深刻内涵；

② 坚持人民至上的实践要求；

③ 扎实推进全体人民共同富裕的原则和思路。

(2) 理解

① 人民立场是中国共产党的根本政治立场；

② 时代是出卷人，我们是答卷人，人民是阅卷人。

(3) 应用

全面落实以人民为中心的发展思想。

6. 全面深化改革开放

(1) 识记

① 坚持全面深化改革开放的正确方向；

② 坚持全面深化改革总目标；

③ 全面深化改革开放要坚持正确方法论。

(2) 理解

① 将改革开放进行到底；

② 推进国家治理体系和治理能力现代化。

(3) 应用

新时代全面深化改革开放是一场深刻革命。

7. 推动高质量发展

(1) 识记

① 新发展理念的科学内涵；

② 高质量发展的深刻内涵；

③ 新发展格局的基本内涵。

(2) 理解

① 贯彻新发展理念是关系我国发展全局的一场深刻变革；

② 以新发展理念引领高质量发展；

③ 我国社会主义基本经济制度的新概括及其重大意义；

④ 加快构建新发展格局的必然性。

(3) 应用

① 大力推动构建新发展格局；

② 建设现代化经济体系的基本要求。

8. 社会主义现代化建设的教育、科技、人才战略

(1) 识记

① 教育、科技、人才是全面建设社会主义现代化国家的基础性、战略性支撑;
② 深入实施科教兴国战略、人才强国战略、创新驱动发展战略;
③ 落实立德树人根本任务。

(2) 理解

① 坚持教育优先发展、科技自立自强、人才引领驱动;
② 建设教育强国、科技强国、人才强国的内在一致性和相互支撑性。

(3) 应用

① 实现高水平科技自立自强的重大意义;
② 加快建设人才强国。

9. 发展全过程人民民主

(1) 识记

① 坚定不移走中国特色社会主义政治发展道路;
② 全过程人民民主是社会主义民主政治的本质属性;
③ 加强人民当家作主制度保障;
④ 铸牢中华民族共同体意识。

(2) 理解

① 人民民主是社会主义的生命;
② 全过程人民民主是最广泛、最真实、最管用的民主;
③ 全面发展协商民主。

(3) 应用

① 坚定中国特色社会主义政治制度自信;
② 统一战线是凝聚人心、汇聚力量的强大法宝。

10. 全面依法治国

(1) 识记

① 中国特色社会主义法治道路的核心要义和基本原则;
② 全面推进依法治国的总抓手;
③ 法治中国建设的总体目标和工作布局。

(2) 理解

① 全面依法治国是国家治理的一场深刻革命;
② 中国特色社会主义法治道路是全面依法治国的唯一正确道路。

(3) 应用

建设更高水平的法治中国。

11. 建设社会主义文化强国

(1) 识记

① 坚持马克思主义在意识形态领域指导地位的根本制度;
② 培育和践行社会主义核心价值观的基本要求;
③ 中国共产党人精神谱系;
④ 中华文明的突出特性。

(2) 理解

① 文化自信是一个国家、一个民族发展中最基本、最深沉、最持久的力量；

② 意识形态工作是为国家立心、为民族立魂的工作。

(3) 应用

① 坚持中国特色社会主义文化发展道路；

② 推动中华优秀传统文化创造性转化、创新性发展。

12. 以保障和改善民生为重点加强社会建设

(1) 识记

① 在发展中增进民生福祉；

② 提高人民生活品质的主要着力点；

③ 新时代加强和创新社会治理的基本要求。

(2) 理解

让人民生活幸福是"国之大者"。

(3) 应用

在共建共治共享中推进社会治理现代化。

13. 建设社会主义生态文明

(1) 识记

① 绿水青山就是金山银山的科学内涵；

② 共建清洁美丽世界。

(2) 理解

① "生态兴则文明兴"；

② 把生态文明建设摆在全局工作的突出位置。

(3) 应用

① 建设美丽中国的主要任务；

② 积极推动全球可持续发展。

14. 维护和塑造国家安全

(1) 识记

① 总体国家安全观的丰富内涵；

② 维护重点领域国家安全；

③ 推进国家安全体系和能力现代化。

(2) 理解

① 国家安全是民族复兴的根基；

② 统筹发展和安全是我们党治国理政的一个重大原则。

(3) 应用

① 构建统筹各领域安全的新安全格局；

② 把维护政治安全放在维护国家安全的首要位置。

15. 建设巩固国防和强大人民军队

(1) 识记

① 新时代人民军队使命任务；

② 强军目标的科学内涵；

③ 全面推进国防和军队现代化的战略安排。

(2) 理解
① 强国必须强军,军强才能国安;
② 坚持党对人民军队的绝对领导。
(3) 应用
坚持政治建军、改革强军、科技强军、人才强军、依法治军。

16. 坚持"一国两制"和推进祖国完全统一

(1) 识记
① "一国两制"的科学内涵;
② 坚持和完善"一国两制"制度体系;
③ 新时代党解决台湾问题的总体方略。
(2) 理解
① 推动香港进入由乱到治走向由治及兴的新阶段;
② 实现祖国完全统一是中华民族伟大复兴的必然要求。
(3) 应用
中国完全统一一定要实现,也一定能够实现。

17. 中国特色大国外交和推动构建人类命运共同体

(1) 识记
① 坚持走和平发展道路;
② 推动构建人类命运共同体的价值基础和重要依托;
③ 全球发展倡议、全球安全倡议、全球文明倡议。
(2) 理解
① 当今世界正经历百年未有之大变局;
② 构建人类命运共同体是世界各国人民前途所在。
(3) 应用
① 推动构建新型国际关系;
② 高质量共建"一带一路"。

18. 全面从严治党

(1) 识记
① 全面从严治党是新时代党的建设的鲜明主题;
② 全面从严治党取得历史性开创性成就;
③ 时刻保持解决大党独有难题的清醒和坚定。
(2) 理解
① 一体推进不敢腐、不能腐、不想腐;
② 党的自我革命是跳出历史周期率的第二个答案。
(3) 应用
① 把党的政治建设摆在首位;
② 思想建设是党的基础性建设;
③ 以伟大自我革命引领伟大社会革命。

(四) 形势与政策内容(约10分)

考试前一年(1月—12月)至当年考试前一个月中共中央宣传部时事报告杂志社出版的《时事报告

（大学生版）》教学要点及国内外重大时政事件。

三、考试形式与参考题型

（一）考试形式

考试采用闭卷、笔试形式。考试时间为120分钟，全卷满分100分。考试不使用计算器。

（二）参考题型

考试题型包括单项选择题、多项选择题、判断选择题、辨析题、材料分析题、简答题、论述题等，也可以采用其他符合学科性质和考试要求的题型。

四、参考书目

1. 马克思主义理论研究和建设工程重点教材：《思想道德与法治》(2023年版)，高等教育出版社。
2. 马克思主义理论研究和建设工程重点教材：《毛泽东思想和中国特色社会主义理论体系概论》(2023年修订版)，高等教育出版社。
3. 马克思主义理论研究和建设工程重点教材：《习近平新时代中国特色社会主义思想概论》，高等教育出版社、人民出版社。

参考答案

第一部分　思想道德与法治

绪论　担当复兴大任　成就时代新人

一、单项选择题
1. D　2. B　3. D　4. A

二、多项选择题
1. ABCD　2. ABD

第一章　领悟人生真谛　把握人生方向

一、单项选择题
1. B　2. D　3. B　4. A　5. C　6. D　7. D　8. D　9. B　10. C

二、多项选择题
1. ACD　2. ABC　3. AC　4. ABC　5. AB

第二章　追求远大理想　坚定崇高信念

一、单项选择题
1. A　2. C　3. C　4. C　5. B　6. B

二、多项选择题
1. ABD　2. AC　3. ABC　4. ABD　5. ABD

第三章　继承优良传统　弘扬中国精神

一、单项选择题
1. D　2. A　3. C　4. B　5. A

二、多项选择题
1. ABCD　2. ABCD　3. ABC　4. ABC　5. ABCD　6. ABCD

第四章　明确价值要求　践行价值准则

一、单项选择题
1. D　2. D　3. A　4. D　5. B

二、多项选择题
1. ABC　2. ABCD　3. ACD

第五章　遵守道德规范　锤炼道德品格

一、单项选择题
1. D　2. B　3. B　4. B　5. A　6. C　7. C　8. C　9. B

二、多项选择题
1. ABC　2. ABCD　3. ABCD　4. ABCD　5. ACD　6. ABCD

第六章 学习法治思想 提升法治素养

一、单项选择题
1. B 2. B 3. B 4. C 5. A 6. A 7. A 8. B

二、多项选择题
1. ABCD 2. ABCD 3. ABC 4. ABCD 5. ABC

第二部分 毛泽东思想和中国特色社会主义理论体系概论

导论 马克思主义中国化时代化的历史进程与理论成果

一、单项选择题
1. A 2. C 3. C 4. D

二、多项选择题
1. AB 2. BC

第一章 毛泽东思想及其历史地位

一、单项选择题
1. B 2. A 3. C 4. D 5. B 6. B 7. A 8. A

二、多项选择题
1. BD 2. ABCD 3. ABC 4. ABC

第二章 新民主主义革命理论

一、单项选择题
1. B 2. D 3. C 4. A 5. B 6. C 7. B 8. A

二、多项选择题
1. BCD 2. ABCD 3. ACD 4. ACD 5. ABC 6. AD

第三章 社会主义改造理论

一、单项选择题
1. C 2. D 3. A 4. A 5. A 6. C

二、多项选择题
1. ABC 2. ABC

第四章 社会主义建设道路初步探索的理论成果

一、单项选择题
1. C 2. A 3. A 4. B 5. A 6. C 7. C

二、多项选择题
1. AB 2. ABCD 3. BCD

第五章 中国特色社会主义理论体系的形成发展

一、单项选择题
1. B 2. C 3. C 4. B 5. C 6. C 7. C 8. C 9. D 10. B 11. C

二、多项选择题
1. BD 2. BD

第六章 邓小平理论

一、单项选择题
1. D 2. C 3. B

二、多项选择题
1. ABC 2. ABC 3. BCD

第七章 "三个代表"重要思想

一、单项选择题
1. D 2. D 3. C 4. A

二、多项选择题
1. ABC 2. BD

第八章 科学发展观

一、单项选择题
1. C 2. C 3. D 4. B 5. C

二、多项选择题
1. ABCD 2. ABD

第三部分 习近平新时代中国特色社会主义思想概论

导论

一、单项选择题
1. C 2. C 3. C

二、多项选择题
1. AB 2. ABC

第一章 新时代坚持和发展中国特色社会主义

一、单项选择题
1. A 2. C 3. C

二、多项选择题
1. ABCD 2. ABCD 3. ABC

第二章 以中国式现代化全面推进中华民族伟大复兴

一、单项选择题
1. B 2. D 3. B

二、多项选择题
1. ACD 2. CD 3. ACDE 4. ABCDE

第三章 坚持党的全面领导

一、单项选择题
1. B 2. A 3. B 4. D

二、多项选择题
1. ABD 2. ABD

第四章 坚持以人民为中心

一、单项选择题
1. A 2. B 3. B

二、多项选择题
1. BCD 2. ABC

第五章 全面深化改革开放

一、单项选择题
1. B 2. B 3. B

二、多项选择题
1. ABC 2. ABCDE 3. CD

第六章 推动高质量发展

一、单项选择题
1. D 2. A 3. D 4. B

二、多项选择题
1. ABCDE 2. ABCD 3. ABC

第七章 社会主义现代化建设的教育、科技、人才战略

一、单项选择题
1. C 2. C 3. A 4. A

二、多项选择题
1. ABC 2. ABC 3. ABCD

第八章 发展全过程人民民主

一、单项选择题
1. A 2. D 3. A 4. A 5. B

二、多项选择题
1. ABC 2. AB 3. CD

第九章 全面依法治国

一、单项选择题
1. B 2. B

二、多项选择题
1. ABCDE 2. ABC 3. ABCD

第十章 建设社会主义文化强国

一、单项选择题
1. A 2. A

二、多项选择题
1. ABC 2. CD 3. ACD

第十一章 以保障和改善民生为重点加强社会建设

一、单项选择题
1. A 2. D 3. C

二、多项选择题
1. ABC 2. ABCD

第十二章 建设社会主义生态文明

一、单项选择题
1. C 2. C 3. B 4. B

二、多项选择题
1. ABCD 2. ABCDE 3. ABCD 4. ABCD

第十三章 维护和塑造国家安全

一、单项选择题
1. A 2. B 3. C

二、多项选择题
1. ABCD 2. ABC

第十四章 建设巩固国防和强大人民军队

一、单项选择题
1. B 2. B 3. D 4. C

二、多项选择题
1. ABCD 2. ABC 3. ABC 4. ABC

第十五章 坚持"一国两制"和推进祖国完全统一

一、单项选择题
1. C 2. B 3. B 4. D 5. D 6. D

二、多项选择题
1. ABC 2. ABC 3. ABCD

第十六章 中国特色大国外交和推动构建人类命运共同体

一、单项选择题
1. B 2. D 3. B

二、多项选择题
1. BCD 2. ABCD 3. ABCD 4. ABC

第十七章 全面从严治党

一、单项选择题
1. A 2. B 3. D 4. B

二、多项选择题
1. ABD 2. ABC